三思益人

——三益课程的探索与实践

主　编：徐恩明
副主编：徐　彬　　李小兵　　刘生权
编　委：杨万霞　　夏　波　　高晓霞　　蔺习洪
　　　　苟学军　　纪懿芯　　秦　琴　　壬　虹
顾　问：于泽元　　邓向阳

西南大学出版社

图书在版编目(CIP)数据

三思益人：三益课程的探索与实践/徐恩明主编. -- 重庆：西南大学出版社，2023.4
ISBN 978-7-5697-1635-1

Ⅰ.①三… Ⅱ.①徐… Ⅲ.①初中—课程建设—研究 Ⅳ.①G632.3

中国国家版本馆CIP数据核字(2023)第063767号

三思益人——三益课程的探索与实践
SAN SI YI REN —— SAN YI KECHENG DE TANSUO YU SHIJIAN

徐恩明◎主编

责任编辑：曹园妹
责任校对：翟腾飞
装帧设计：山林意造
排　　版：杜霖森
出版发行：西南大学出版社(原西南师范大学出版社)
　　　　　地址：重庆市北碚区天生路2号
　　　　　邮编：400715
　　　　　市场营销部电话：023-68868624
印　　刷：重庆新荟雅科技有限公司
成品尺寸：170 mm×240 mm
印　　张：17.25
字　　数：328千字
版　　次：2023年4月第1版
印　　次：2023年4月第1次
书　　号：ISBN 978-7-5697-1635-1
定　　价：68.00元

序

课程改革，是一项需要高度领悟育人价值的智慧行动。在社会主义新时代，义务教育要进一步明确"培养什么样的人、如何培养人、为谁培养人"的问题，重庆市南岸区茶园新城初级中学校（以下简称"茶园新城中学"）乘着我国高质量教育发展之东风，励精图治，不断前行，历经1年时间打造了三益文化体系和三益课程体系，体现出了教育人的理想追求、卓越创造和真切实践。

文化是一所学校的灵魂，也是校本课程变革的重要基础。茶园新城中学深入挖掘已传承100多年的三益书院精神，融合书院文化和学校特色，凝练出了系统、深刻的三益文化体系。"读书·读人·读生活，益己·益人·益天下"在神韵上继承了书院风格，也深刻地阐明了学习的深层哲学，明确了学校的教育目的：培养对自己、对他人和对国家、世界有价值的人，鲜明地体现了立德树人的精髓。学校提出了"三思益人"的校训，从多个层面和人生哲理的高度为学生和教师提出了人生的警醒之言。学校基于义务教育课程方案和课程标准（2022年版）、《中国学生发展核心素养》、学校育人文化目标、学生身心发展规律，确立了"乐读、善思、笃行、致雅"的育人目标。"三益"系统从底层逻辑出发，为校本课程建设构筑了坚实的基础，"三益"精神也成为校本课程建设的出发点和核心线索。

秉持学校文化，茶园新城中学展开了深入细致的校本课程建设工作，形成了三益课程体系。该体系以"益心"为根本、"益体"为基础、"益智"为关键，确定了"益心、益体、益智"的课程逻辑；打造了语言与文学、人文与社会、数学、科学、艺术、体育与健康、技术、综合实践活动八个领域的"三益"课程群，每个领域的课程里都包含基础性课程、志趣课程和特长课程。八大课程领域的设置凸显了学生成长的连续性和衔接性,突出了课程规划的整体性和一致性。

校本课程体系的构建,仅仅是描绘了校本课程发展的蓝图,然而其真正落到实地,还需要踏踏实实的实践过程。多年来,茶园新城中学在周密规划的基础上,开展了深入的课程实践。学校制定了组织保障、制度保障、师资保障、评价保障、资金保障等系列保障制度,为课程改革保驾护航。历经多次整合、提升,学校形成了富有趣味、雅味、品味的三味课堂并将其作为实施三益课程的主阵地,探究并提炼出"三步六环节"课堂教学模式。同时,学校还充分发挥隐性课程的教育作用,从大局出发、从整体出发,通过打造校园文化环境和建构学校文化发展理念系统,最大化地挖掘课程资源,实现育人的积极价值。

课程改革是一个持续不断的发展过程。茶园新城中学通过课程建设,形成了办学理念,完善了课程体系,形成了学校特色,提升了教育品质,为解决基础教育核心素养培育问题提供了"茶园经验"。茶园新城中学根据文化发展的实际,从深化国家课程、拓展乡土文化、发展学校文化三个维度出发,统整国家、社区、校本课程资源,为五育并举提供了适切的课程,为学生发展搭建了更多的交流与展示平台,满足了学生充分发展与多元发展的身心需求,树立了学生建设国家、热爱生活、改变自我的信心,编织了"发展梦想"。

一路前进,一路风景。我十分欣慰地看到茶园新城中学走上内涵发展、特色发展的康庄大道。师生在实现教育改变未来、教育赋能民族伟大复兴的奋斗历程中,自身也得到提升。我非常欣喜地看到茶园新城中学学生的步子大了、信心足了、笑声甜了,学生的兴趣、特长、素养等得到进一步提高;我也观察到茶园新城中学的教师,在教育视野上更加开阔,在教育理念水平上不断提升,在教学行动上更加有力!"己欲立而立人,己欲达而达人"通过学校的课程建设实践,得到了有效的体现。

毫不夸张地说,茶园新城中学师生是一群有梦想、有追求的时代新人。今天,他们将多年来历代师生的学习、生活、工作案例整理成册结集出版,为基础教育课程改革勾勒了一幅动人的生态发展图。在中国特色社会主义新时代,我祈愿有更多的学校像茶园新城中学那样,撑起课程改革之帆,勇于起航,奋力前行,走向中国教育更加辉煌的明天……

于泽元

书于西南大学桃花山紫云楼

目 录

第一章 教育哲学：校本课程建设的理念

第一节 学校文化 /003
一、文化概述 /003
二、学校文化 /006

第二节 学校教育哲学与校本课程建设 /013
一、学校教育哲学发展的历史轨迹 /013
二、学校教育哲学的载体——理念系统 /014
三、校本课程建设机制与实践 /016

第三节 学生需求与校本课程建设 /022
一、学情分析 /022
二、校本课程需求分析 /024
三、调研结论 /027
四、社会发展与校本课程体系建设的关系 /036

第二章 愿景导航：校本课程规划的方法论

第一节 校本课程规划的方法论 /041
一、校本课程规划的方法论 /041
二、校本课程系统规划的基本原则 /043
三、校本课程建设规划的实践样态 /046

第二节 校本课程建设的内涵 /048
一、课程的内涵 /048
二、三益课程解读 /048

第三章　课程实施:校本课程建设的实践

第一节　三味课堂——校本课程建设的主阵地　/059
一、三味课堂的构成及其打造　/059
二、三味课堂的教学模式　/060

第二节　三益课程实施的制度建设　/061
一、三益课程实施的价值理念　/061
二、三益课程实施的行为准则　/062
三、三益课程实施的保障机制　/062

第三节　课程本土化建设　/066
一、国家课程校本化概述　/067
二、课程理念的细化　/067
三、课程路径的具体化　/068
四、国家课程学校化的基本范式　/075
五、三益课程的实施案例　/080

第四节　三益课程评价机制与策略　/101
一、三益课程评价　/101
二、学生综合素质评价　/101
三、教师课程教学评价　/121

第四章　三味课堂:校本课程建设的聚焦

第一节　三味课堂的教学理念建构　/129
一、三味课堂价值旨归　/129
二、"三步六环节"课堂教学模式　/135
三、三味课堂的教育哲学　/139
四、三味课堂的逻辑样态　/145

第二节　三味课堂实践路径　/147
一、深度学习　/147
二、云课堂　/153

第三节　三味课堂的典型案例　/157

第五章 生态完善:校本课程建设的土壤

第一节 教育生态系统理论研究背景 /185
- 一、生态系统理论研究 /185
- 二、校本课程建设的生态机制 /186
- 三、师资队伍建设 /188

第二节 课程资源拓展 /191
- 一、生态系统下校本课程建设 /191
- 二、学校生态环境打造 /193

第三节 课程管理与领导 /197
- 一、课程管理与领导的哲学思考 /197
- 二、科学的课程管理理念 /197
- 三、课程管理主体 /198
- 四、强化课程管理过程 /199
- 五、校本课程建设生态系统完善策略 /200
- 六、生态课堂中融入科技元素——云课堂 /202

第六章 成长印记:校本课程建设的心路历程

第一节 规划篇:构思中的火花 /209
第二节 实施篇:行动中的持守 /211
第三节 发展篇:成长中的共鸣 /248
第四节 感悟篇:反思中的协同 /256

参考文献 /265

第一章

教育哲学:校本课程建设的理念

课程的概念可谓丰富,从词源学到引申义,从要素观到功能观,从社会论到文化心理学,从编制和实施的静态性到动态性,从过程到结果等都有不同的定义,这些课程观反映了人们对课程内涵的不断探究。研究者们都试图从课程的本质、课程的特点、课程的价值、课程的功能、课程的结构、课程的要素、课程中人的作用等方面去发掘其内涵。校本课程作为课程系统的组成部分,与其遵循何种课程观,课程目标如何设定,如何选择可以进入课程的知识与技能,课程实施中如何体现学生的主体性和能动性,课程评价的价值取向是什么等问题密切相关。茶园新城中学植根基础教育课程改革的现实土壤,汲取课程改革的优秀经验,放眼世界,顺应课程改革的多元趋势,努力做到理论研究与实践探索相结合,以期解决以上问题,力图丰富我国基础教育改革的理论体系,拓展其实践路径。

第一节 学校文化

学校文化的主旨是引导师生的成长和发展,约束与规范师生的言行,其最高价值在于能促进人的充分发展。先进的学校文化通过润化、暗示、引导等方式直接或间接地引领学生养成良好的行为习惯和高尚的道德素养,树立健康的人格心理,从而极大地促进学生综合素质的提高。学校文化包罗万象,依据其办学积淀与历史传承而探寻适应时代发展的载体,对校本课程建设具有重要的理论意义和实践价值。学校从自身的发展轨迹、校风校貌、区域背景、学校特色、典型风物中归纳、总结和提炼学校文化的逻辑主线,是学校文化体系建设的起点。学校文化如何进入课程体系,它对校本课程建设的价值取向和实践样态起到怎样的作用,对回答"培养什么样的人""如何培养人"等问题起到的导向作用是什么,这些都是学校文化建设和校本课程建设应该回答的问题。

一、文化概述

文化的含义非常丰富,在探讨学校文化之前,我们需要对其有一个基本的理解,再在此基础上探寻学校文化建设的路径和方法。古今中外对文化概念的阐释不尽相同,有学者认为,文化是人类长期社会实践积淀的结果,反映了一定时代的精神生活和物质生活。"从本质上看,文化育人是基于文化传承与文化习得、文化理解与文化认同、文化反思与文化批判、文化觉醒与文化自信等学习活动内化文化的价值,发展学生的文化理解能力,形成学生的文化意识、人文情怀和文化实践素养的教育方式。"[1]

(一)文化概念的起源

对概念的梳理、理解、判断是研究的起点。"文化"一词可从"文"和"化"二字的演变轨迹进行分析。在甲骨文中"文"有♦、♦等多种写法,它像一个站立的人在身体上画了装饰的图画或线条,可见它最初与文身有关。《易·系辞下》中有"爻有等,故曰物;物相杂,故曰文"的记载,《礼记·乐记》有"五色成文而不乱"之说,《说文解字》注为"文,错画也,象交文",这些记载有力地说明"文"是一个象形文字,通"纹",指各色交错的纹理。《论语》称"质胜文则野,文胜质则史,文质彬彬,然后君子"。在《周易》中则把"文"与"人文""天文"相联系。孔颖达在《周易注疏》中解释道:"观乎人文以化成天下者,言圣人观察人文,则诗书礼乐之谓,当法此教而化成天下也。"这里的"人文"指社会伦理道德,已有从精神、思想的角度阐释文化内涵,从观念形态的层面理解文化的意味。"化"从甲骨文形态上看,是正立和倒立的人组成的合体字,本义表示人是可以转化、改变的(由倒立到正立表示人的变化是一个动态的过程)。"观乎人文"就可以"化成天下"。"化"字有教化之意,在《管子·七法》中"渐也,顺也,靡也,久也,服也,习也,谓之化"就具有教化之意。《礼记·中庸》中有"可以赞天地之化育"等。可见,"化"指人或事物的特性发生改变,但大都把"化"解释为教化。"化"的古字是"匕",《说文解字系传》的解释是"匕,变匕也;化,教化也。匕之在人也"。徐灏注为"匕化古今字"。《礼记·乐记》有"和故百物化焉"之说,这里就把"化"字作为万物变化和生成的根本,进而演绎为教化,已具有现代"文化"一词的含义。"文"与"化"连用为"文化",最早在《说苑·指武》中记载为"圣人之治天下也,先文德而后武力。凡武之兴为不服也。文化不改,然后加诛"。这里把"文化"一词就理解为"以文化之",指与武力镇压和屠戮相对的文治教化。把"文化"当作意动词,则指教化的过程,后来具有名词的义项,指教化的结果。束皙的《补亡诗·由仪》中有"文化内辑,武功外悠"之说,杜光庭在《贺鹤鸣化枯树再生表》中提出"修文化而服遐荒,耀武威而平九有",则使文化具有了名词意义。在这一时期,"文化"的含义与今天所说"文化"的含义明显不同。现代意义上"文化"的概念包罗万象。

---

[1] 郭元祥,刘艳.论课堂教学中的文化育人[J].课程·教材·教法,2020(04):32.

在西方,"文化"一词来源于拉丁文cultura,而cultura源于cultus,cultus是colere的过去分词形式。colere,本义有栽种、培育、运转、耕耘等意,反映了人和自然之间的关系。从词源上看,现代意义上的"文化"概念与拉丁文culture一词的含义颇为相近。拉丁文culture有种植、练习、注意、修养、敬神、加工、教育、礼貌等含义。德文、英文、法文的"文化"一词,都来自拉丁文culture。culture不论含义多么丰富,其词根"cult-"均作"耕作"讲。西塞罗首次把"文化"用"cultura animi"一词表示,意为"灵魂的耕耘",从而使文化具有了"以文化人"之意。

(二)文化概念的演变历程

20世纪以来,文化的概念引起了我国许多学者的关注,从而形成了许多具有代表性的观点。其中典型的观点有如下几种:一是从生活方式的角度认识文化,如梁漱溟认为生活可以分为物质生活、精神生活和社会生活,文化只不过是人类生活的一种方式。胡适认为文化是文明形成的生活方式。二是从人类精神世界方面给文化下定义,如贺麟认为文化是人类精神活动的价值物,而非自然形成的。梁启超认为文化是人类心所能开释出来之有价值的共业也。牟宗三认为文化是人生命价值的表现形式。他与徐复观、张君劢、唐君毅在《为中国文化敬告世界人士宣言——我们对中国学术研究及中国文化与世界文化前途之共同认识》中说,文化与人类精神密不可分。唐君毅还明确提出"一切人类文化,皆是人心之求真善美等精神的表现,或为人之精神的创造"。三是从社会存在的综合形式上探讨,如冯友兰认为,中国文化就是中国之历史、艺术、哲学……之综合体。张岱年认为,广义的文化包括哲学、科学、文学、技术、艺术、社会心理、风俗习惯等。从《辞海》上来看,文化的概念(广义)"指人类社会的生存方式以及建立在此基础上的价值体系,是人类在社会历史发展过程中所创造的物质财富和精神财富的总和"。普芬道夫把"文化"作为一个独立的概念,认为文化是社会人的活动所创造的东西和有赖于人和社会生活而存在的东西的总和。18世纪后,"culture"的文化含义从自然领域逐步渗透至精神领域,在西方,它逐渐演化成个人的文艺素养、道德修养、社会知识(思想、成就)等集合,从最初的人与自然的关系走向人类社会生活的各个方面。到今天,西方学者大多认为,文化是人们在社会生活中所创造的物质成果和精神成果,尽管表现形态和样式有所不同。

二、学校文化

改革开放以来,多元文化思潮不断地与我国的本土文化、民族文化发生碰撞,为了在文化碰撞中传承我们的民族特色,弘扬我们的民族精神,形成中国表达,要逐渐将学校文化建设推到前台,因为学校是弘扬民族文化的重要阵地。

在时代的呼唤与国家政策的推动下,教育界人士以高度的社会责任感和赤诚的教育情怀,持续关注着学校文化建设,以期回答社会之题、国家之问。

(一)学校教育的起源

我国自上古时代就非常注重养老和培养下一代,在教育方面,有庠、序、学和校等专门的机构。如《礼记·王制》记载:"有虞氏养国老于上庠,养庶老于下庠;夏后氏养国老于东序,养庶老于西序;殷人养国老于右学,养庶老于左学;周人养国老于东胶,养庶老于虞庠。""庠"在《说文解字》中注为"从广,羊声",此处,"广"即房舍之意,"庠"本指养羊的地方,后来演变出了"养"的含义。这可能是由于远古时代生产力低下,年轻人外出狩猎或耕作,幼儿和家畜家禽由老人看管,所以"庠"具有"养"的意思。由"饲养家畜之地"衍变为"养老场所",再变为"教育机关",这是"庠"作为学校名称的由来。但目前的出土文献表明,"庠"的原始意义并不是养羊的地方,而是"培养"的意思,陈梦家先生认为"庠"字具有培养、培育的动词意向。可见,"庠"由原来的培养、培育之义,转为养育、赡养之义,中间经过了较长的演变过程。

"序"在《说文解字》中解释为"东西墙也。从广,予声"。东西墙谓之序。《孟子·滕文公上》说:"序者,射也。"也就是说,序的初义有射的意思,后变为学习射艺的场所,即学堂。《广雅·释室》中记录为"学,官也"。从现有的典籍中发现,"学"字本作"斆",像双手构木为屋形,后来加"子"为义符。可以看出,"学"字的本义是小孩子在比较正式的场所接受培养,这也是"学"具有养育含义的由来。"校"的本义是指用木栅栏围起来养马的地方,后来演变为骑马、角斗、驯化、校检之地,进而演变为专门的教育场所。庠、序、学、校与朝代对应的称呼在《汉书·儒林传》中有明确的记载:"夏曰校,殷曰庠,周曰序"。庠、序、学、校都是上古时代作为射箭、角斗、骑马、祭祀、教化等公共活动的场所,而养老也是这些场所的主要内容。贵族选择有声望道德、礼教经验丰富,以及有社会地位的老人赡养于学官,同时,培养贵族子弟骑射、狩猎等技艺,进行风俗礼仪教育。

作为学在官府的补充,私学有力地弥补了平民教育的不足。在私学漫长的发展过程中,形成了独具特色的教育组织形式——书院。书院为中国教育的发展、文化的传承、风俗习惯的养成等都作出了重大贡献。清末,班级授课制逐步兴起,学校也正式成为国民接受教育的主阵地。

(二)文化与教育

文化是思维的活动,是对美和人文情怀的兼容并包。[1]教育作为传承和传播文化的一种重要方式,也促进了文化的发展。在不同历史形态下,文化影响社会发展的功能不尽相同。在古代,我国始终重视文化的教育功能,各种文化流派互相争鸣、扬弃、吸纳,在发展中不断地充实和完善,也对教育产生了重要的影响。儒家提倡成己成物、内圣外王,以修身、齐家、治国、平天下为己任;道家以"道"为核心,道家教育培养的是"圣人"("无德至德"之人)。其实,各种文化流派都对教育目的、教育内容、教育方式等有明确的表述。

文化与教育的互动过程,也是人类对真善美的追求过程。教育其实就是在一定的社会文化背景下进行传承与创新的活动。人类文化史可分为"善美""真美""美真善统一"三种境界或三个历史阶段。在这三个历史阶段中,人类文化和文化成分之一的教育均各具特色,而文化与教育的最高境界在于以美为体的真、善、美的统一。[2]顾明远教授认为,在我国教育中存在的素质教育难以开展、学历主义、职业技术教育发展缓慢等现象,以及国外教育理论难以本土化等问题,都与中国的文化传统有关。他把文化比喻成大河与源头,而把教育视为一条小河,并且形象地指出,研究教育而不研究文化,只能看到这条河的表面形态,对它的本质特征一无所知,只有准确把握河的源流才能真正地理解中国教育。[3]美国教育史家巴茨认为,学校教育与非学校教育都是人类文化的一部分,教育史家的任务是将学校教育和非学校教育进行文化意义上的整合。文化教育学把教育世界转向文化世界,目的是建立一个道德更加高尚的社会。布鲁纳认为,文化有助于塑造心灵和智慧,要在人们所处的文化语境中来思考教育和教学,这也是教育者应该努力做的事情。

综观文化与教育的产生和发展,人作为文化与教育实践的主体起了至关重要的作用。文化与教育以实践主体的人为关节点,相互影响。教育源自文化的庞大

---

[1] 艾尔弗雷德·诺思·怀特海.教育的目的[M].杨彦捷,译.福州:福建人民出版社,2018:1.
[2] 檀传宝.论文化与教育的三种境界[J].南京师大学报(社会科学版),1994(02):42.
[3] 顾明远.中国教育的文化基础[M].太原:山西教育出版社,2004.

母体中,文化对教育有一定的制约作用,教育通过对人的化育来丰富文化。

文化对教育的制约作用表现在以下几个方面。第一,文化是教育的基础。文化在发展过程中形成的文化环境、文化氛围、文化观念、文化价值等对社会实践的主体——人有化育功能。第二,文化总是以符合特定社会的价值需求来影响教育目的的确立。中国整个封建社会以"修身、齐家、治国、平天下"为教育目的,新中国成立后,以培养德智体美劳全面发展的社会主义建设者和接班人为教育目的。可见,文化的价值需求会影响教育目的的确立。第三,文化影响某种社会教育内容的构成。如我国古代强调以"六书"为主要内容的知识教育,以骑射等为内容的技能训练,以"仁"为内容的道德教育。新中国成立后,我们国家强调以爱国主义、集体主义为道德教育的基本内容,以科学技术知识为社会主义建设者和接班人的必备知识。第四,文化影响教育原则与教学方法的选择。基于优秀的传统文化的影响,我国古代提出了自为自觉、因材施教、启发诱导、温故知新、知行合一等教育原则与教学方法,至今它们仍风采依旧。

当然,教育对文化发展也有促进作用,如教育具有选择、整理、组织、保存文化的作用,对符合社会发展的文化有继承和传播的作用。同时,它对文化也进行着符合时代发展要求的改进和创造,这就使教育本身具有独特的文化属性。教育的文化属性体现在四个方面:(1)教育是文化传承的主要媒介;(2)文化是教育实践的重要载体,文化的价值取向直接或间接影响教育目的的选择;(3)在教育实践活动中,教育者的文化特性,如其世界观、人生观、价值观均影响教育的结果;(4)教育活动的对象总是生活在一定的社会文化氛围中,其本身具有的文化属性会在教育活动中反作用于教育活动。由此可见,教育活动是一定社会的实践主体和实践客体之间特有的文化性行为。

(三)学校文化的内涵

1.学校文化的内涵

从系统论的角度来看,学校文化作为文化系统中的重要组成成分,其在文化传播、文化创造、文化实践和培养人才的实践中起着不可替代的作用。一般来说,学校文化不等同于校园文化。学校文化的建设主体是全体教职员工及学生,是抽象的教育理念、具象的物质符号和某种既定文化实践之间深层次融通的结果。校园文化建设的主体主要是学生。校园文化建设是学校在教育政策引导下组织学生自发实施的,具有实践性、目标性、空间性、表象性。先进的学校文化通过规范、熏陶、暗示、启迪、引领等方式,对学生的言行按照既定文化价值取向进行规范和制约,直接或间接影响学生高尚的道德品质、健康的人格心理、良好的行为习惯等的形成。学校作为传承和创新文化的主阵地,其文化发展是一个动态的过程。随着教育均衡的进一步深化,我国中小学校文化建设已与课程改革、教学改革居于同等重要的地位,已成为推进学校发展的重要力量。

目前,教育界对学校文化的理解虽然不尽相同,但有基本一致的认同趋势。学校文化是指经过长期的教育活动积淀而形成的一种成长环境,包括校园物质文化、精神文化、制度文化和行为文化四个层面。物质文化即学校教学设施设备等满足师生工作、学习、生活的文化载体,也包含学校办学理念、教育理念的物化形态;精神文化是学校文化的灵魂,它包括学校的文化核心、教育理念、"一训三风"、人文精神、历史传统和办学风格等;制度文化包括学校的教学管理、生活模式和管理制度等;行为文化是师生在日常教学活动中所具有的某种行为特征。

2.学校文化建设的思路

学校文化是学校教育活动的产物,蕴含着一种旧文化的传承和新文化的生成。学校文化的建设和生成应基于国家教育方针,从固定空间——建筑物,半固定空间——师生教学和活动场所,非固定空间——校园人文环境三个层面来打造和渲染。

如何从固定空间、半固定空间、非固定空间进行学校文化建设,以体现学校文化建设的教育性、激励性、陶冶性、规范性,这就要对学校文化建设进行一个全面的分析与规划。学校文化建设常常借鉴企业常用的分析方法,如PEST分析法、TOWS分析法、SWOT分析法、外部因素评价矩阵分析法、关键成功因素(KSF)分析法、内部因素评价矩阵(IFE矩阵)分析法、波特五力模型分析法等分析方法。PEST分析法即对Political(政治)、Economic(经济)、Social(社会)、Technological(科技)四类主要外部影响的分析。这种分析模式对学校文化建设有一定的作用。学校进行文化建设不仅仅要考虑学校内部的校风、师风、学风,还要关注国家政策、经济、科技等的发展需求。TOWS分析法首先要求分析市场的机会和危机,再分析企业的优势和劣势。这对学校文化建设的启示是,只有直面学校发展的现实危机和挑战,才能真正冷静分析,激发潜能,从而做出改变。SWOT分析法与TOWS分析法相反,它首先分析自身的优势和劣势,再分析面临的机遇与挑战。这种分析方法同样适用于对学校的现状分析及发展规划。它可以找出学校发展的优势、劣势及核心竞争力之所在。按照这种分析方法,可以把学校发展"能够做的"(学校的优势和劣势)与"可能有的"(环境带来的机会和威胁)进行有机的协调。外部因素评价矩阵分析法是通过对外部机会和威胁的分析找出影响企业未来发展的关键因素,再按企业对各关键因素的反应程度进行评价。外部因素评价矩阵分析法可以帮助战略制定者归纳和评价政治、经济、社会、文化、环境、技术等方面的信息。KSF分析法即关键成功因素分析法,关键成功因素在探讨产业特性与企业战略之间的关系时,结合部门、学校的特殊能力,对应环境中重要的条件,以获得良好的绩效。IFE矩阵分析法即内部因素评价矩阵分析法,先从自身优势和劣势两个方面找出影响企业未来发展的关键因素,根据各个因素影响程度的大小确定其权数,再按企业对各关键因素的有效反应程度对各关键因素进行评分,最后算出企业的总加权分数。通过IFE矩阵分析法的分析,企业可以把自己面临的优势和劣势汇总,进而刻画出企业的全部吸引力。波特五力模型分析法中的"五力"分别是:供应商的讨价还价能力、购买者的讨价还价能力、潜在竞争者进入的能力、替代品的替代能力、行业内竞争者现在的竞争能力。五种能力通过不同的组合变化最终影响行业利润、潜力的变化。

3. 学校文化建设的原则

尽管学校文化建设不能也不可能千校一面,但总要遵循以下五大原则。

(1)教育理念先行原则。

任何学校文化建设在开始前,各学校先要有一条逻辑主线,这条主线就是学校文化建设的核心——教育理念,所有的学校文化建设主体都依此而行。

(2)学生发展中心原则。

学校是文化育人的直接场所,学校文化是培养学生良好思想道德品质的重要载体。学校文化建设的设计、组织、建设,应该坚持以学生成长为中心,遵循未成年人身心发展规律,最大限度地让学生在参与文化建设的过程中体验、享受教育。

(3)教育性原则。

学校文化建设最重要的是凸显文化的育人作用,最终目的是让"校园内的每一面墙"都成为教育的积极因素,让学校真正成为文化育人的殿堂,让学生在文化的熏陶中,感受成长的快乐,让学校文化起到思想指导、行为引领、意志磨炼、心灵净化、精神升华的作用。

(4)整体性原则。

学校文化建设是一个系统工程。学校文化建设不能是随意的、碎片化的、无中心的,要整体规划,注重教学楼、学生公寓、活动区域等命名的一体性,以及校训、校风、教风、学风的和谐统一,要科学合理地开发与利用学校文化资源,发挥学校文化的整体育人功能,使学校的自然景观、人文景观相统一,进而使之起到传承学校历史文化与高扬时代主题大旗的作用。

(5)主体性原则。

师生是学校文化建设的主体,校长是学校文化建设的领跑者、指导者。学校文化具有发展性、动态性、传承性等特点,所以要进行学校文化建设先要对学校的文化传统进行重新审视、梳理,再继承和弘扬。校训要对师生起到警醒作用,校风、教风、学风要能体现为校训服务的原则,校歌、校徽、校标和主体雕塑等的设计要体现时代主旋律,具有引领作用。

4.学校文化建设的实施策略

(1)准备阶段。

该阶段的主要任务是形成学校文化发展的核心理念,构建学校文化发展的框架体系,并在全校师生中广泛宣传、推广学校的教育理念。

(2)保障阶段。

学校文化建设应先确定理念文化,而确定理念文化先要对学校的发展历程、现状、规划进行系统的梳理。对学校文化的传承和创新都应基于对学校的现实认知和未来展望。建立和完善一系列科学规范、行之有效、具有针对性和操作性的管理制度,是学校进行文化建设的基础。

(3)系统实施阶段。

本阶段的主要任务是系统地开展对教育理念的宣传工作,使教育理念渗透到学校教育教学的每一个角落,使教育理念成为学校发展的重要支撑。对此,应做好以下工作:第一,构建符合学校教育理念的教学模式。课堂是当代中小学教育教学的主要场所,任何教育理念,只有贯穿于课堂教学之中,才能让师生吸收而有所改变。第二,教学目标的全体性与差异性。学校教育是关注生命成长的教育。生命是丰富多彩的,是平等的,而每个个体又是独特的。因此在学校教育中,每一个孩子都拥有平等的权利与尊严,教学应全面关注每一个孩子,让每一个孩子都感受到爱的温暖和智慧的滋润;同时,教学应充分挖掘学生的潜在优势,拓展出多样化的成功标准,指导学生积极探究,让每一个生命中的个性种子在学校教育的照耀下自由地萌芽、开花。第三,注重教学过程的自主性、参与性、生成性。为保障课堂教学的有效性,应紧紧围绕教育理念,打造自主学习的课堂。知识习得的主体只能是学生自己,只有让学生乐于自主地学习,才能有效激起学生生命的活力,激发学生参与的积极性,使课堂拥有勃勃生机。第四,注重教学评价的全面性与实效性。这里的教学评价包括对学生的评价和对课堂教学的评价两个部分,它们对课堂教学都具有极强的指导性。学校文化建设旨在培养学生的科学素养与人文素养,因此对学生的评价应坚持全面性原则,即不仅关注学生知识的获得、智慧的提升,还要更多地关注学生人格的完善。对课堂教学的评价,应关注其实效性,从重点关注教师的"教"转向重点关注学生的活动与发展,以引导教师转变角色,由"权威"到"顾问",实现课堂从"以教师为主"向"以师生共同活动为主"的转变。

(4)特色初现阶段。

在这一阶段,学校文化的特色已显现出来,对全校师生已具有一定的影响,全校师生的面貌已焕然一新,教学质量上升到一个新台阶,学校从整体上提升到一定的水平,在区域内具有一定的影响力。在这个阶段,应主要完成的工作有:其一,完善校本课程体系,主要完成国家课程的学校化改造,使之更加符合学校文化建设的需要;同时,开发1—2门文化建设的特长课程,形成学校特长课程体系。其二,完善特色教学模式,主要是通过专项研究,形成比较完善的特色教学模式理论和操作体系。其三,完善学校研修体系,通过对有针对性的教育教学活动的研修,逐步形成有关学校文化建设的研修体系。

(5)特色突显阶段。

它一般出现在学校前期的文化建设实施的三年后,其表现为教育成果获得新的突破,具有特色的学校文化形成,办学品位不断提升。

(6)学校外显文化实施策略。

一般要做到墙壁文化教育人,教学楼、办公楼的墙壁空白处可以张贴有关教育理念的宣传语和口号,让师生一进入学校,就能被浓厚的学校文化气息所感染。大门口旁可以放置与学校办学理念相关的宣传牌,以时时激励师生,向社会、向家长、向师生昭示学校的办学宗旨。要做到班级文化感染人。学生可以根据自己对学校办学理念的独特解读,把自己的班级打造成为张扬个性特点的天地(师生可以根据自己对学校文化的独特领悟,精心装饰班级)。这些内容应该能展示学生奋发向上的内心世界,以及对理想的追求;师生可以设计并创作体现学校文化核心的宣传语、特色板报等;师生也可自建宣传栏、"心灵之光"墙、"进步之星"评比栏、展示画板等,结合现代教育思想,激荡学生、家长、参观者的心灵,把学校文化建设外显为一道靓丽的风景线。学校文化标识设计要具有一体性。学校的教学楼及其他建筑的命名要与学校的办学理念和办学精神保持高度一致;学校可以把校训用楷书呈现在学校教学大楼的外墙壁上;校园内的宣传栏、各种告示牌、教室内外的标语、特色班牌等,都要围绕学校文化建设的理念来制作,并统一风格。

第二节　学校教育哲学与校本课程建设

20世纪末,学校教育哲学引起了我国教育理论研究界与实践研究界的兴趣,他们逐步将其运用于学校文化建设、校本课程设计、校本课程实施、学校发展规划、学校发展评价等实践领域。本节主要探究学校教育哲学如何确定,学校教育哲学对校本课程建设有何价值,二者如何融为一体等问题。

一、学校教育哲学发展的历史轨迹

我国学校教育哲学的发展历程同中国哲学思想的发展历程及学校的发展历程密不可分,经历了从萌芽阶段的朴素哲学,到成型阶段的百家之言,再到成熟阶段的儒、道、释三足鼎立,再到弘扬与吸收阶段的西学东渐,再到现当代的马克思主义教育观的转变过程。

尽管学校教育哲学思想在不断地丰富,但其在本质上还是在回答"教育是什么""为谁培养人""如何培养人"等问题,这就涉及学校教育的概念、功能、属性等问题。中国古代关于教育本质的论述散见于各种著作中。《大学》开宗明义地指出:"大学之道,在明明德,在亲民,在止于至善。"《中庸》指出:"天命之谓性,率性之谓道,修道之谓教。"孟子明确提出了"得天下英才而教育之"的教育观,程氏理学提出了"正心诚意""格物致知"的教育观,朱熹提出"明人伦"的教育目的,王守仁提出了"心即理""知行合一""致良知"的教育思想,等等。可见,中国古代关于教育本质的论著中,既有注重教育的社会功能,也有关心个体成长的见解。在《理想国》《政治论》等经典著作中哲学先贤论述了教育的社会功能,即使到了中世纪,神学控制了教育,也没有否定教育的社会功能。近代以来,中国教育哲学在传统与现代、稳定与动荡中寻求发展,在东西方碰撞、交融、调和中曲折探求现代教育话语体系。

马克思主义关于人的全面发展的教育学说为我国教育本质的探索提供了指导思想:实现人的全面发展的方法就是教育与生产劳动相结合,我国的教育目的是培养德智体美劳全面发展的社会主义建设者和接班人。

二、学校教育哲学的载体——理念系统

特定的学校教育哲学是基于国家教育方针、教育目的之下的理性选择,是对学校文化的传承和弘扬。学校文化建设首先要确定学校教育哲学,学校教育哲学的选择要基于学校文化的积淀,以及学校未来发展的规划。

(一)确定学校文化建设的核心理念

办学理念是学校用于指导教育教学行为与管理学校其他活动的最基本的价值标准,是一切办学行为的深层逻辑起点,是学校文化的灵魂。办学理念是一所学校经过长期的理性思考及实践所形成的思想观念、精神向往、理想追求和哲学信仰的抽象概括,也是引领师生前行的航标。

案例1-1　学校核心理念的确定

某小学建校几十年来,经过不断地探索和努力,初步形成了书法、美术的办学特色和以人为本的办学思想,在此基础上学校得到了较快发展。学校经过深入调研、分析、判断,发现"书法"作为学校文化建设的关键词是非常贴切的,它不仅反映了学校师生的愿望和当地文化的特征,而且也是我国教育的发展方向之一。我们需要沿着书法赋予学校的教育特征,来深入分析它对学生的教育意义,并以此为核心,来构建学校理念体系。既然"书法"已成为学校文化建设的关键词,我们就要深度挖掘"书法"对学生成长的教育意义,并以此为核心进行系统设计。

(二)提炼校训

校训是一所学校在长期的办学过程中形成的办学思想、教育理念与目标、学术与实践传统、校风、教风、学风等方面的浓缩和高度抽象。校训体现了一所学校的

办学传统,代表着其学校文化和教育理念,是该校人文精神的高度凝练,是学校历史和文化积淀的产物。校训,作为一个标尺,激励和劝勉着在校的教师和学子们。即使是离开学校多年的人也会将校训时刻铭记在心。

案例1-2　确定校训及其内涵

某学校依山傍水,历经百年,声名远扬,经多次打磨提炼,该校确定以水文化作为该校教育理念的核心,就以水本身的特点为原点从时空特征、文化心理、文化意蕴等方面确定校训为"善若清水"。同时,它也具有一定的隐性教育意义。在阐释校训时,应该从词源学、意义延伸等方面进行文化核心的内涵梳理;从自然、社会、伦理、教育等方面,基于学校的教育背景和文化积淀,以通俗易懂的语言对校训进行解释。如"善若清水"仿于《道德经》的"上善若水",它把自然、伦理、社会融为一体,具有丰富的教育意境。水,隐喻人生的生生不息和人的百折不挠精神,象征着师生们像水一样聪慧灵动、清清白白、坦坦荡荡。教育者怀着一颗赤诚之心,努力化育学子,不为名不图利,默默奉献,这就是教育者的"善若清水";学生在教育者宽广的胸怀、美好的品德、渊博知识的浸润下,传承水文化的优良传统,滋养心灵,知行合一,这就是学生的"善若清水"。在此,水与生命的意义相通,"上善若水。水善利万物而不争,处众人之所恶,故几于道",师生们怀着一颗至善之心,与人相交持守"君子之交淡如水"之道,与人相处秉持"至诚不欺"之理,传承中华民族之美德,把"善若清水"作为自己一生的训诫,指导自己的人生。通过这样的阐释,学校就可以把校训深深地植根于师生的心中,使之做到内化为心,外显于行。

(三)打造"三风"

"三风"指一个学校的校风、教风和学风。校风是一所学校所特有的占主导地位的行为习惯和群体风尚,体现了一种独特的心理特征,它稳定而具有导向性。校风是一个学校师生精神面貌的写照,是学校在办学过程中长期积淀而形成的具有良好行为和道德意志的风气,是在校内乃至社会上具有极大影响并被普遍认可的思想和行为风尚。教风,顾名思义,是指一所学校的教师教育风气、风尚、风格,它在某种程度上折射出该校教师的世界观、价值观和人生观。教风能反映一所学校全体教师的善与美、好与坏、高雅与低俗。教风是学校文化的重要组成部分,教风的好坏、正与不正,直接关系到学校发展的好坏和教学质量能否提升,也在一定程度上决定了一所学校的校风,决定着这个学校的整体形象和名誉。学风是学生在学习过程中应该养成并遵循的风气,它凝聚在学习的精神动力、态度作风、方法措施之中,依据不同特点的学校表现出独有的特色和丰富的内涵,并通过学校全体成员的一致行动,逐步地形成和固化,成为该校的一种风格。因此从一定程度上可以说,学风是教风的投射,教风是学风的样板。在学校文化建设中,有了校训的指引,就可以归纳、概括、提炼校风、教风、学风,这样形成的"一训三风"就会被一个文化核心所贯穿。

案例1-3 确定"三风"及其内涵

重庆市某中学深挖水文化中独特的教育内涵,并基于学校发展历史来构建校风、教风、学风等理念系统,最终把"水滴石穿"提炼为该校校风和学风。这一校风和学风能精准地描绘师生教育和学习的精神与态度,并能时时刻刻告诫师生要具有水滴石穿的教育和学习的毅力。师生要想有所作为,就要有水滴石穿的毅力,一点一滴地积累,才能走向成功。以水文化为教育理念的核心,把"善教如流"作为教风,既符合教育者应该具有的像水一样的从善如流的胸怀,也符合教育者应该具备的教育品质;"善教"可谓掌握了教育的规律,就是实施以人为本的教育,就是立足于激发学生的主体意识,让他们成为自由的、自觉的学习者、思想者。

三、校本课程建设机制与实践

博比特认为,课程编制要以社会为指向,在社会需求的基础上编制课程目标。泰勒建构了课程编制的"目标模式",它包括确定教育目标、选择教育体验、组织教育体验和评价教育体验四个步骤。施瓦布提出了实践性课程开发理论,他强调课程开发要以"审议"为基本方法。"审议"是指课程开发的主体对真实事件、真实案例进行的讨论权衡。查特斯提出"工作分析法"的课程编制理论,强调了课程目标在课程编制中的作用。他说从事课程开发首先就要确定目标,然后才能依据目标编制课程内容。校本课程建设可有选择地借鉴这些课程编制理论,摒弃经典课程编制理论的弊端,如课程编制中"见物不见人"的弊端。近年来,校本课程建设一直是课程改革领域的核心主题。在课程改革实践中,越来越多的教育者认为:没有课程实践方面的创造,就没有真正的教育改革。在新一轮课程改革背景下,校本课程建设获得了极大的自主权,如何让课程改革既不流于形式,也不毫无章法,这就要求学校在积极落实国家课程和地方课程的同时,根据学校发展历史和中长期发展的需要,着力推进校本课程建设。

(一)校本课程编制纲要

校本课程作为学校文化建设的重要载体,起着传承学校文化、弘扬学校教育理念和展示理想教育的作用。《基础教育课程改革纲要(试行)》明确指出,学校在执行国家课程和地方课程的同时,应视当地社会、经济发展的具体情况,结合本校的传统和优势、学生的兴趣和需要,开发或选用适合本校的课程,明确了校本课程是适合学校发展的另一类课程。近几年,在实施校本课程中发现,存在部分校本课程建设脱离国家课程或地方课程,与学校发展也缺乏关联的现象。为摆脱学校只关注校本课程而忽视国家课程、地方课程的困境,消弭国家课程、地方课程、校本课程之间的问题,本书试图科学合理地整合二级课程。

案例1-4　物理小制作和小实验课程纲要

课程名称:物理小制作和小实验

课程类型:物理拓展课程

适用年级:八年级

人数:67人

课时:20课时

开发者:物理组教师

一、背景分析

(一)课程意义

校本课程围绕国家课程标准将国家课程学校化,是国家课程的拓展补充。为激发学生的学习兴趣,锻炼学生的动手能力和小组合作学习能力,学校决定在八年级上期开设物理小制作和小实验课程。

(二)课程内容

本学期课程内容主要从人教版《义务教育教科书 物理 八年级 上册》课本中提取,围绕课本上"动手动脑学物理"和"想想议议"的内容,结合本校实际情况和学生情况开展活动,并做适当的拓展。

（三）学情分析

从学生的整体情况来看，学校的学生大多数来自农村。现阶段，学校师生对物理这门学科的感受是老师难教、学生难学。学生在课堂学习中表现出实验动手能力差，不知如何分析问题或者分析问题时无法与实际结合起来、无法构建物理科学的模型等特征，对原本有趣的物理学习越来越没有兴趣。对此，每一个活动的设计都应以学生为主，让学生自主完成探究和制作，在动手中学会运用已有的物理知识发现问题、分析问题、解决问题，从实验、小制作等活动中收获成功的喜悦，养成实事求是的科学态度。

（四）资源分析

(1)物理课程比较单一，以国家课程为主。

(2)学校实验设备不能满足教学需要。有的实验器材老化、落后，有的器材又显得有点儿高端不接地气，从而导致能够开展的学生实验很少，学生动手的机会较少，他们在实验技能上得不到足够的锻炼。一些实验只能靠教师的演示或者讲解完成，学生不能独立或合作实验，导致课堂枯燥无味。

(3)物理教师没有经过专门的校本课程培训，因此，他们只能在实践中摸索、进步。

综上所述，开设校本课程，能让学生自主学习，且不受太多的约束，符合学生个性发展的需要，有利于学生综合素质的提升。学生更能够对学习物理产生兴趣，对物理课程的学习有很大的助力。

二、课程目标

(1)积极动手，主动和同学交流分享，在实践过程中学会解决问题的一般方法，有自己的研究思路和鲜明的观点；能够通过多种途径获取信息，并有效处理信息；认真参与活动，按照活动方案完成分配的任务，做好资料积累和收集工作，主动提出自己的想法。

(2)能够运用已有知识解决实际问题，养成主动探索、自主学习的习惯，并养成合作、分享、积极进取等良好品质；具有一定的社会责任感；学会带着物理的眼光走进生活，养成科学的生活态度。

(3)能突出反映本活动方案涉及的物理问题；能创造性地改进设计；有独到的个人见解、创新的设计思路；小制作外形美观、结构合理；体验小组合作探究后获得成就感。

三、学习活动设计

本期拓展课程共20课时，分为四个单元。以小组活动为主(表1-1)，锻炼学生动手能力和小组合作能力。

表1-1　学习活动设计表

活　动	目　标	课程内容	课程实施	课　时
了解课程纲要	了解拓展课程开设的背景和意义	课程纲要展示	投影展示本拓展课程纲要,使学生明确本期活动的目标和内容	1
第一单元 机械运动	1.掌握平均速度的测量方法 2.熟练掌握刻度尺、停表的使用方法 3.掌握"实验报告册"的填写方法,了解论文写作的相关格式	测蚊香的燃烧时间	1.观察实际生活中的蚊香燃烧现象 2.提出问题:如何测量蚊香的燃烧时间 3.学生自主设计并进行实验,填写"实验报告册" 4.问题延伸,写小论文	3
		测落体的平均速度	1.观察生活中的落体现象 2.提出问题:如何测量落体的平均速度 3.学生自主设计实验并进行实验,填写"实验报告册" 4.交流收获	2
		制作降落伞	1.明确目标 2.分发器材,动手制作 3.检验作品 4.再制作 5.交流收获	3
第二单元 声现象	1.了解土电话、水瓶琴、古筝的制作原理 2.体验物理给我们生活带来的乐趣,感受动手实验带来的成功的喜悦	制作土电话	1.明确制作目标 2.分发器材,动手制作 3.检验作品 4.展评小制作	1
		制作水瓶琴	1.明确目标,查阅资料 2.分发器材,动手制作 3.检验作品	1
		制作古筝	1.明确目标,查阅资料 2.分发器材,动手制作 3.检验作品 4.展评小制作	2
第三单元 热现象	1.掌握温度计的工作原理,制作温度计 2.通过制作,更深入地认识温度计的构造和使用方法	制作温度计	1.明确目标 2.分发器材,动手制作 3.检验作品 4.交流收获	2

续表

活动	目标	课程内容	课程实施	课时
第四单元 光现象	1.深入了解凸透镜、凹透镜的作用 2.感受在制作中，科学的方法步骤的重要性	制作针孔照相机、潜望镜	1.明确目标 2.分发器材,动手制作 3.检验作品 4.交流收获	1
		制作照相机、望远镜	1.明确目标 2.分发器材,动手制作 3.检验作品 4.交流收获	1
展评	综合评价学生素质提升情况	制作作品情况、实验报告册填写情况、小论文写作情况	小组自评、小组互评	3

四、课程评价

本拓展课程的课程评价分为过程性评价和结果性评价，由小组长具体考核每次活动(表1-2)，由开发者最终进行考评(表1-3)。

表1-2 课程评价设计表

1.学生的基本情况			
姓　名		班　级	
2.学习的基本环境条件(用ABCD等级判定)			
创新性		主动性		动手能力	
3.对学生的整体描述			
4.评价方式、评价维度、评价指标和评价等级 评价方式:分为过程性评价和结果性评价;评价维度:课堂观察的主要视角;评价指标:评价过程中的主要参考标准;评价等级:用ABCDE等级判定			
评价方式	评价维度	评价指标	评价等级
过程性评价	活动参与	认真参与活动	
		按活动方案完成分配的任务	
		做好资料积累和收集工作	
		主动提出自己的想法	
		乐于助人,尊重他人,能主动和同学交流	

续表

过程性评价	方法运用	在实践过程中学会了解决问题的一般方法	
		有自己的研究思路和鲜明的观点	
		能够通过多种途径获取信息,并有效处理信息	
		能够运用已有知识解决实际问题	
	体验收获	有一定的社会责任感	
		明确自我认识,养成科学的生活态度	
		实事求是,尊重他人的想法与成果	
		养成合作、分享、积极进取等良好品质	
	能力发展	养成主动探索、自主学习的习惯	
		拥有主动地发现问题并独立解决问题的能力	
		提升实践能力,增强对知识的应用能力和创新水平	
		发挥个性特长,展现个人才华	
		有完整的实验设计方案	
		方案设计能突出反映本活动方案涉及的物理问题	
		能创造性地改进设计	
		能用物理术语写作论文,描述恰当	
		有自己独到的论点,论据确凿	

5.综合评价意见

6.评价人的基本情况

姓 名		班 级	

表1-3 学生个人学期综合评价量表

方 式	权 重	项 目				合 计
过程性评价	60%	活动参与	方法运用	体验收获	能力发展	
结果性评价	40%	实验报告册填写情况	制作作品情况	小论文写作情况		

(二)校本课程体系设计

对校本课程体系进行设计时,设计者首先要明确课程体系的建构应持的课程观。校本课程体系设计要从根本上与学生的生活相结合,视学生为课程学习的主体、课程目标设计、课程内容、学习方式要满足学生生活体验的需要。校本课程体系是学校文化、教育理念的载体，它应该始终为教育目标服务。完整的校本课程体系包括理念系统、课程体系、实施与评价等内容。

第三节　学生需求与校本课程建设

校本课程建设不仅仅是学校制订培养目标、课程纲要、课程规划、课程内容的实践行为，还是对"学什么""为什么学""怎么学"的具体反映，也是对"课程标准""课程价值"的理性审视。校本课程建设在回应课程的理性之思时，无一例外地都"以学生成长为中心"，因为重视学生成长发展是现代课程改革的重要特征之一，培养身心健康的学生是落实课程改革的需要，也是提升学生核心素养的根本追求。如何在校本课程建设中体现学生需求，如何使校本课程建设与社会发展相适应，这是校本课程建设过程中教育者应当思考的问题。

一、学情分析

校本课程建设是一个与教育、心理、历史、社会、经济、文化等领域相关的综合性建设，由教师、学生作为建设主体。校本课程的编制、实施应根据学生的年龄特点、个性需求，对校本课程建设轨迹、学校演变历程与文化特色等课程资源进行梳理，以使其能为每一个学生的健康发展、自主发展、独特发展以及成长的多样化服务。

（一）生源质量分析

我校地处重庆主城区，但大多数学生的住址在城乡接合部，生源质量有一定的独特性。

1. 家庭环境

我校学生除很少部分来自城镇家庭外，大多来自农村家庭。现今农村家庭经济情况持续好转，其收入以"中等收入"（即父母平均月收入为3000元）为主。大多家长为农村拆迁户、外来务工者，少数为生意人。

2.父母文化程度

近年来,我校学生家长文化程度持续上升,父母中有一人为专科及以上学历的占比持续上升。

3.家庭教育

在家庭教育理念方面,我校学生家长对子女的教育理念由简单粗暴逐渐转化为沟通与理解。家长对培养孩子的兴趣特长较为重视,但到初中后,家长对孩子培养的投入多用在课业辅导方面。

(二)学生学习需求的特点

通过SWOT分析学情后,我们明确了学校生源质量较差,在校学生多为留守儿童、农民工随迁子女等。大多数家长只注重对子女特定课程的培养,从而造成孩子生活面狭窄、阅读量偏小、行为不规范、运动量小等问题。因此在加强智育的同时,亟待加强对学生艺体、人格、心理健康等方面的教育。同时,我们也明确了学生对课程需求的特点:一是期待课程种类的多样性,二是期待课堂形式的趣味性。这对我们传统的课程设置及传统的课堂教学提出了新的挑战。这让我们明白,学校的课程教学不仅要传授知识,更要有助于发展学生的兴趣爱好,培养学生的情怀品行。

在学习上,学生反映出的较集中的几个问题:

(1)意志不坚定。调研数据显示,87.3%的学生遇到困难总希望有现成的方法来解决,不愿意独立思考寻找解决问题的方法;克难奋进意识差,意志品质不坚定。

(2)学习动力不足。多数家长对孩子的学习比较重视,因而很多学生能认识到学习的重要性,但由于现在多数家庭的经济条件普遍较好,学生吃过苦的少,所以学习的动机不是很明确,学习的动力普遍不足。分层次教学时,一部分学生因为自身学习成绩较好,就常常抱有"我成绩好,所以即使我不努力也比别人强"的幻想;另一部分学生因为学习成绩较差而自暴自弃,认为"自己无论如何都赶不上学习成绩好的学生"。

(3)发散思维能力差。73.8%的学生喜欢用线性思维思考问题,考虑问题非常简单。从兴趣性来看,由于初中学习难度加大,学生由小学到中学适应性差,在相对繁难的学业中,学生体会不到学习的乐趣,自觉进行探究性学习的较少,所以学生能围绕一个一个问题、任务去解决、完成,却鲜少进行求异思考。

(4)较为浮躁。调研数据显示,52.6%的学生喜欢影星、歌星,喜欢听着歌走路,也喜欢听着歌学习、作业,学习上表现得较为浮躁,不能静心。75.9%的学生对囊萤映雪、头悬梁锥刺股、闻鸡起舞式的学习不认可。

(5)自我意识强。82.7%的学生是独生子女,他们的自尊心普遍较强,有一定的竞争意识,偶尔会有对分数的关注高于对知识点本身的关注的现象;有一定的合作意识,但很难听取他人的意见和建议。

二、校本课程需求分析

从本质上来说,校本课程需求要尽可能地反映区域、学校、学生的独特性、差异性、发展性,使后续课程设计能突出学校的文化特色,促进学生潜能的开发,帮助学生身心全面、健康发展。校本课程设计要充分考虑学生的需求、兴趣、成长经历,特别是要分析学生的学习需要和社会的发展现状,针对不同学段学生的兴趣爱好、发展特点及学生的差异性,尽可能地为学生的健康发展服务。

案例1-5 校本课程需求调查问卷

校本课程需求调查问卷(学生用)

亲爱的同学:你好!

为了解大家对学校开设课程的需求,特此展开本次调查。本调查问卷不用填写姓名,无须担心泄露隐私,各种答案也无正确、错误之分。请在与你实际相符的方框内打"√"。

感谢你的参与!

1.你的性别:

①男☐ ②女☐

2.你所在的班级:

①七年级☐ ②八年级☐ ③九年级☐

3.你所在的年级是否有课外活动小组:

①是☐ ②否☐

4.你认为你所在年级的教学设备(教具、多媒体等)是否完备:

①完备□　②较完备□　③不完备□　④没有

5.你所在年级是否有(可多选):

①校史展示栏(馆)□　②校服□　③校训□　④校歌□

⑤光荣榜或荣誉展示栏□　⑥兴趣小组□　⑦其他项□

6.你所在年级有哪些校园活动?(可多选)

①宣传和教育活动□　②体育活动□　③文艺活动□　④科技竞赛活动□

⑤校外实践活动□　⑥其他活动□

7.你所在年级是否有校本课程:

①是□　②否□

8.你所在年级开设的校本课程有:

①画画等美术类□　②乐器演奏等器乐类□　③国学阅读等文化类□

④篮球比赛等体育类□　⑤剪纸等手工类□　⑥影视制作等信息技术类□

⑦英语训练营等课堂拓展类□　⑧民俗文化等综合类□

9.你是否了解学校开设的特长课程:

①不了解□　②有一定了解□　③完全了解□

10.学校开设的课程是否能满足你的学习期望:

①没有满足□　②基本满足□　③充分满足□

11.校本课程是否能让你感觉到你的学校与其他学校的不同:

①没有感觉不同□　②感觉有不同,但不明显□　③明显不同□

12.你是否认同特长课程的开展:

①不认同□　②较为认同□　③完全认同□

13.你所在年级是否重视学生的特长发展:

①不重视□　②较为重视□　③非常重视□

14.你觉得你所在年级的校本课程指导教师是否专业?

①非常专业□　②一般□　③不专业□

15.你所在年级的校本课程是否按时开设?

①是□　②否□

16.你对所在年级的校本课程开设内容是否认同:

①不认同□　②部分认同□　③完全认同□

17.你对校本课程开设的态度是:

①可有可无□　②应当存在□　③必须存在□　④不应当存在□

18.你所在年级一周的校本课程的开课次数为:

①4次□　②3次□　③2次□　④1次□

19.你认为学校开设的校本课程是否起到了效果:

①没有任何效果□　②有一定效果□　③效果较好□　④效果非常好□

20.你认为学校开设的校本课程对你今后的人生影响有多大:

①没有任何影响□　②有一定影响□　③影响较大□　④影响巨大□

问卷已回答完毕,感谢你的参与,祝你学习进步!

案例1-6　手工制作校本课程现状调查问卷

你好！校本课程是满足学生个性化发展需要的课程,能够帮助学生发展个性特长。为完善本校手工制作校本课程的开发,请你填写以下问卷。请根据你的实际情况进行填写。做完这份问卷需要花费你一些时间,对你的配合及参与表示诚挚的谢意!

填表说明:请在与你实际情况相符的方框内打"√"。

1.你的性别:

①男□　②女□

2.你所在的年级:

①七年级□　②八年级□　③九年级□

3.你认为学校开设手工制作课程:

①很有必要□　②无所谓□　③没什么必要□

4.你对学校开设的手工制作课程持何种态度?

①很感兴趣□　②一般□　③不感兴趣□　④非常反感□

5.你希望学校开设什么样的手工制作课?

①剪纸类□　②插花类□　③彩陶类□　④编织类□

6.你觉得在校本课程学习中最大的困难是什么?

①课时少□　②缺少适用的教材□　③硬件设施缺乏□　④缺少专业教师□

7.你认为参与校本课程的学习是否有助于学业成绩的提高？
①有□　②作用小□　③没有□

8.你一般通过哪些途径获得手工方面的知识与技能？
①课堂教学中自己独立摸索或看相关书籍□　②上网查找相关教程自学□
③请教同伴,咨询教师或父母□　④看学习手册□　⑤其他□

9.你认为在初中开设手工制作校本课程,起最关键作用的是(可多选)：
①学校要求□　②家长要求□　③学习兴趣□　④个性化发展需求□
⑤中考需求□　⑥其他□

10.你认为学习手工制作较好的方式是(可多选)：
①跟着老师一步步操作□　②自己尝试操作并与同伴交流□
③自己尝试操作,不懂之处查看相关书籍□　④看学习手册□
⑤上网查找教程□　⑥自己学习,自己尝试着操作,不懂之处问问老师或同学□

三、调研结论

(一)需求分析

在本次调查中七年级有368个学生参与,八年级有392个学生参与,九年级有329个学生参与,共发放问卷1089份,回收984份,回收率90.4%;其中有效问卷968份,占发放问卷的88.9%。通过对问卷进行四个维度的分析可见,97.2%的学生希望开设校本课程,54.4%的学生希望开设艺体方面的校本课程,23.7%的学生希望开设器乐类校本课程,希望开设手工制作类校本课程的学生占17.6%。

(二)校本课程开发要满足学生特长发展

国家课程、地方课程能够满足学生全面发展的需要,学校课程可满足学生个性化发展的需要。我校首先考虑的是认真完成国家课程和地方课程,再灵活发挥校本课程的特色化功能。

(三)从实际出发办人民满意的教育

从调查结果看,97.2%的学生希望开设校本课程,其中有一半多的学生希望在艺术、体育方面开设校本课程。

校本课程是学校依据课程标准和学校实际自主设计、实施、评估而设立的。学校要立足本校发展实际,发挥学校优势,挖掘校内外的教育资源,为学生的发展提供适合的课程。它必须与国家课程、地方课程紧密结合,发挥各自优势和作用,形成课程合力,满足学生的发展需要,实现学校的办学目标,彰显学校的价值追求。

(四)校本课程开发要有可操作性

校本课程必须以实践为主,让学生在实践中感受、体验,培养其技能技巧。校本课程体系应该是开放的、发展的、具有可操作性的,这样校本课程的实施才不会变成"两张皮"。

(五)构建多元化的评价方案

评价主体多元化,让教师、学生、学校管理者以及学生家长共同参与分析与评估全过程。评价维度多元化,承认学生发展的差异性和独特性,从只关注对学生学业成绩的评价,转向对学生学习态度、学习水平、价值观、实践能力、创新精神等多个维度的评价。评价方法多样化,将量化评价和质性评价相结合、等级与综合评价相结合、过程性评价与结果性评价相结合。

依据学生成长和发展的需要,对校本课程进行整体设计,从以下案例中可见一斑。

案例1-7　三益课程体系

我校是一所历史悠久、文化特色鲜明、办学效益突出的示范初中,在重庆市南岸区"课程领导力"建设的推动下,形成了益己、益人、益天下的三益课程体系,构建了趣味、雅味、品味的三味课堂改革形态,校本课程体系突出了"书香益人"的办学追求。三益课程能够让学生幸福成长、多元发展,已成为学校师生发展的新的起点。三益课程体系强调把课程作为一个整体来规划,这意味着校本课程建设的一个崭新的阶段的到来。

一、确定育人目标:"乐读·善思·笃行·致雅"

人的发展总体上看就是身、心两个方面的发展,影响人发展的因素无外乎遗传、环境、教育等,其中遗传因素是人的发展的前提与基础;环境是指学生成长的一切自然、人文条件;在诸多影响因素中,学校教育起到了至关重要的作用。我们确定以"乐读·善思·笃行·致雅"为育人目标,目的是使学生爱阅读,读而能思,思而能行,行而能雅(以阅读为起点,以身心兼修为途径,以知行合一为追求),为学生一生的发展奠定坚实的基础。

二、形成教育理念:"读书·读人·读生活,益己·益人·益天下"

学校依据本校文化历史和发展规划,确定了以"读"为内容核心,以"益"为目标指向的核心理念,形成了"读书·读人·读生活,益己·益人·益天下"的教育理念。"三读"指读书不仅要读懂书上的文字,而且要读出人生百态、生活万象,这是一种大阅读观的体现。所谓"三益"即益己、益人、益天下,"益己"就是帮助学生修炼,使之能明辨是非、坚守诚信、行为雅致,养成坚韧豁达、文明守纪的"个人修养";"益人"就是引导学生心存善念、理解他人、关爱社会、尊重自然,具有乐于奉献的"大爱"意识;"益天下"指引导学生树立民族自信心,增强学生的民族自豪感,让其具有世界眼光和家国情怀。

三、找准办学目标:书香益人的品牌初级中学校

学校以阅读为特色,融阅读于百科,以提高教育教学质量,提升师生人文素养,丰富师生人生体验。让浓郁的书香、益人的阅读,锻造学校品格,铸就学校品牌。

四、制订课程目标:培养具备"乐读·善思·笃行·致雅"素养的三益少年

基于《中国学生发展核心素养》,依据学校育人目标,立足学生发展需求,学校确定了培养"乐读·善思·笃行·致雅"的三益少年的课程目标。所谓"三益"即益己、益人、益天下,这要求师生都应做有益于他人,有益于社会,有益于天下的才俊。围绕"益己·益人·益天下"的培养核心,学校将"乐读"具体化为让师生爱读书、善读书、会学习;将"善思"具体化为让师生勤思考、敢创新、能自立;将"笃行"具体化为让师生爱家园、强体魄、勇实践;将"致雅"具体化为让师生重修养、担责任、会合作。

通过开设落实学校"乐读·善思·笃行·致雅"育人目标的三益课程,让学生成为身心健康、关爱社会、关注自然、心怀天下的、有国际视野的有用之才。

五、课程体系结构

校本课程是学校文化的载体之一,我校在长期教育教学实践中,形成了三益文化,构筑起了益己、益人、益天下的三益课程体系。通过三益课程的实施,涵养了学生的书卷气,树立了学生的民族自豪感、使命感。自南岸区"课程领导力"建设开展以来,学校力求构建一套可操作的课程体系,让学生"爱阅读,读而能思,思而能行,行而能雅",以实现学生的人生"三益"。从三益课程体系(如图1-1)可见校本课程的基础性、结构性、支撑性、对话性和多元性。

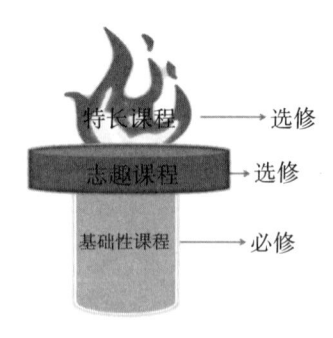

（基础性课程是对国家课程校本化建设后形成的具有生活化、学材化、本土化的学校化课程）

图1-1　三益课程体系

表1-4　三益课程"1·8·X·3"结构表

内容	具体解读
1个总体目标	培养三益少年，所谓"三益"，即益己、益人、益天下
8个课程领域	语言与文学、人文与社会、数学、科学、艺术、体育与健康、技术、综合实践活动
X门志趣课程	多门志趣课程（见图1-2）
3门特长课程	多门特长课程（见图1-2）

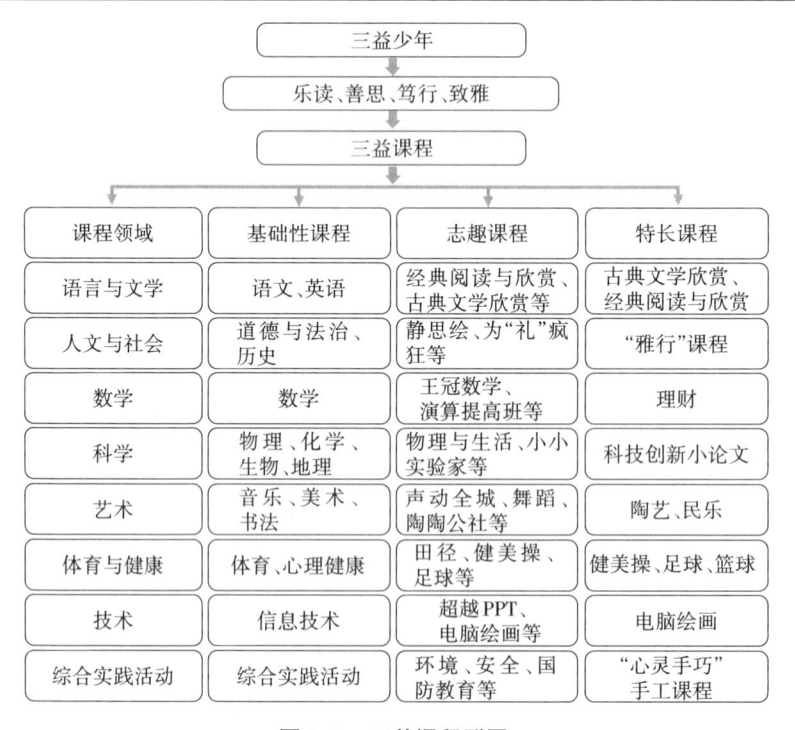

课程领域	基础性课程	志趣课程	特长课程
语言与文学	语文、英语	经典阅读与欣赏、古典文学欣赏等	古典文学欣赏、经典阅读与欣赏
人文与社会	道德与法治、历史	静思绘、为"礼"疯狂等	"雅行"课程
数学	数学	王冠数学、演算提高班等	理财
科学	物理、化学、生物、地理	物理与生活、小小实验家等	科技创新小论文
艺术	音乐、美术、书法	声动全城、舞蹈、陶陶公社等	陶艺、民乐
体育与健康	体育、心理健康	田径、健美操、足球等	健美操、足球、篮球
技术	信息技术	超越PPT、电脑绘画等	电脑绘画
综合实践活动	综合实践活动	环境、安全、国防教育等	"心灵手巧"手工课程

图1-2　三益课程群图

六、校本课程实施

(一)常规教学

学校研修求实效。学校研修以教研组、备课组为单位开展实施。在学校研修活动中,教师们群策群力、合作研讨。通过分析学情,确定目标,再深入挖掘学科教材资源,把握学科特点,以选择合适的内容,撰写"课程纲要"。每次课前备出简案,教务处定期检查。每次上课时,教务处检查上课人数和课堂纪律,了解教学内容,切实保证校本课程教学质量。针对校本课程实施中的具体问题,定期召开校本课程教师研讨会,进行总结、交流、探讨,以确保校本课程的顺利实施。每学期召开一次学生、家长代表会,倾听他们对校本课程内容及实施的意见,并反馈给相关教师,进而修订、完善校本课程内容,调整实施方法。对个别教师在校本课程实施过程中遇到的特殊困难,教科室及时给予引导、帮助,提出可行的解决办法。每学期期末,教师对自己执教的校本课程进行自我评价并总结经验、撰写论文。

(二)教学方式

1.辅助课程拓视野。通过开设古典文学欣赏、现代美文赏析等多种多样的志趣课程,为学生提供大量的阅读素材,让学生习得阅读方法进而开始自主阅读,养成阅读习惯。

2.丰富活动提兴趣。围绕相关阅读主题,开展班团活动、社团活动、校园名著欣赏活动等形式多样的阅读活动,提高学生的阅读兴趣。

3.作业设计

布置开放性作业,让学生在相互协作中提升搜集信息、分析问题和解决问题的能力。

4.资源整合

通过对校本课程资源的调查,了解校内外可以利用的课程资源情况,摸清校本课程开发的家底。加强网络资源建设,丰富图书馆资源,建设校园电子书吧,以拓宽教师的教学资料来源,帮助相关教师选定校本课程内容,最终形成具有鲜明特色的校本教材。

5.资源优化

对教师搜集的资源通过"增""删""换""合""立"等方式进行优化。

增:增内容,如补充材料等。

删:删除重复的、不符合标准的、不必要的内容。

换：更换不合适或过时的内容。

合：整合不同学科的内容。

立：打破相关学科教学壁垒，构建符合本校学生实际需要的全新的融合课程。

七、课程评价

(一)学生学业综合评价

1.综合性评价。从学生的"读""思""行""雅"等几个方面对其进行综合评定。

2.评价方式多元。自评与互评、他评相结合，过程性评价与结果性评价相结合，终结性评价与形成性评价相结合。

3.评价过程公正。建立以学生的关键表现和实证材料为评价重要依据的档案袋评价形式。学校为每个学生建立成长档案袋，将各种有关学生表现的材料收集起来，并进行合理的分析与解释，以客观反映学生在成长过程中的努力。

4.评价结果公正。以等级和综合评语的方式呈现对学生的评价结果。评价结果应与学生本人见面，并得到学生本人的认可。

(二)教师教学评价

1.评价方案科学。学校从教师在教育教学过程中的工作态度、敬业情况、对学生的关爱情况、教育教学效果等方面对他们进行综合评价，体现了评价内容的全面性；学校实行教师自评为主，行政人员、其他教师、学生、家长和社区代表共同参与的多元评价方式，体现了评价主体的多元性。

2.评价过程公开透明。学校建立具有广泛代表性的教师评价与考核监督专门机构，保障被评价教师的知情权和申诉权。

3.评价以激励为主。在保证评价结果公平公正的基础上，有针对性地对每位教师提出改进建议等。

(三)校本课程建设评价

1.评价内容全面。学校从课程目标与规划、课程开设准备与投入、课程实施过程、课程实施效果等方面制订校本课程评价方案。

2.定期开展评价。学校建立周期性课程评价机制，对校本课程目标的达成情况、课程实施中的问题以及实施效果进行分析，并提出改进意见和解决方案。

3.评价主体多元。学校不仅听取教师和学生对校本课程建设和发展的建议，还定期邀请有关课程专家、专业人士和学生家长对课程实施中遇到的问题进行分析，并提出不断完善的意见，促进校本课程的完善。

八、课程保障

(一)组建管理机构

开发和实施校本课程,既关涉决策问题,又关涉执行问题,必须明确和理顺两者关系,建立有效的组织网络,进行明确的职责分工,以保障校本课程管理的顺利进行。如校长和分管教学的副校长负有关校本课程的决策,教务处主要负责执行,任课教师主要负责具体实施。

(1)校长——课程管理一级责任人。引导全员共同设计校本课程,健全课程开发组织,监控课程实施过程。

2.分管教学的副校长——课程管理二级责任人。制订校本课程方案,细化目标,组织教师落实方案,监控课程实施过程,创新特色课程,总结管理经验。

3.教务处——课程管理三级责任人。结合市、校课改精神,指导教师制订各学科的教学计划;统筹协调课程实施,引领教师开发独具特色学校"学材"和学校"习材",创造性地实践,并总结经验。

4.教研组组长——课程管理四级责任人。指导组内教师制订教学计划,并有计划地开展教研活动,以促进本组教师开展课堂教学改革,提高课程实施的能力。

5.教师——根据校本课程实施方案,通览学段教材;参照课程标准,拟订学期教学计划;整合课程资源,充实课程内容,总结教学经验,评价课程效能。

(二)完善制度

校本课程是对国家课程和地方课程的丰富和补充。重视校本课程开发,是基础教育课程改革的具体目标之一,它有利于培养学生个性,发挥教师特长,办出学校特色。为了全面落实《义务教育课程方案(2022年版)》的精神,促进校本课程的研究、开发和管理,我校特制定了《重庆市南岸区茶园新城初级中学校三益课程管理制度》,具体内容如下。

1.指导思想

全面贯彻党的教育方针,认真贯彻义务教育课程方案和课程标准(2022年版)的精神,坚持以学生的发展为本,深入实施素质教育,优化课程结构,充分利用学校和社区的课程资源,进一步调动学校自主开发课程和自主管理课程的积极性,逐步形成适应地方、学校和学生特殊需要的,体现学校办学特色的校本课程体系。

2.管理原则

(1)以学生的发展为本,校本课程的研究与开发活动必须认真考虑学生的需要、兴趣与经验,一切从学生的健康发展出发。

(2)充分发挥校本课程对学生发展的不同作用,体现学校办学特色。

(3)校本课程的教学要重视学生学习方式的转变,尽可能地采用合作、参与、探究和体验等有助于学生主动学习的方式开展教学活动。

(4)在鼓励教师及有关人员创造性地开发校本课程的同时,要明确他们各自的职责,加强对教学和教材的规范管理。

(5)充分挖掘和利用校内外课程资源,注意发挥学生家长和社会力量的作用。

3.课程开发

(1)在校本课程开发中,教师要确立"针对学校,面向课程,凸显个性,动态发展"的目标。

"针对学校",就要以学校为本,以学校为基础,发挥优势,挖掘资源,组织人员开发校本课程。"面向课程",就要认真做好涉及校本课程开发的环境分析、课程目标设置、课程组织、课程实验和课程评价等工作;要加强三个环节的研究,即确定开设科目的研究,形成校本课程指向的研究,制订校本课程开发、实施、评价计划的研究。"凸显个性",就要在课程开发时,把张扬学生个性、体现教师个性和强化课程个性有机地结合起来。"动态发展",就是说校本课程是动态发展的,好的课程是在不断完善中设计出来的,一些不受学生欢迎或准备不足、教学效果不好的课程将被逐步淘汰。

(2)教师提出校本课程开发构想与意向,并以教研组为单位向教科室递交课程纲要。校本课程纲要包括:课程目标、内容简介、课程进度计划、课程评价方案、选报(人数)要求等。

4.课程实施

(1)经学校审核同意开设的校本课程,由教科室将拟开设课程目录会同年级组向全体学生公布。

(2)教研组组长负责安排校本课程教学任务。拟开设的校本课程原则上由申请该课程的教师承担,特殊情况下可由教研组统筹安排。

(3)教师在接到校本课程开课任务通知后,应认真做好上课准备。待学生选课结束后,由教科室正式下发开课通知。原则上每门课程应有10名及以上学生选课才准予开课,特殊情况下由教科室与开课教师商定。

5. 教师管理

(1)接到教科室开课任务通知的教师按要求到指定教室(地点)上课,做好学生出勤登记。

(2)教师按照课程教学进度组织教学,在教学中应认真听取学生意见,可以根据实际情况对教学计划做出适当修改。

(3)教师做好学生成绩的考核工作,在校本课程结束后把学生考勤登记册、学生成绩册交到教科室归档。

(4)开发校本课程的教师应自编讲义或自制课件。

(5)教科室通过听课、查阅资料、调查访问等形式,对教师进行考核,主要是"五看":一看学生选择该课程的人数;二看教学效果;三看领导与教师听课后的反映;四看学生问卷调查的结果;五看教师的教案等。

(6)教师开设校本课程情况应记录在教师业务档案中,作为其教学工作内容之一,也作为其评优评先、晋职的依据之一。

6. 学生管理

(1)学生应根据自身发展需要自愿选择校本课程,在指定时间内根据教科室公布的校本课程拟开设目录认真选择。如学生所选课程因选课人数等原因未能开课,应在接到教科室通知后重新选择。

(2)学生在收到校本课程上课通知后,应服从学校安排到指定教室(地点)上课。

(3)学生应认真学习校本课程,不得随意缺课,如无故缺席1次或因故缺席3次,便不得参加该课程考核,并按学校学籍管理的有关规定处理。

(4)学生应积极参与校本课程的建设,并向任课教师提出合理化建议和要求。

(5)校本课程不采用书面方式进行考试或考查,对学生的评价主要是发展性评价,即一看学生在学习过程中的表现,如情感态度、积极性、参与情况等;二看学生学习效果,如通过实践操作、作品鉴定、竞赛、评比、汇报演出等进行评价。

(6)学生达到出勤率的要求并参加该课程的考核合格后可获得该课程的学分。

7. 课程管理

(1)教科室会同教研组、年级组根据学校安排提前做好校本课程目录。

(2)做好选课指导。对首次选报未成功的学生应通知其重新选报,并将选课情况下发到班级。

(3)教科室认真排出校本课程开课课表,确定上课教室(地点),在可能的情况下满足教师对教室或设备的要求;编制学生名单和考勤登记册,交到上课教师手中。

(4)做好日常教学检查,负责处理调课、代课、请假等事宜,并收集校本课程的问卷调查情况。

(5)做好校本课程资料收集、归档等工作。

8.课程评价

(1)每学期校本课程结束后,学校评选出优秀校本课程,并在全校进行交流与推广。

(2)学校鼓励优秀校本课程教师在教学中不断丰富和完善讲义,并在专家的指导下形成可以出版的教材。

九、保障体系

(一)时间保障。校本课程开发的主体是教师,因此学校在进行课程开发时应首先考虑教师的时间可以支配情况,同时应考虑教师的课程开发能力。

(二)资金保障

(1)学校加大对教学仪器设备、图书资料等资金投入,强化对相关资源的日常管理。

(2)提供课程实施专项经费。为校本材料的编制、社团活动、专家指导引领、课程特色项目的评比、课程改革创新实践教学展示、社区资源的利用等,提供经费保障,确保校本课程建设的可持续发展。

(三)师资队伍保障

教师是实施三益课程的主体,是提升学生核心素养的关键。教育部印发的《中学教师专业标准(试行)》对教师素养的要求集中体现为:师德为先、学生为本、能力为重、终身学习。我校教师专业发展以此为基本目标,并逐步演化出了"博大成教,博爱成德"的教风。

四、社会发展与校本课程体系建设的关系

校本课程建设本质上是教育者和受教育者对知识的价值和人生意义追求的表现,是引领师生追求完满人生的理性审视,是对当下生活情境的再创造、再体验,也是为学生未来生活所做的准备。校本课程建设固然有不可替代的作用,但在实践中出现了"两张皮"、区隔化、虚假化的现象,这显然与校本课程建设的初衷背道而

驰，这也正是为课程实践者和课程体验者所诟病之处。我校根植于学校的文化发展历程，准确地把握时代发展的脉搏，紧扣学生发展和成长的需要，精准定位学校的育人目标，构建了三益课程体系。经过多年探索与实践，我校构建的基于全员参与的、分层、分才施教的三益课程体系，让每一位学生都有机会进入自己感兴趣的学科领域，促进了他们的特长发展。

我校具有悠久的历史和浓厚的书院传统。所谓"三益"，从浅了说，就是"兴学、读书，百益而无害"；从深了说，就是教育以本源之道，循生化之力，饶益师生，全面发展，生生不息。以本源之道，即从教育的本源推进教育，按照学生成长和学习规律来展开教育，自然可以给师生带来多方面的利益，带来全方位的发展，从而让他们的人生丰富多彩。

教育不仅要注重当下，更要为未来生活做准备。"面向未来的课程要以'过去的'课程为根基，向着开放的现代化、可持续的弹性化、综合的信息化以及国际化与本土化共融发展。"[1]我校学生持守"读书·读人·读生活"教育理念，正是为将要面对的光怪陆离的生活所做的准备。三益课程体系的基础性课程、志趣课程、特长课程是从过去预设的知识型课程转变而来的未来创生的人伦关怀型课程，从精细的专业化课程转变而来的促进特长发展的整合型课程。

---

[1] 袁利平，杨阳.面向未来的课程图景及其实现[J].教育科学研究，2020(04)：10.

第二章

愿景导航:校本课程规划的方法论

方法论是关于认识世界和改造世界的方法的学说和理论。校本课程规划的方法论是在课程规划过程中，基于教育基本规律和原则的方法的理论。校本课程规划的方法论涉及课程价值、标准、内容选择与组织等多个领域的问题，它不仅是课程理论完善、成熟、体系化的具体表现，而且它还规范着课程实践的逻辑起点及程度、策略等，是课程实践的指南针。[①]校本课程规划如何回应时代发展的呼唤？如何符合教育规律？如何满足学生成长需要？

第一节　校本课程规划的方法论

一、校本课程规划的方法论

对校本课程规划的方法论探究既是重要的课程理论问题，又是在校本课程规划过程中不可回避的问题。没有方法论的突破，缺乏合理的方法论指导，就不可能构建适宜的校本课程体系。我校的校本课程体系规范科学，逻辑性强，具有可操作性。

（一）校本课程规划的指导思想

校本课程规划指导思想是校本课程规划方法论的核心，是关于校本课程规划方向及原则的理念，在课程构建中起主导作用。校本课程规划的指导思想是指在课程规划过程中制约课程规划活动的价值原则，它限定了课程标准、目标的性质及课程内容选择的范围。

如今，随着社会的发展，学生对知识的学习呈现出多样化和离散性特征，开发学生快捷采集信息、利用信息、适应社会高速发展的潜力，提高学生社会交际能力、实践能力、动手操作能力等已成为当今时代培养学生的共识。社会要求学校不但要设置能提高学生身心素质、科学文化素质，能增强其社会实践能力、动手操作能力的课程，而且要设置能为学生的个性化发展助力的个性化课程。因此，《中国学生发展核心素养》以培养"全面发展的人"为核心，包括文化基础、自主发展、社会参与三个方面，综合表现为人文底蕴、科学精神、学会学习、健康生活、责任担当、实践

---

① 郝德永.课程研制方法论[M].北京:教育科学出版社,2000:6.

创新等六大素养,具体细化为国家认同等18个基本要点。各素养之间相互联系、相互补充、相互促进,在不同情境中整体发挥作用。我校基于国家发布的《中国学生发展核心素养》这一总体框架,以及学校办学的文化传统与育人优势,并结合学生的年龄特点和实际需求,确定以培养具有"乐读、善思、笃行、致雅"等素养的三益少年为育人目标。我校有严格科学的管理机制、先进的办学理念,且拥有一支师德高尚、业务精良、锐意开拓进取的教师队伍,为学生的主动发展提供了有力保障。

(二)校本课程规划的模式

校本课程规划的模式是课程系统规划方法论的主体,是课程规划过程的架构,是关于课程规划的结构及技术性的概念。在校本课程规划过程中,相应模式的形成可为课程规划提供一个可操作的理性化图式。校本课程规划模式在形式上主要表现为一种技术性流程图式,其实质是校本课程规划过程中内在构成要素之间的组合、关联方式及其运作方式的外显。

不同学校基于不同的背景和环境,基于不同的人力、物力和财力,可以在课程规划的内生模式、课程规划的外引模式和课程规划的分化模式这三种课程规划模式中做出选择。[1]比较这三种模式的特点后发现,无论哪种模式,学校通常都是根据以下步骤完成校本课程系统规划的。一是成立课程规划组织机构,即建立包括校长、教导主任、骨干教师和教育专家为主体的校本课程规划团队。二是搜集资料,即广泛搜集课程规划所需的各种资料,如课程政策资料、学校基本情况、学情资料、教情资料等,并分类整理。三是确定目标,即校本课程规划的整体目标和课程规划标准。四是构建预方案,即编制校本课程规划的整体方案,如课程设置方案、课时安排方案、课程开发方案、课程实施方案、课程评价方案等。五是进行审核评估,即将课程方案移交全校教职员工进行审核、评价,在广泛听取大众的意见后着手修改各种方案并再次移交教师代表审核。六是描述方案,即送交教师大会进行审议,根据审议结果提出修改意见,对方案进行修改,并用准确的语言予以描述以作为校本课程事务的行动指南。这样,概括出来的流程就是:成立课程规划组织机构—搜集资料—确定目标—构建预方案—审核评估—描述方案。总之,校本课程规划的模式要在充分调查校本课程发展的情况下,通过创新和探索的方式进行系统规划。

---

[1] 靳玉乐.学校课程领导论:理论研究与实践探索[M].北京:人民教育出版社,2010:227-229.

(三)校本课程规划的路径

课程系统规划的方式是课程系统规划过程中解决问题的关键。在确定了课程规划的原则及程序后,活动目标的实现有赖于方式方法的选择。在课程规划的过程中,学校和教师要创造适合于学生发展的课程,从学校的办学理念、文化背景、现实基础、发展优势、学生的发展需要入手,探索适合学校发展的课程规划方式。

我校的校本课程系统规划方式主要表现为多元综合式。多元综合式是主要基于学校的办学理念、办学条件、传统教育理念、学生需要和社会发展需要而形成的多元一体的校本课程规划方式,它可以有效地促进国家课程、地方课程与校本课程之间的融合与创生,促使校本课程具体化、实践化、可操作化。[①]多元综合式课程规划方式的理论源自多元智能理论。这一理论打破了以往仅仅以人的数理逻辑思维和语言能力为智能的狭隘理念,提出了人可以靠不同的能力而获得成功,而这些能力都可以称为智能。多元智能理论把人的能力分为语言、数理逻辑、空间、音乐、人际、内省等多种能力类型,每一个人所擅长的智能领域是不同的,所以每个人才表现出各自不同的优势。因此,学校在规划课程时,要承认学生之间的差异性,构建多元智能课程,不仅要培养学生的语言、逻辑智能,还要培养学生运动、情感与理性、人际交往、创新实践等智能,开发每位学生的潜能,全方位推进学生素养的提升。我校根据学生不同的学习基础、学习要求、学习兴趣,把校本课程分为基础性课程、志趣课程、特长课程3个板块,语言与文学、人文与社会、数学、科学、艺术、体育与健康、技术、综合实践活动8个课程领域,打破了年级界限、学科界限,让学生根据自己的需求和兴趣自主选择,促进了学生身心全面多元发展,培养了他们良好的个性品质,提升了他们的综合素质。

一、校本课程系统规划的基本原则

校本课程系统规划是从宏观到微观的过程,亦是不断成长变化的过程。无论是国家课程、地方课程还是学校自己开发的校本课程,最终都要通过教育实践才能对学生产生影响。只有遵循科学合理的原则,才能对校本课程体系进行系统规划,确保课程规划有据可依,不走样。我校根据"益己·益人·益天下"的教育理念系统地规划了三益课程体系。该课程体系规划遵循了整体化、特色化、民主化、成长性等原则。

---

① 李丽丽.基于学校的课程建设研究[D].开封:河南大学,2014.

(一)整体化原则

校本课程体系是指在一定的教育价值理念指导下,根据学校自身特色和学生需求,将课程的各个构成要素进行排列组合后使各课程要素在动态中统一指向课程体系培养目标实现的体系。由于课程体系是一个具有特定结构和功能的组合系统,是诸多课程相互联系而构成的整体,拥有一般系统所特有的目标、过程和内容等要素,因此,在对它进行规划和建设时,要把它作为一个整体来推进,而不是将其视作单个课程的简单堆积。只有构建起具有整体性的课程体系,才能有效促进学生的全面发展。因此,校本课程体系的构建应该从大局出发、从整体出发,处理好课程体系内各要素之间的关系。

校本课程规划的核心在于满足学生的成长需求。落实整体化原则,需要做到以下两点。第一,学校要根据学生成长的需要进行校本课程的整体规划,从而让所有校本课程都能为学生全面发展服务。第二,学校在进行课程建设时,要将国家课程、地方课程和校本课程融合起来,丢掉传统意义上的一些顾虑(比如"豆芽课"可上可不上,不如不上),将德育课程与学科课程交叉贯通,从学生未来发展需要考虑。同时,应注意几种课程类型之间的区别和联系。基础课程,即国家课程,是学生必须按规定修习的,是构建基础性课程、志趣课程、特长课程的基础,基础性课程、志趣课程、特长课程不能"自成一派";而基础性课程、志趣课程、特长课程是对基础课程的拓展补充,它们间相互关联,均是为促进学生的全面发展而设置的。

(二)特色化原则

每所学校都是独一无二的,因此校本课程建设要彰显学校的传统,突出学校的鲜明特色。基于学校特点的课程建设,有利于发挥特色教育教学优势,以多种课程形态服务学生个性化学习要求,实现学生的全面发展。

我校通过基础课程的实施,培养了学生的学科核心素养,而基础性课程、志趣课程和特长课程的实施能激发学生学习兴趣,是发展学生专长的有效途径,能满足学生在未来社会持续发展的需要。从某种意义上来说,志趣课程和特长课程是一所学校区别于其他学校的主要特征,也是一所学校立足社会、树立品牌的标识之一。因而,一所学校要结合本校传统与地域优势开发适合本校学生的校本课程,且它的构建在内容和形式上应该有所创新。我校已有大量精品化的校本课程,但整体而言,它们没有自己的特色。目前,我校的校本课程建设已经跨越过了一般特色建设阶段,应该朝理念特色建设方向发展。所谓理念特色,就是将学校教育理念贯穿于学校整体课程建设和实施中,进而在整体上形成学校独有的教育特色。我校校本课程的特色化,就在于用"读书·读人·读生活,益己·益人·益天下"的理念构建校本课程体系,从而培养三益少年,实现"乐读·善思·笃行·致雅"的育人目标。

(三)民主化原则

校本课程规划的民主化原则是指在课程规划过程中,学校必须以民主化的课程理念为指导,建立民主化的课程决策机制,让课程利益相关者全程参与课程规划活动,通过对话与协商汇集课程利益相关者的智慧,在集体审议中研制学校课程规划方案并付诸实施。[①]我校的课程规划不是校长或者教师们闭门造车的结果,而是课程利益相关者(学校教职工、学生、学生家长等)民主决策和长期实践的结果,它集中了教育专家、教育管理者、一线教师、学生、学生家长等的智慧。只有具备广泛民意基础的校本课程规划方案才能获得教育专家、教育管理者、一线教师、学生、学生家长等群体的认可,才能更好地得以实施。

(四)成长性原则

这里的成长性原则包括两层含义:第一,校本课程要关注学生的成长,并以此为关注焦点,这是校本课程建设的逻辑起点。这一层面的成长性原则更多的是基于"因材施教"的教育思想,是尊重学生身心发展规律的表现。成长性教育原则注重受教育者的终身发展,这体现在各种类型的课程以及各层次课程之间的连续性和衔接性、课程规划的整体性和一致性上。这也符合现代社会提倡的终身教育与个性化教育要求。第二,在建设校本课程的过程中,需要考虑未来校本课程的发展,应事先设计好一个可成长的校本课程结构,而后学校便应基于这一结构进行有目的、有价值的课程建设。校本课程系统的规划不是一蹴而就的,也不是规划好就一劳永逸的。如果永远遵循一开始就规划好的课程方案,不因势利导,不根据社会变化而变化,那么将不利于师生的成长,不符合教育教学的规律,也不利于学校未来的发展。毕竟一潭死水不会孕育出鲜活的生命。

---

① 张相学.学校课程规划的依据、原则与过程[J].教学与管理(中学版),2009(12):7.

三、校本课程建设规划的实践样态

校本课程是规划和实践的结果,需要有一个整体思路。这一思路从学校教育理念出发,进而抓住校本课程建设的主要线索,然后依据线索和学校现有课程设置,建构校本课程的逻辑体系。我校的校本课程建设规划基于"读书·读人·读生活,益己·益人·益天下"教育理念,根据整体化、特色化、民主化、成长性的原则,构筑起了我校特色的三益课程体系,努力培养三益少年。通过三益课程的长期实践,涵养了学生的书卷气,培养了学生的社会责任感,树立了学生的民族自豪感。

(一)课程规划的背景

要构建立足学校办学传统和目标的校本课程体系,就要对其所依托的校情、学情、教情及社会现状等有清晰的了解。课程背景分析是校本课程系统规划的基础和起点,它对校本课程的发生、发展、创新有支撑作用。[1]我们主要从学校的校情、学情、教情等几个方面进行深入了解,比如对学校的办学环境和资源、办学传统和特色、办学的优势和劣势等方面进行梳理,最终为校本课程系统规划提供依据,指明方向。只有将学校的历史发展和当前发展的脉络理顺理清,才能构建出属于学校自身的具有特色的课程体系,课程规划也才会更有针对性和科学性,从而促进学校健康发展。

(二)学校发展的时空特征

校情是校本课程系统规划的现实基础和起点,主要包括学校历史沿革,学校对特定学段的基本功能定位及其承担的使命,学校现阶段规模、软硬件条件,学校前期课改探索的经验,学校当前面临的主要挑战等几个方面。通过对学校历史沿革的回顾,明确学校传统,明晰学校底蕴;明确学校对特定学段的基本功能定位和所担负的使命才能把握学校发展的节奏;知道学校现阶段的规模和软硬件条件才能有的放矢地推进学校发展;总结学校前期的课程改革经验,直面学校发展的机遇和挑战,才能从容应对,使学校获得更好的发展。

我校历史悠久,底蕴深厚,始建于清乾隆四十三年(1778),前身是巴县(今重庆市巴南区)最早的乡级书院之一(三益书院),距今已有两百多年历史。我校一直秉

---

[1] 王文婧.义务教育阶段学校课程规划方案评价研究[D].长春:东北师范大学,2019.

承书院传统,以内涵式发展促进学校的不断提档升级。近年,学校贯彻落实立德树人根本任务,以阅读为特色,融阅读于百科,全面提升学校的教育教学质量,提升师生的人文素养,实现了从普通初级中学校到优质教育强校的华丽转身。

(三)校本课程改革的实然样态

一是创建书香怡人的校园环境。我校建有全天候开放的自主阅读大厅、年级阅览室,班级有飘书台、诗词角等,实现了学生的自主阅读,让书香浸润了整个校园。

二是搭建数字化智能三益阅读"云"平台(集读、听、评、管等功能为一体),拓宽了学生的阅读"眼界",实现了学生阅读的时时交流、分享。

三是阅读教学全科化。通过对阅读目标的细化、阅读方法的指导和阅读能力的阶梯训练,扎实推进了三益课程。根据学科特点,让学生进行连续性与非连续性文本阅读、生活体验式阅读等,培养了学生终身学习的能力。

四是开展丰富多彩的阅读活动,激发学生阅读兴趣。

五是开展课题项目研究。通过对区级规划课题"初中生人文主题阅读课程模块化建构实践研究"和市级规划课题"实施'三益阅读课程'培育初中生人格的行动研究"的深入研究,促进了三味课堂教学的提升。同时,三味课堂也让学生愿学、乐学、学会、会学了。三味即趣味、雅味、品味,趣味让学生乐学,雅味助力学生善思,品味让学生怡情。

(四)学校当前面临的主要挑战与问题

一是由于其他名校入驻本区,我校学生生源受到很大影响,因此亟须加强学校内涵式发展。

二是课程建设如何从骨干教师参与转化为全员参与?课程内容如何从重常规阅读转化为重创新阅读?如何改革现有课堂教学的评价机制,建立有效的激励机制?课程统整如何使三味课堂和三益阅读形成最大合力,达到最佳效果?

三是教师的竞争意识不强,很多教师不愿展示自我;新的教育理念渗透不深,大多数教师不善于钻研业务,习惯按部就班地工作,教育教学质量有待提高;对教学的探讨和研究兴趣不高。

四是教学评价机制不健全,管理水平有待进一步提高。虽然教师的教育教学工作如教研、论坛管理,能够按时按量地完成,但整体而言,大多数教师的教学质量不高。教师的教研积极性、主动性不高。

第二节　校本课程建设的内涵

一、课程的内涵

在规划校本课程体系的过程中,有关概念必须先得到明确,比如课程的内涵是什么。施良方先生对几种典型的课程定义进行了归纳:课程即教学科目;课程即有计划的教学活动;课程即预期的学习结果;课程即学习经验;课程即社会文化的再生产;课程即社会改造。①从现实状况而言,人们习惯从狭义上对课程进行理解,将列入教学计划的各门学科及其在教学计划中的地位和开设顺序的总和称为课程。课程应是静态的"课",包含了内容、框架等,与动态的"程",包含了计划、实施等的双向结合。②

校本课程建设规划不可避免地受到教育环境、社会环境、政策环境等外部因素的影响和限制,但是一所学校的课程目标的核心必然是培养人才。只有按照学生成长和学习的规律来展开教育教学,才能事半功倍。我校校本课程体系——三益课程体系,为学生成长构建了一座连接理想和现实的桥梁,能帮助学生全面发展,能让他们成为对他人有用,对天下有贡献的人。

二、三益课程解读

三益精神即益己、益人、益天下。"益己"实为修己,修学即为修己之道,让学生为自我的成长而非为外在的浮华读书,这才是教育的正道。"益人"就是引导学生心存善念、理解他人、关爱社会、尊重自然,具有乐于奉献的"大爱"意识。"益天下"则树立学生的民族自信心,增强学生的民族自豪感,让其具有世界眼光,有博采众长、大胆创新的"家国情怀"。"益己"是"益人、益天下"的基础,"益人、益天下"是"益己"的归属。

---

① 施良方.课程理论:课程的基础、原理与问题[M].北京:教育科学出版社,1996:3-7.
② 张露.小学校本化课程体系构建的实践研究[D].重庆:西南大学,2017:14.

(一)三益课程的内在机理

学生德智体美劳全面发展一直是教育所追求的重要目标,此中,所谓"德",为人之灵;"智",为人之魂;"体",为人之本;"美",为人之情;而"劳",则为成大业之基础。因此,我校的三益课程从学生的身体、心理、智慧三个方面来培养学生。其一,增强学生的体魄,健康他们的心理,授予他们知识与技能。只有拥有强健的体魄,才能支撑我们更好地学习,塑造我们高尚的灵魂,坚强我们的意志。健康的身体和良好的运动意识是个体实现终身发展的根基。其二,让学生形成正确的世界观、人生观和价值观,关注学生的心理健康,促进学生道德品质正向发展。因为一个健康的心灵就是一盏指引我们向前的明灯,它有助于学生学习效率的提高,有助于学生智力的发展,能帮助学生在未来更好地融入社会和生活。其三,提升学生的情商等。

我校的三益课程含有"益体、益心、益智"的逻辑暗线,它们三位一体,相互依存,相互影响。"益心"是根本,它为学生的发展指明方向;"益体"是基础,它能给予学生的终身学习以支撑,能坚强他们的意志,培养其规则意识和纪律意识;"益智"是学校教育一直以来所追求的目标,它可以授予学生知识与生活技能,促进其品德的修炼,也可以给予我们健康生活的方法。

(二)课程目标

课程目标对于一个课程体系的构建而言犹如海上灯塔,指引着前行的方向。课程目标决定了课程结构、课程实施、课程评价的构建、计划安排、实施形式等。我校三益课程的目标体系大体分为课程总体目标、课程核心任务及课程培养目标。

1.课程总体目标

三益课程建设规划的总体目标是全面贯彻党的教育方针,全面实施素质教育,全面构建"益己·益人·益天下"的校本课程,将每个孩子都培养成爱学习、爱生活、敢创造、理解他人、关爱社会的合格的社会主义建设者和接班人。因此,三益课程的建设和规划是在党和国家教育方针政策的指引下,立足学校办学传统和目标,寻找学校个性化发展道路的外显。可见,三益课程体系是具有我校办学特色的校本课程体系。

2.课程核心任务

三益课程体系建设规划的核心任务是全面构建"益己·益人·益天下"的校本课程体系。这是落实党和国家教育方针政策的表现,也是将党和国家教育方针政策与学校教育实际有机融合的结果。

3.课程培养目标

基于《中国学生发展核心素养》、学校育人目标、学生发展需求,我校确立了培养具备"乐读、善思、笃行、致雅"素养的三益少年的校本课程目标。这个目标其实已经回答我校要"培养什么样的人"这一问题。总体来说,我们就是要培养具有"乐读、善思、笃行、致雅"素养的人。围绕"读书·读人·读生活,益己·益人·益天下"教育理念,我们将"乐读"素养具体化为爱读书、善读书、会学习;将"善思"素养具体化为勤思考、敢创新、能自立;将"笃行"素养具体化为爱家园、强体魄、勇实践;将"致雅"素养具体化为重修养、敢担责、会合作。

三益课程已逐渐成为学校实现"乐读·善思·笃行·致雅"育人目标,让学生变为一个身心健康、关爱社会、关注自然、心怀天下、有国际视野的学子,促使学生注重文化基础,学会自主发展,积极参与社会活动等全面发展的主要载体。

(三)课程结构

课程结构是将课程内涵和课程目标转化为教育成果的纽带,是课程实施之前众人齐心协力勾画的蓝图。三益课程作为我校实施的校本课程,它是基于学校办学传统和目标、学生需求、课标要求而提出来的。三益课程体系的特点主要有以下四点。

1.基础性

三益课程的规划完全遵循党和国家相关教育方针政策,以校本化国家课程作为本课程体系的基础性课程,它与志趣课程、特长课程都是对国家课程的补充和扩展。

2.结构性

课程结构是课程内部各要素合乎规律的构成形式。好的课程结构能有效解决课程各个要素间的协调问题,保证课程活动的顺利实施和课程目标的达成。三益课程体系基于基础课程,根据学校传统和实际情况、学生需求和课标要求,建构课程内容,合理安排课时、开设方式、授课对象等。可以说,三益课程体系具有严密的结构性特征,是一个整合的有机体。

3. 对话性

世界著名教育家保罗·弗莱雷说:"没有了对话,就没有了交流;没有了交流,也就没有了真正的教育。"对话不仅是一种教学方式,而且是人们认识生命、认识世界的重要途径。三益课程体系的构建以学生成长为核心,基于基础课程,通过志趣课程和特长课程走近学生,形成学生与课程对话的常态。在这一过程中,学生通过自我与课程的对话,与外界的对话,最终认识自我,认识世界。同时,通过这一系列的对话,唤醒学生的自我意识,培养他们的批判意识,进而让他们不断积蓄力量,茁壮成长,实现个性化发展和全面发展。

4. 多样性

多样性课程助力培养全面发展的人。课程体系的构建目标不仅仅是学生对知识的掌握,更重要的是培养他们的动手能力、实践能力、分析能力,以及实事求是的科学精神。因此,校本课程从内容到形式不能过于单一。学校不光要完成对国家课程内容的教授,还要根据学生需求和未来发展设计开发多种类型的课程,以提高学生学习兴趣,发展他们的特长。三益课程的构建遵循多样性原则,基于国家课程设计开发了具有本校特色、能满足学生需求的志趣课程、特长课程,以期提高学生的核心素养,培养全面发展的高素质人才。

在课程设置上,我校基于国家课程,坚决贯彻《重庆市教育委员会关于调整普通中小学课程计划的通知》(渝教基〔2012〕21号)精神,在开齐开足国家课程和地方课程后,积极主动地开设三益课程,最终形成由小到大、由基础到拓展的三益课程体系。其中,志趣课程是指根据学生的兴趣、爱好,以及各学科特点,在调研各年级学情和教情的基础上设置的课程。志趣课程可选范围较广,为限选项(设置限选条件,比如课业完成情况等),全体学生均可参与,以走班制形式呈现。特长课程是自选和双选相结合的课程,它是为满足那些在某些方面具有天赋且学有余力的学生而设置,以教师带队、定时活动的形式呈现。

(四)课程内容

三益课程分为8个基础性课程领域(课程群):语言与文学、人文与社会、数学、科学、艺术、体育与健康、技术、综合实践活动等。每个课程群基于基础性课程分为:志趣课程与特长课程。

1.语言与文学课程群

孔子说:"知之者不如好之者,好之者不如乐之者。"传承三益书院精神,我校所培养的学生的首要品性是热爱阅读。为了培养学生的"人文底蕴、科学精神、学会学习、健康生活、责任担当、实践创新"等核心素养,我校设置了语言与文学课程群。语言与文学课程群是基于语文、英语等国家课程,在对语文、英语等国家课程进行补充整合后形成的。它以综合研究、"阅读与欣赏"为主要呈现形式。具体课程构成如表2-1所示。

表2-1 语言与文学课程群构成表

课程类别	课程内容和实施样态
基础性课程	语文、英语
志趣课程	经典阅读与欣赏、古典文学欣赏、现代美文欣赏、中国诗词大会、歌声飞"洋"、英文电影欣赏、今天我值日、中国历史与民间艺术、"三益"阅读等
特长课程	古典文学欣赏、经典阅读与欣赏

2.人文与社会课程群

我校致力于培养具有"三益"精神(益己·益人·益天下)的人。学生应该为自我的成长而非外在的浮华而读书,最终成为对他人有用、对天下有贡献的人。为了培养学生的"人文底蕴、科学精神、学会学习、健康生活、责任担当、实践创新"等核心素养,我校设置了人文与社会课程群。人文与社会课程群是以学生品质养成为核心,以综合研究和实践性体验为主要表现形式,基于道德与法治、历史等国家课程,是在对道德与法治、历史等国家课程进行补充整合后形成的。具体课程构成如表2-2所示。

表2-2 人文与社会课程群构成表

课程类别	课程内容和实施样态
基础性课程	道德与法治、历史
志趣课程	静思绘、为"礼"疯狂、时政播报与评价(课前)、入学课程、离校课程、"雅行"课程等
特长课程	"雅行"课程

3.数学课程群

数学与人类发展和社会进步息息相关,数学知识是现代社会每一个公民都应该具备的。为了培养学生的"人文底蕴、科学精神、学会学习、健康生活、责任担当、实践创新"等核心素养,发挥数学在培养学生理性思维和创新意识方面的作用,我校设置了数学课程群。数学课程群以综合研究和综合实践为主要表现形式,基于数学这一国家课程,是在对数学这一国家课程进行补充整合后形成的。具体课程构成如表2-3所示。

表2-3 数学课程群构成表

课程类别	课程内容和实施样态
基础性课程	数学
志趣课程	王冠数学、演算提高班等
特长课程	理财

4.科学课程群

面对科学技术在人类生活中产生的深刻影响,有必要让学生了解科学、技术、社会、环境之间的关系,以帮助他们从整体上认识自然和科学,振奋他们的科学精神,为他们更好地融入未来生活做准备。为了培养学生的"人文底蕴、科学精神、学会学习、健康生活、责任担当、实践创新"等核心素养,同时强化他们善于思考、勇于创新、勤于动手的意识,提高他们各方面的能力,我校基于物理、化学、生物、地理等国家课程,在对物理、化学、生物、地理等国家课程进行补充整合后形成了科学课程群。本课程群以综合研究、综合实践为主要表现形式。具体课程构成如表2-4所示。

表2-4　科学课程群构成表

课程类别	课程内容和实施样态
基础性课程	物理、化学、生物、地理
志趣课程	物理与生活、小小实验家、VEX机器人、化学与生活、化学趣味实验、生命的奥秘、生物小小实验家等
特长课程	科技创新小论文

5.艺术课程群

良好的品位与审美是提升生活品质、感悟幸福人生的重要途径。为了更好地培养学生感受美、欣赏美、创造美的能力，培养学生的"人文底蕴、科学精神、学会学习、健康生活、责任担当、实践创新"等核心素养，我校设置了艺术课程群。艺术课程群是以"建立学生美感，奠基艺术人生"为宗旨，以动手操作、行动体验为主要表现形式，基于音乐、美术、书法等国家课程，对音乐、美术、书法等国家课程进行补充整合后形成的。具体课程构成如表2-5所示。

表2-5　艺术课程群构成表

课程类别	课程内容和实施样态
基础性课程	音乐、美术、书法
志趣课程	声动全城、舞蹈、陶陶公社、素描、书法、三益艺术节等
特长课程	陶艺、民乐

6.体育与健康课程群

健康的身体和良好的运动意识是个体实现终身发展的重要基础。为了促进学生的全面发展，培养学生的"人文底蕴、科学精神、学会学习、健康生活、责任担当、实践创新"等核心素养，我校基于体育等国家课程和学校传统与发展目标，根据学校的实际情况和学生的需求，在对体育等国家课程进行补充整合后形成了体育与健康课程群。体育与健康课程群以强健学生体魄，训练学生体能，培养学生意志，提升学生生命质量，奠基学生健康人生为宗旨，以行动体验为主要表现形式，是在对体育等国家课程进行补充整合后形成的。具体课程构成如表2-6所示。

表2-6 体育与健康课程群构成表

课程类别	课程内容和实施样态
基础性课程	体育、心理健康教育
志趣课程	茶艺社、三益体育节、阳光心理社、田径、健美操、足球、篮球等
特长课程	健美操、足球、篮球

7.技术课程群

科学技术对我们的日常生活已经产生了深刻的影响,它在社会发展进程中扮演着重要的角色。作为社会中的一员,我们不仅应该认识到科学技术的重要性,更应该努力地学习科学技术知识,用科技武装我们的头脑,提高我们改造世界的能力。为了培养学生的"人文底蕴、科学精神、学会学习、健康生活、责任担当、实践创新"等核心素养,提升他们适应未来生活的能力,我校基于信息技术等国家课程,在对信息技术等国家课程进行补充整合后形成了技术课程群。本课程群以行动体验为主要表现形式。具体课程构成如表2-7所示。

表2-7 技术课程群构成表

课程类别	课程内容和实施样态
基础性课程	信息技术
志趣课程	超越PPT、电脑绘画等
特长课程	电脑绘画

8.综合实践活动课程群

"未有知而不行者,知而不行,只是未知",既知又行者方为真英雄。要想做到,必先笃行,踏踏实实地行动方能真正成就自我,为善他人,助益世界。为了培养学生的"人文底蕴、科学精神、学会学习、健康生活、责任担当、实践创新"等核心素养,同时让他们体验生命成长的快乐,提升其综合素质,我校基于综合实践活动等国家课程,在对综合实践活动等国家课程进行补充整合后形成了综合实践活动课程群。本课程群以行动体验为主要表现形式。具体课程构成如表2-8所示。

表2-8　综合实践活动课程群构成表

课程类别	课程内容和实施样态
基础性课程	综合实践活动
志趣课程	环境、安全、国防教育等
特长课程	"心灵手巧"手工课程

（五）课时安排

在课时安排上，根据《重庆市教育委员会关于调整普通中小学课程计划的通知》（渝教基〔2012〕21号）等文件，我校在课时量和学生在校时间不变的情况下，对课程实施的时间进行了整体规划、合理分配。其中，基础性课程严格按照"重庆市初中课程安排表"执行。志趣课程，七年级在每周二下午4：30—5：30授课；八年级在每周三下午4：30—5：30授课；九年级在每周五下午3：30—4：30授课；以年级走班形式呈现，"大阅读"系列集中在午间1：00—1：20开展。特长课程以教师带队形式呈现，时间一般安排在每周一至周五下午4：30—5：30进行或课余时间进行。

第三章

课程实施：校本课程建设的实践

第一节　三味课堂——校本课程建设的主阵地

一、三味课堂的构成及其打造

我校构建了"趣味、雅味、品味"的三味课堂，作为实施三益课程的主阵地。"趣味"即兴趣、情趣、乐趣；"雅味"即雅情、雅美、雅誉；"品味"即品格、品质、品位。三味课堂能让学生在求趣、求雅、求品中发展核心素养。

我校罗文容老师积极推进课堂教学改革，以数学核心素养的培养为例，成功地实现了数学教学与三味课堂教学的融合。通过长时间的数学教学实践，她认为，要从以下几个方面来打造三味课堂。

第一，教师的信任是学生成功的基石。给学生一个舞台，他会给教师许多惊喜。通过三味课堂的教学，学生给了教师太多的惊喜。平时，学生在小组展示中不断给教师惊喜，教师也经常用赞美和鼓励性的语言来激励他们，对他们，教师是尊重、理解、信任的。在教学中，一定要充分相信学生，因为就大多数知识而言，学生只要融入学习小组，发挥学习小组力量，便能够顺利习得。

第二，成功体验是学生学习的动力。在学习过程中，在同伴的相互帮助下，学生动手实践的机会多了，学习兴趣自然就提高了。动手实践既满足了学生的各种内在需要，又激发了他们的参与意识，能使他们在参与中收获愉悦、成功的情感体验。采用学科教学与三味课堂教学相融合的教育教学方式，可实现师生之间、学生与学生之间的全方位、多层次、多角度的交流。当小组内每个人都有机会发表自己的观点与看法，也乐于倾听他人的意见时，学生就逐渐学会了换位思考和理解他人。在学习中，使学生感受到学习和生活是非常愉快的，通过自己的努力是能取得成功的，能在潜移默化中满足学生的心理需求，可以促进学生智力因素和非智力因素的和谐发展。学生在教师的称赞和鼓励中学习，做事的积极性提高了，主动性增强了，兴趣更浓了，人也就变得更开朗、更健谈，其综合素养也就提高了。这些变化会给学生的学习提供足够的动力，使学生的学科核心素养得以逐渐提高。

第三，学科核心素养的培养助力学生学习品质的提升。就学习中遇到的问题，在教师的悉心指导下，学生激烈讨论，充分发表各自的意见，取长补短，用集体的智慧将其一一解决，这样既培养了学生抽象、推理和建模等能力，又强化了他们团队协作的意识。

二、三味课堂的教学模式

根据三味课堂的特点,我校提炼并打造了自主、合作、探究的"三步六环节"课堂教学模式。这一教学模式充分彰显了三味课堂的理念。通过对这一教学模式的推广,我校力争营造出"博大成教,博爱成德"的教风。"三步六环节"课堂教学模式具体程序为:

第一步:自学体检

第1环节:明确目标,激情导入。明确学习目标,展示学习任务,让学生愉快地开启学习之旅,品到学习的"趣味";结合生活实际,导入新课,做到"情景激趣"。

第2环节:自主学习,小组交流。明晰自学内容、要求,加强学习方法指导。在做好学情调查的基础上,在学生进行组内讨论时,教师要有针对性地了解各小组学生的学习状态、进度。让学生在自主学习中体会学习的乐趣,最终养成自主学习的习惯。

第二步:快乐展示

第3环节:小组提炼,班级展示。学习小组把组内无法解决的问题和值得推广的方法、值得借鉴的观点在班级展示交流。展示时,加强对学生的规范性要求,使各环节连接顺畅。在课堂上,要求学生用语规范,回答问题要三思而"言",不能信口开河,要使课堂处处有"雅言"。

第4环节:辩论质疑,引导点拨。引导学生大胆质疑,及时制止偏离主题的争论。鼓励学生有问题举手提问,遵守课堂纪律。小组合作文明,让课堂处处有"雅行"。梳理并展示知识,教师及时点拨。通过设置阶梯型问题等,引导学生深入思考,让课堂有一定的深度,进一步激发学生的学习兴趣。精讲易错点,使学生学有所获,让课堂处处有"雅心"。

第三步:反馈提升

第5环节:归纳总结,测评反馈。围绕学习目标,归纳总结知识点。教师要清楚检测结果,及时评价。在小组交流、教师总结点拨的过程中,学生能获得新知,使心灵受益,这就是课堂的"品质"。

第6环节:拓展延伸,布置作业。拓宽知识面,渗透德育思想教育,落实情感、态度、价值观教育目标,实现学生的"品德"与"品位"双修。作业布置要精选,及时批改,使学生及时看到评价结果,便于激发他们的学习兴趣。

第二节　三益课程实施的制度建设

制度是指要求大家共同遵守的办事规程或行为准则。在不同的专业领域,对制度的理解会略微不同,但无论如何,制度存在的目的是价值引领、行为规范以及保障协调。"课程制度是学校落实课程计划和课程方案,有效促进校本课程实施与课程开发、课程管理与课程评价的一系列规程和行为准则"[1],其可操作性是基础。

本节对课程实施制度不做过多的学理探讨,而以我校的三益课程为例表述校本课程建设实践的制度建设。经过多年实践,我校在课程体系构建、编制、实施中取得了丰硕的成果。三益课程实施组织制度是指学校的行政人员、各科教师等为了保证三益课程的顺利开展而需遵守的一系列制度。三益课程实施组织制度是一个关于行为准则或办事规范的系统,这个系统主要由三益课程实施的价值理念、行为准则以及保障机制构成,它具有约束、促进以及保障的功能。三益课程实施制度的价值理念、行为准则和保障机制三者不是相互独立的,而是相互联系、相辅相成的。价值理念为行为准则与保障机制的建立和完善指明了方向,行为准则是价值理念的现实体现和具体化,保障机制则是价值理念和行为准则的保障和支撑。为了全面落实义务教育课程方案和课程标准(2022年版)的精神,促进校本课程的研究、开发和管理,我校特制定了《重庆市南岸区茶园新城初级中学校三益课程管理制度》。

一、三益课程实施的价值理念

价值理念在课程实施过程中有至关重要的作用,它通过影响教师的价值观等,从而影响教师行为,进而使教师引领、约束和规范学生行为,增强学生的自制力。三益课程实施的价值理念是指三益课程实施过程中体现出来的目标定位与价值追求,它在一定程度上影响着教师的教学观,影响着教师的教学行为和教学态度,它对课程实施过程起着至关重要的作用。如果教师能够发自内心地认同这些价值理念,那么他们便会自觉地调整自己的教学行为和教学态度。因此,它是课程实施的精神保障,对学生的行为模式和学习态度能起到潜移默化的引导作用。我校全面贯彻党的教育方针,认真落实义务教育课程方案和课程标准(2022年版)的精神,坚持以学生的发展为本,深入实施素质教育,优化课程结构,充分利用学校传统和社

---

[1] 郭元祥.学校课程制度及其生成[J].教育研究,2007(02):77.

区课程资源,进一步调动学校自主开发课程和自主管理课程的积极性,逐步形成了适应地方、学校和学生特殊需要的,能体现学校办学特色的校本课程体系。

二、三益课程实施的行为准则

行为准则就是一系列对人的行为进行约束和规定的具体原则,它具有强制性、规范性。三益课程实施的行为准则是指教师在课程实施过程中必须遵循的一系列原则,这些原则对教师在课程实施过程中的目标设置、资源整合、教材分析、实施方法选择、学生管理等都具有约束和规范作用。例如,课程目标、教学目标的确定要依据课程标准、学校实际以及学生特点进行;教材分析要在学校实际、目标设置以及学情分析等的基础之上进行,是基于教材,又略有偏向的;教学方法的选择既要符合教学内容和学生特点,也要能激起学生的兴趣和积极性,尤其是学生学习的内在动力;学生管理要以引导、纠正、鼓励为主,但在必要的时候也需要给予他们适当的惩罚。不管是奖励还是惩罚,都需要在合理范围内实施等。可见,这些行为准则是从各个方面来规范教师的教育教学的,但这并不意味着教师的教育教学行为被完全限制。这些准则只是规定了教师教育教学行为的底线或红线,以确保课程实施顺利进行,而不出现太大的偏差和问题。在这些行为准则规定的范围内,教师可以充分发挥自己的教学智慧开展教学。

为顺利推进三益课程的实施,我校建立了一套较为完善的规则体系,其中一些规则是常规规则,一些规则是根据学校情况和学生情况而制定的有明显针对性的特色规则,这些常规规则和特色规则对引导和规范教师的教育教学行为有非常重要的作用。

三、三益课程实施的保障机制

三益课程实施的保障机制是三益课程实施的相关组织制度得以有效贯彻执行的保障,它不是对教师课程实施行为的直接约束和规范,但它对教师课程实施行为有辅助和支撑的作用。三益课程实施的保障机制主要分为组织保障、师资保障、教研保障与制度保障。

(一)组织保障

合理的组织结构、明确的职责分工能够更好地规范行政人员和教师的行为,保障课程实施相关组织制度的有效执行,以充分发挥规章制度的保障作用。我校强化层级管理,确定了"层级首问责任制",即校长负责有关校本课程的决策,教务处主要负责有关校本课程的执行,任课教师主要负责有关校本课程的具体实施,以提高课程领导力和课程执行力。

(二)师资保障

师资队伍是课程实施的重要保障,是整个校本课程系统得以正常运转的动力。如果没有基本的师资保障,课程实施不仅难以保证教育教学质量,而且能否顺利开展都是问题。因此,学校给予了师资队伍建设以充分的时间、资金等保障。同时,在资金保障方面,一方面,我校强调加大对教学仪器设备、图书资料等硬件建设的资金投入,并强化日常管理,提高其使用效益,以满足校本课程实施的需要;另一方面,注重校本课程实施专项经费的投入。对校本教材的编制,社团竞赛活动,专家指导引领,课程特色项目评比,课程改革创新实践教学展示,家长、社区资源的利用,等等项目,我校都给予经费支持,以确保校本课程建设等顺利开展。我校将教育部印发的《中学教师专业标准(试行)》中的"师德为先""学生为本""能力为重""终身学习"等基本理念与学校的实际情况相结合,浓缩为"博大成教,博爱成德"的教风,让教师勤于阅读,丰富知识,扎实提高专业能力。为尽快建设一支能适应新形势的教师队伍,学校结合教师专业成长需求,制定了学校教师专业发展总体规划。

我校教师专业发展总体规划以教师的成长时间为自变量,以教师层级为因变量,将教师的发展分为五个阶段,并在各阶段指明相应的成长方向,搭建专业成长的平台,明确了适宜且能达到的教师素养要求。在第一阶段,通过课程学习、实践反思、学习模仿等途径,用3年时间让教师成为爱岗敬业、专业扎实、会灵活使用教育教学方法的合格教师;在第二阶段,通过课程理解、课题研究、专家助力等途径,用7年时间让教师成为能力突出、引领示范、会规划课程的校级骨干教师;在第三阶段,通过课程解读、同伴互助、导师点拨等途径,用5年时间让教师成为拥有教育智慧、有自身风格、会整合课程的区级骨干教师;在第四阶段,通过课程细化、行业感召、名师工作坊学习等途径,用5年时间让教师成为具有个性化教学思想、有一定专业建树、会开发课程的市级骨干教师;在第五阶段,通过前20年的修炼,教师已由青涩走向成熟,通过课程研究、比较分析、交流访学等途径,让教师成为能传道解惑、有学科信仰、会创新课程的学科名师。

（三）教研保障

经过多年的探索和改进，教研制度已成为中国特色社会主义教育制度体系的重要组成部分，是我国基础教育课程改革顺利实施、教育教学质量稳步提升、教师专业能力不断提升的基本保障制度。[①]2019年6月23日，中共中央、国务院印发了《关于深化教育教学改革全面提高义务教育质量的意见》（后简称《意见》）。《意见》指出要"加强和改进新时代教研工作"，强调"发挥教研支撑作用"。我校历来重视教研在提升教师育人能力，提高教学质量，促进教师专业发展等方面的作用。

指向课程实施的教研制度是指以学校为基地，以教师为主体，以课程实施过程中所面临的各种具体问题为对象，以行动反思、同伴互助、专业引领为基本形式，以关注学生学习生活、挖掘科研潜能为主要途径，以促进教师专业成长和学生最优发展为归宿的实践性教学研究制度。[②]这种以学校为单位的教研制度也称"校本教研"，它强调在理论指导下的实践性研究，融理论学习、课程实践、教学研究为一体，既注重解决实际问题，又注重总结经验、发现规律以及构建理论。

为确保校本课程的顺利实施，我校制定了系统的教研保障机制。

1.人员构成

校本教研中的人员一般包括学校行政人员、教师和校外专业教研人员。这些人员在教研中扮演着不同的角色，承担着不同的责任，同时也起着不同的作用。其中，学校行政人员是校本教研的第一责任人，他一方面作为教师中的一员，是教研的主力军；另一方面作为领导，又需协调好各方面的关系，为教师的教研保驾护航。教师是校本教研的核心，在校本教研中处于主导地位。在教学活动中，教师扮演着双重角色，即教学活动的实践者和反思者。作为教学活动的实践者，教师承担着引导学生学习的教学实践任务；作为教学活动的反思者，教师还要对已经发生和正在发生的教学活动进行反思。校外专业教研人员主要指市、区、县教研机构或教师进修学校（学院）的教研人员，他们通过介入校本教研，起到专业引领的辅助作用。

---

① 何成刚.坚持、完善和发展中国特色基础教育教研制度——《关于加强和改进新时代基础教育教研工作的意见》解读[J].基础教育课程,2020(01):23.
② 李保强.校本教研制度概念辨正及其独特性分析[J].上海教育科研,2007(05):30.

2.组织形式

我校研修以教研组、备课组为单位开展实施。教师通过群策群力、合作研讨开展校本研修活动。每个年级不同的学科各设一个教研组,教研组的成员与备课组的成员基本保持一致。每个教研组设一名组长,教研组组长负责领导、组织教师进行集体教学研究活动。集体教学研究活动的具体任务是:定期开展教学研究活动,针对课程实施中的具体问题,定期召开专题研讨会,通过相关人员的总结、交流、探讨,确保课程顺利实施;每学期召开一次学生、家长代表会议,倾听他们对课程内容、课程设置和课程实施的意见,并反馈给任课教师,以此不断修订、完善课程内容,调整课程设置,优化课程实施方案;对个别教师在课程实施过程中遇到的特殊困难,教科室及时给予引导、帮助,共同商量解决办法;根据学校安排,教师们积极参加各种培训和学术活动,例如"教学开放周""教师论坛""阅读月"等。

3.教研方式

我校教研方式主要包括自我反思、互帮互补和专业引领三种。

(1)自我反思。

自我反思是指教师以自己的课程实施过程为思考对象,对自己在课程实施中的行为以及由此产生的结果进行审视和分析。这种反思不同于简单意义上的回顾,它是深刻反省,需要探究课程实施过程中出现的各种问题,总结经验,吸取教训,以进一步提高教学水平和质量,具有研究的性质。我校重视教师的自我反思,并要求每学期期末教师对自己执教的课程进行自我评价、总结经验、撰写论文。

(2)互帮互补。

互帮互补是我校开展教研活动最常用的方式。互帮互补可以是讨论,共同探讨教学中遇到的问题,寻找解决问题的方法;可以是辩论,就某一教学观点展开争论,提出质疑,以共同提高理论水平;还可以是寻找伙伴,共同承担某个实际问题的研究。[1]通过互帮互补,可以解放自己的思想,拓宽自己的视野,发现自己存在的不足,并运用集体的智慧有效地解决问题。

(3)专业引领。

在校本教研中,教师进修学校(学院)的教研人员和专家可以受邀介入。教研部门是一支重要的专业力量,要重视教研部门在"教学指导""研究引领"等工作中

---

[1] 周岳.校本教研制度及其建设[J].上海教育科研,2008(02):74.

的作用。校本教研虽然是以一校教师为主体,但它并不完全局限于一校的力量,其他教学名师和教研专家等也会参与其中。校本教研是在一定理论指导下的实践性研究,如果缺少先进理论的引领和专家的指导,极易导致教研的平庸化。而专业引领,一方面教师可以自觉主动地学习、吸收先进的教学理念,并运用于课程实施、反思和互动的教学研究活动之中(但是这种方法往往收效甚微);另一方面,可以请相关专家、学者进行引领与指导,通过专家、学者的听课、评课以及示范课展示等多种形式的指导,能有效提升任课教师课程实施的水平,提高他们的综合素质,提高其教育教学效率和质量。专家的指导是一种比较高效的方法。因为专家能够在较短的时间内有效地指出教师在课程实施中存在的问题并给出具有针对性的解决方法。

(四)制度保障

奖励制度能激励教师,使之更有信心和激情投入课程实施,以争取做得更好;而惩罚制度则具有警示和规范的作用。部分教师的自觉性不高,这些惩罚制度能使他们不断地反思和调整自己的行为,提高其自觉性,提高其教学质量。例如,学校规定,校本课程的开设情况将被记录在教师业务档案中,以作为其评优评先及职称评定的依据之一,有效地促使教师主动地思考课程实施的内容、形式,反思课程实施情况等。

第三节　课程本土化建设

课程是人们将科学的教育理念融入教育教学实践并转化为现实教育教学效果的桥梁。课程领导效用的发挥,教师的专业发展,学生个人素养的提升,都必须依靠课程这一媒介来实现。义务教育课程方案与课程标准(2022年版)明确指出,义务教育课程包括国家课程、地方课程和校本课程三类。以国家课程为主体,奠定共同基础;以地方课程和校本课程为拓展补充,兼顾差异。同时,《国务院关于基础教育改革与发展的决定》中明确指出,实行国家、地方、学校三级课程管理。国家制定中小学课程发展总体规划,确定国家课程门类和课时,制定国家课程标准,宏观指导中小学课程实施,在保证实施国家课程的基础上,鼓励地方开发适应本地区的地方课程。学校可开发或选用适合本校特点的课程。可见,学校不是简单地实施事先设计好的课程的被动角色,而是需要积极主动地进行课程方案研发的主力。因此,从校本课程发展层面来看,学校承担着开展国家课程校本化改造和校本课程研发两项工作。

一、国家课程校本化概述

课程改革过程中颁布的课程条例、课程标准是统一面向全国中小学校的,可是我国不同地区、城乡之间的经济发展水平不均衡,学校之间的教育发展差异较大,单纯强调统一化和标准化的课程条例、课程标准等很难适应各地方的教育改革情况和需要。因此,在遵循国家课程政策的基础之上,针对学校的教育实情和学生的学习情况,对国家课程进行教学内容、教学课时等方面的调适和整合成为校本课程实施前的一个必然选择。学校对教材进行的二次开发主要是指教师在遵循国家课程改革纲要基本精神的前提下,依托教材进行基于学生特点和学习需求的创造性实践。

二、课程理念的细化

课程应该从"应然状态"走向"实然状态",而这种转化需要教师对国家课程内容进行"再加工"或"二次开发"。因此,我校国家课程校本化,就是在遵循培养三益少年的教育理念下对国家课程进行的校本化调适。我校的整个调适过程均围绕一个"益"字展开,从而将教师、课程和学生三者有机地融合在了一起。我校教师对国家课程进行校本化调适的基本理念就是以培养三益少年为核心目标、以学生的实际情况和学习需求为起点,构建益于学生学习和发展的教学体系。

案例3-1

我在教授课程内容时,为了激发学生的学习兴趣,根据班上学生的基本情况和他们平时的兴趣爱好对教材内容进行了适当增删,同时,将一些内容做了前后顺序的调整。比如,在讲课前,我将整单元的内容先进行了调整。在讲课时,针对学生平时喜欢唱歌的特点,我先教学生唱《星期歌》(英文),再让他们学习有关星期的表达,最后学习句子的表达等。在讲课的过程中,我还给学生讲述了中西方文化的差异,如"在美国,星期日就是一周的第一天",而在中国,星期一才是一周的第一天,并让学生通过观察日历(事前准备的两本日历)进行验证。对此,学生听得津津有味。在课堂上,我还设计了较多的启发环节,以培养学生的创新意识。

从以上案例中可以看出,教师将整个单元的课程内容结合学生的学习情况和兴趣爱好进行了有针对性的灵活的调整,这种创造性的教学设计既激发了学生的学习兴趣,又培养了学生的创新意识。这也体现了我校教师在常规化的教学中能够基于国家课程,紧紧围绕培养"三益少年"的课程目标,在对学情进行仔细分析的基础之上对课程内容进行了益于学生学习和发展的重构。

三、课程路径的具体化

针对国家课程校本化调适,我们应该先做到"工欲善其事,必先利其器"。这里的"器"是指教师在对教材进行二次开发中的创新思维等。我校教师在对教材进行二次开发的长期实践中,积累了丰富的经验,并逐步摸索出了一些适应学生年龄特点,能够显著提升教学效果,促进学生学习和发展的方法。

(一)课程生活化

生活环境是思想的土壤,也是学生成长和发展的外在环境,是学生再熟悉不过的现实世界。所谓对国家课程调适的"生活化",即教师结合学生的学习生活环境对教材内容进行调整和处理,保留国家课程必讲内容,减少教材中远离学生生活的、学生完全陌生或不熟悉的选讲内容,选取更多与学生生活实际相贴近的材料实施课堂教学,使课程内容易于学生理解、吸收和消化,让学生在一种可理解、可眼见、可体会的教学中学有所获。

以下案例便是这一理念的真实再现。

案例3-2 教贵在"实"情起于"物"

"小芯,学校'青蓝结对活动'要进行比赛了,你要抓紧时间好好准备了哦……"四月的一天,备课组组长王老师急匆匆地推开办公室大门,像宣布重大事件一样对我说道。她这句话犹如重磅炸弹向我袭来,要知道作为新教师的我对上公开课十分忐忑,再加上平时忙于班级管理,并没有太多精力认真准备比赛。

"啊？那我选什么内容上课最合适呢？如果比赛时间快到了的话，准备的时间好像就比较紧了。"我立马抓起了桌子上的教案。

话音刚落，尹老师思考了一会儿，说："那就上《珠江三角洲区域的外向型经济》吧，正好你之后也要上这节课，一举两得嘛。"

"可是尹老师，这节课的内容讲起来比较枯燥，你知道，我向来不太擅长讲人文地理课……"我有点儿无奈地回答道。

"虽然这一节课的确不太好把握，但你可以多搜集些资料，充实教材内容！作为年轻教师，这也算是对自己的一次挑战嘛。"尹老师笑嘻嘻地说道。

"对啊，我可以搜集资料对教材内容进行重构！"

尹老师的这句话似乎让我找到了一些上课的灵感，于是我说："那好吧，我努力尝试一下。"

接下来的几天，我几乎每天都围绕如何设计好这堂课进行着思考。几天过去了，我的教学设计却一直没有弄出来。

正所谓瞌睡遇到枕头，没想到有一天我偶然开启教室里的空调时，惊喜地发现了它——一台产自珠海市的空调。咦，这不正好吗？我自言自语道："不如就利用教室里的空调产地作为新课的导入吧！"这样既能创设贴近学生生活的教学情境，又能激发学生的学习兴趣。

"将与生活有关的实物引入课堂，多棒的主意啊！"我默默地想着："那就用实物教学的形式讲授这节课吧！"我顿时兴奋起来，那种难以抑制的喜悦之情至今还让我难以忘怀。

有时候教学灵感就像一闪而逝的火花，用心去捕捉它，你就会收获奇思妙想。就像我发现的那台空调。平时它就安安静静地放在那里，但今天它给予了我这么多的灵感，这也让我与实物教学结下了不解之缘。

确定开展实物教学后，我每天都会有意识地关注生活中与珠江三角洲有关的物品，有时候和同事们聊天也会情不自禁地查看他们使用物品的产地，就连喝个饮料也不忘看看瓶身上标注的产地。经过一个礼拜的观察，我大致确定了来自珠江三角洲的一些物品，如××牌汽车、××牌手机、特色食品、××牌小玩具等，虽然有些物品无法带进课堂，但那些与生活有关的小东西还是可以带进去的。

于是，我决定采用实物教学，利用周末时间拎着偌大一个布袋子来到附近的超市，一个个查看物品产地。我还清楚记得当时的售货员们诧异的眼光，她们似乎都在怀疑我是不是其他超市派来查看价格的"间谍"。

"为什么一块肥皂、一包抽纸、一瓶洗发水要看这么久?"几个阿姨也在旁边悄悄说道。

"小妹,你找什么呢? 看你在这里看了这么久,我来帮你吧。"一位热心的阿姨凑过来问道。

不善言辞的我一本正经地说:"我在看这些东西上面标注的产地! 因为它们或许可以买来当作我的教学用具!"听我这么一说,阿姨们都蒙圈了,但看我也没有别的"坏"行为,便各自忙去了。

现在想想,这些小插曲至今让我难以忘怀。

那天,我整整逛了一下午,把自己觉得能派得上用场的东西全都采购了回来。看着那满桌子的稀奇古怪的物品,我暗自好笑,同时也在想同学们看到这些东西后应该会更容易地理解这节课的内容了吧。

几天后,课题组的老师们决定对我这节课进行打磨,我便兴奋地带着这些稀奇古怪的物品走进了教室。有了生活化的实物作辅助,这节课看起来的确比原来新颖了不少,但问题也随之产生。课题组老师们一致认为:实物展示不能徒有其表,如果只是单纯地展示,那么直接使用图片便可,不必多此一举地使用实物,这样既可能产生浪费,又没有让实物发挥最大的作用。老师们的提醒让我反思起实物教学的意义。的确,不能为博得眼球而盲目操作! 那么如何做才能挖掘出这些实物对教学的深层次价值呢? 这给原本兴奋的我浇了一盆冷水。

那次磨课后,我对教学中的不足进行了梳理,并在一次区教研活动中将自己的困惑与区教研员董老师进行了交流。董老师思考了一会儿后,回答道:"你可以利用实物调动学生多种感官参与教学!"他的一席话使我茅塞顿开。

"对呀,我不仅可以让同学们查看实物,聆听讲授,还可以调动学生的多种感官共同参与教学。"

回到学校后,我将直接让同学们查看实物产地换为让同学们"闻气味,猜物品,看产地",或"尝食物,猜产地",或"摸实物,猜产地"等。

多种感官共同参与教学,不仅能创设贴近学生生活的教学情境,还极大地激发了学生的学习兴趣,提升了他们对知识的理解能力。

如今,我已习惯将实物引进课堂配合教学,并会有意识地调动同学们的多种感官共同参与,这一做法也得到了同学们的一致欢迎。

(纪懿芯)

杜威说:"教育是生活的过程,而不是将来生活的准备。"陶行知说:"生活即教育。"生活环境是学生体验到的现实世界,是他们成长的沃土,随着它的变化会让学生不断接受观念的构建和重塑。在纪懿芯老师分享的这篇教学感悟中,可以看到她从最初的手足无措到计划利用教室里的物品创设课程导入情境,再到被各位老师提出质疑和自我否定,最后在老师们的帮助下打磨出了让学生"闻气味,猜物品,看产地"的多种感官参与的实物教学形式。让学生在生活化的情境中学习,既能激发学生的学习兴趣,又能让教师的教学效果得到提升。

(二)课程学材化

所谓的"学材化"是指教师根据学生现有的知识储备、认知能力和水平对国家课程开展的适度调整。

教与学最终的落脚点应在"学"字上,教师在日常教学实践中应"以学定教,以教促学"。教学内容的选择应基于国家课程,做好对学生学情的了解。这里的"学情"包含两层含义:一是学生现有的知识储备。对学生知识储备的把握是教师开展教学工作的起点,过于拔高或者降低基于这个起点的教学内容都将给学生的学习带来困扰。教师应努力找到学生实际水平与其潜在发展水平之间的"最近发展区"。二是学生学习的认知能力和水平。教师必须了解和掌握不同年龄阶段学生的认知能力和水平,因为只有基于相应认知能力和水平的教学才能达成教学目标。

江艳老师对"生物体的结构"这一单元的教学设计就是对这一调适原则较为完美的诠释。

案例3-3

首次听说"深度学习"的时候,我提出了两个疑问:什么样的学习是"深度学习"? 贯彻"深度学习"后,我的课堂会是什么样子呢? 通过阅读相关书籍、教研员的指导与外出培训,我认为,"深度学习"应具备四个特征:教师对学习主题的挖掘和对学生的分析有深度,教学目标适合学生且有深度,学生深度参与学习活动并能迁移运用相关知识,师生间的评价精准且有深度。

从教育的最终目标看,"深度学习"是提高学生"学习力"的学习。从课程角度看,"深度学习"包括四个要素:单元学习主题、学习目标、学习活动、持续性评价。

"深度学习"的主体是学生,在许多情况下,背景知识储备较少的学生其头脑中的"知识树"是分散的、无条理的,这意味着他们往往不擅长对事情的因果关系做合理分析。碎片化的知识会妨碍学生的深度理解和对知识的"远迁移",以及解决现实情境下的劣构问题。加之许多时候,教师没有去建立每日课程设计与重要构想、课程标准之间的联系。所以要保证学生能够发生"深度学习",教师就必须对课程进行精心的设计。经过一段时间的探索,我总结出进行教学设计时需要清晰回答的5个问题:学什么?为什么学?谁来学?如何学?学得如何?

下面,我以北师大版《生物学》中的"生物体的结构"一单元为例回答以上5个问题。

学什么?为什么学?

基于这两个问题,首先要明确这个主题(单元)在整个《生物学》知识体系中的发展序列和价值。根据《义务教育生物学课程标准(2022年版)》,我们应思考:在知识层面上,学生该学什么?在能力层面上,学生该学什么?如何通过本单元的教学提高学生的生物科学核心素养,以及生物科学核心素养的提高会对学生的终身发展起到什么样的作用?

本单元从《细胞》开始讲授。细胞是生物体的结构和功能单位,也是生命活动的基本单位,它通过分裂而增殖,通过分化形成组织,不同的组织按一定的顺序聚集在一起形成器官,多个器官按照一定的次序组合在一起构成系统,再由多个系统构成完整的生物体。不同层次的学习,让学生一步一步地了解构建生命的结构层次的严谨有序。

本单元让学生从微观走向宏观,再由宏观返回微观。其实许多自然现象和社会现象都有整体与局部的关联:人体由细胞组成,社会由一个个个体组成。七年级的学生刚刚进入中学校门,初次接触到生物这一门学科。根据生活经验,在宏观上讲,他们对生物体已经有一定的了解,但是对微观的细胞知之甚少。学生对生物实验可能会比较感兴趣,因此可以借此让他们从微观走向宏观,去发现受精卵是如何变成生命体的,再由宏观走向微观,深层了解生物体结构层次,从而形成他们对生物体的完整统一的认识。

这就是学生学习本单元应当学到的认识社会和自然的方法,这是超出生物知识之外的需要持久理解的内容。为理解而教能帮助学生实现"深度学习",能够提高他们的生物学科核心素养,也能够对他们未来的发展起到重要作用。

谁来学?

学习的主体是学生。教师需要根据学生学习的内在动机、学习氛围、学习特点等，为学生制订合适的学习目标，从而让学生能够有效且有深度地学习。如果我不了解学生已经知晓什么，那么我是不会知道该从哪里开始教的。所以我得做好预评估，了解学生对本单元的背景知识的掌握情况。预评估有助于我了解就一些重要概念或实验技能而言学生需要具备哪些基础知识，以精确安排课堂内容。预评估的方法很多，在本单元，我借鉴了美国生物学教材的做法给学生做了一个前测。

当然，分析学生不仅要借助教师的教学经验，还需要教师与学生进行交流，用典型问题对学生进行访谈、测试等。只有明确了学生的现状和需求，教师才能精准发力。

如何学？

如何学，即教师在分析学习主题和学生学情的基础上，制订单元学习目标和课时学习目标，设计单元学习方案和综合性操作任务，拓展学习素材，从而确定学生的学习方式和内容。

学习素材：经过几年的教学与专业培训，个人认为教师必须做到的一点即重教材，因为教材是最基本、最重要、最主要的课程资源。课前，教师必须通读教材、熟悉教材、深挖教材、梳理教材。为此，我校教研组收集了各个版本的生物学教材，比如人教版生物学教材、沪科版生物学教材、苏教版生物学教材，甚至美国的生物学教材。新时代的教师应该自觉利用网络和已有资源拓宽学生学习渠道。

学生学习方式：学习方式有很多，我认同合作学习，有研究确证高质量的合作学习胜过个人学习。

学得如何？

学得如何是对学生学习过程进行持续性评估的结果。评估应贯穿学生学习过程的始终。在思考学习目标时就应该考虑如何对学生的学习进行科学合理的评估。评估能让学生看到自己所处的位置，明确自己离所定的目标还差多远，下一步自己应当如何改进。评估的目的是促进学生学习和发展，而不是仅仅给学生一个等级。及时反馈与评估是促进学生学习的有效手段。

我认为每一节课要确保有一个"收尾"，"收尾"的时候我一直坚持完成一个重要的教学环节，即让学生用自己的话语来解释和详尽阐述本节课所学到的内容。同时，其他学生倾听、补充，最后教师总结。因为我相信学生能说出来，一定完成了对学习内容的深度加工。

评估形式多种多样,可以是正式的,也可以是非正式的。在课堂上,教师对学生的回答不断进行的深入的追问、学生间的相互评价都是评估,学生也可以时时对自己的学习进行评估。

总之,教师对单元主题的深度挖掘,对学生学情的深度分析是进行"深度学习"的出发点,恰当且有深度的学习目标是导航,好的具有引导性的问题、有吸引力的学习活动是"深度学习"的核心和关键,精准、及时的评估是"深度学习"的保障。

(江艳)

在以上这一案例中,教师开展"深度学习"的基点是了解学生"已经懂得的知识"和学生"根据生活经验在宏观上对生物体已经有了一定的了解,但是对微观的细胞知之甚少"的情况。教师站在学生的角度去思考和设计整个单元的教学活动,才能真正打造出能满足学生学习需求、适合学生学习特点的"学案"。

(三)课程本土化

教师和学生作为社会人,身上不仅牢牢烙印着传统历史文化的痕迹,而且也深深印记着本土文化和校本文化的痕迹。所谓国家课程调适的"本土化"是对国家课程内容进行基于所处文化环境的微调,让文化环境为国家课程内容服务,增强学生对国家课程内容的亲近感和贴近性。

王悠然老师对提升学生"地理实践力"的探索真实生动地凸显了这一原则。

案例3-4

结合《义务教育地理课程标准(2022年版)》的相关要求以及学生的学习情况,我们选择了大多数教师教学效果欠佳的《气温与降水》(中图版)一节,作为教学范例并将活动主题定为"测定一周以内学校所在地的气温与降水量"。

在确定测量时间和地点的过程中,我遇到了一些难题。首先,气温在一天之内是有多次变化的,必须多次测量,得到的数据才足够精确,但是学生在行课期间能够外出的时间有限。怎么解决这一问题呢?其次,气温和降水量的测量需要在平坦开阔的地方进行,且实验过程中是不能移动测量仪器的。在哪里选址才合适呢?

我请教老教师的做法,同时,也征询了学生的意见。学生无比积极地说:"操场最开阔、最合适。""不行,太不安全啦,会被足球踢飞的。""食堂外的小操场也挺好呀！""不行不行，好多人在那里打排球。"一位胆小的女生说："路边的绿化带可以吗？"大家说："可以，就这么定了！"

至于测量时间的问题，同学们异常热情地说："每个课间都去！"少数同学为了采集数据的精确，甚至提出要在凌晨夜访校园……但综合考虑后，我们将测量时间定为8点、14点、18点这三个方便学生外出的时间点。

最让我头疼的是实验器材的准备。观测气温最好是在离地1.5m的百叶箱内进行，测量降水需要雨量器，很不凑巧的是，这两样器材组里都没有。为此，我们求助了万能的网络购物平台。简易的雨量器，价格很亲民，果断拿下！但百叶箱的价格就很让人忧伤了。紧接着，实施曲线救国的B计划，不花分毫从热情的物理组借来一大把室外温度计，再跑到体育组借了五根长棍，想办法用长棍把温度计固定到1.5m高不就可以了。各种难题迎刃而解！

对七年级学生进行了简单的实验培训后，我校有史以来第一次地理实践活动开始了！

（王悠然）

在以上这一案例中，我们可以看到从教师对教学主题的确定、师生对测量时间和地点的选取到实验器材的准备都充分体现了"本土化"原则。教师将可能利用的学校资源都整合进课程内容和教学实践中了。可以看到，学生在学习过程中被激发出了主动性、积极性，以及探索过程中展示出来的创造性，提升了学生的"地理实践力"。

四、国家课程学校化的基本范式

我校教师在长期的教育教学实践中，逐渐总结归纳出了学校对国家课程进行二次开发的基本范式，即深度解读、研修国家课程标准的性质、目标、内容、框架以及教学建议和评价建议。

在我们看来，无论是国家课程还是校本课程，其课程实施的根本价值都是指向促进学生发展的。国家课程更强调普遍适合，是以确保所有学生学习的权利和以满足所有学生一般学习需求为目的，但难以顾及学生的个别差异，无法完全满足不同学生的学习需求。而校本课程开发为满足学生差异化的学习需求、促进学生个性化发展创造了条件，提供了可能。另外，在校际竞争日益加剧的形势下，校本课程开发也是学校构建自身办学特色、增强学校竞争力的一条有效途径。因此,学校理应根据本校传统和培养目标,在综合考虑学生学情、师资水平、学生未来需求、可利用资源和条件的基础之上,鼓励教师积极开设校本课程,尽量避免校本课程开发可能出现的随意性、零散性等发展势态,将国家课程和校本课程进行整体性的统筹规划,形成体系化的课程结构,为共同培养全面发展的人发挥效能。

校本课程可以是不完全独立于国家课程的"另起炉灶"的原创性课程,也可以是基于国家课程而构建的并对其延伸与拓展的原创性课程。一般而言,大多数校本课程都是教师在执教国家课程的过程中,受自己的教学感悟,或受学生学习需求的影响而开发或基于此建立起来的延伸与拓展课程(或一个发展样态)。我校八年级政治老师组织实施的"法治天地"就是这种开发范式的典型样态。

案例3-5

在八年级思政老师的一次教研会上,有老师提出在给学生讲完一些基础法律知识和典型法律案例之后,有很多学生都表现出对发生在身边的典型案例的关注和对判决程序及过程等相关知识的极大兴趣。然而道德与法治课程作为国家课程,课时有限,没办法满足学生的这些学习需求。因此,经过道德与法治教研组老师的商量,决定先对学生进行一次开课需求和开课内容的调研,在确定学生真实的学习需求之后,再群策群力、合作探讨出"法治天地"这门校本课程的开发实施细则,并决定由组内法律知识较为丰富的张老师组织开发实施。该课程内容基于前期调研结果,主要分为"法的解读""法律案例""实践活动"等三部分,通过研究性学习及设计开放性作业,让学生在实践探索中,提升对法律知识的理解,丰富对法治社会的体验,熟悉对法律知识的运用,学会拿起法律的武器保护自身合法权益。

(何朝玲)

在以上这一案例中,八年级教师以一切为了促进学生学习与发展为中心,根据学生的学习需求,通过校本课程的实施对国家课程内容进行了延伸与拓展,扩大了学生的知识面,培养了作为社会人的学生的法律意识。

(一)民族文化课程化

中华优秀传统文化是中华文明的智慧结晶和精华所在,是中华民族的根和魂,是我们在世界文化激荡中站稳脚跟的根基。培育和践行社会主义核心价值观,需要从中华优秀传统文化中不断汲取营养。学生作为社会主义建设者和接班人,理应学习和了解中华优秀传统文化的精髓和内涵。在校本课程的开发过程中,有不少教师结合自身专长和学生学习兴趣,秉持将优秀传统文化有效融入课程的理念,创造性地开设了一系列弘扬我国优秀传统文化的校本课程。

案例3-6

七年级道德与法治教研组教师根据学校生源大多数来自社会中下层和底层家庭,大多数学生在文明礼节方面仍有所欠缺的实际情况,结合我国传统文化中推崇礼仪文化的精神要旨和本校特色,开设了"礼行天下"的校本课程,旨在使全体师生习礼、懂礼、守礼、重礼。该校本课程以礼仪、礼貌、礼节为教学重点,以丰富有趣的礼仪实践课堂的形式与民族精神教育、行为规范教育、学校的"益心"教育紧密结合,通过师生对文明礼仪的学习,营造师生和谐、校园文明的育人氛围。

(万永)

案例3-7

八年级的罗成瑶老师结合自己的专业特长筹建了学校的"经典诵读"社团。在她看来,"经典"无疑是一个蕴含情感力量与神圣感召力的词语。一个民族的经典就是这个民族在世间的印记,是构建其民族精神的基本元素。先秦文学、楚辞、汉赋、唐诗、宋词、元曲、明清小说,均绽放着中华文化独特的艺术魅力,蕴含着中华民族独有的文化韵味。

"经典诵读"课程挑选了中国五千多年悠久历史所积淀下来的华美篇章。诵读这些篇章,犹如让学生穿越时空的隧道,与众多先贤对话,这样他们的精神和灵魂都会得到洗礼,人生的境界也会得以升华。

(罗成瑶)

(二)本土文化课程化

本土文化是一种具有典型地域特色的文化及知识,是生活在同一区域的人们在长期生产、生活实践以及社会历史演进中积淀而成的文化样态。无论是名胜古迹、历史文化遗址、地方传说等地方性显性文化表现,还是社会风俗、思维习惯、道德传统和价值观等地方传统与精神的隐性文化表现,无不彰显着浓郁的地域色彩。这些地方文化是校本课程开发不可或缺的重要资源。把地方文化融入校本课程一方面可以充分挖掘地方文化的教育功能,使课程内容真正贴近学生生活;另一方面也可以增进学生对本土文化的理解和对家乡的热爱之情。卓璐老师开发的"红色重庆"这一校本课程就真实生动地展现了本土文化课程化的开发路径。

案例3-8

　　长期以来,一种想把家乡重庆与历史课结合起来开发校本课程的想法就一直萦绕在我的心间。在2017—2018学年,我以突出抗战文化特色、传承重庆抗战历史文化为课程目标为学生开设了一门名为"红色重庆"的校本课程。我希望学生通过对这门课程的学习,更了解自己家乡的革命文化,感怀革命先辈们的高尚情操,珍惜今天幸福生活的来之不易,进而使他们确立更高的学习目标和人生目标。通过课堂讲授、实地参观、观看相关影像资料等多种授课方式的运用,学生对红岩村、桂园、渣滓洞、白公馆、曾家岩50号(重庆周公馆)、《新华日报》营业部等重庆抗战历史文化遗迹有了一个比较全面的了解,也让学生零距离感受到个人的前途命运是与国家发展紧密相连的,深刻认识了"红色重庆"!

(卓璐)

(三)竞赛活动课程化

案例3-9

　　为了给广大中学生提供展示自己的平台,从国家到市、区,每年都会组织策划一系列大型竞赛活动。积极组织学生参加这些赛事一方面可以夯实学生的知识基础,另一方面也可以让学生开眼界、长见识、交朋友。但这些大型赛事往往都是竞争激烈的选拔性活动,不可能满足所有学生的参与需求。因此,为了让更多的学生参与到这类活动中来,学校教师积极开发了以竞赛活动为主要表现形式的校本课程,让他们在一种模拟竞赛的课程样态中发展自己的能力。

　　学校物理实验组的教师以"争当小实验家"全国少年儿童科学体验活动大赛(物理学科)为样例,通过开展"物理实验嘉年华"活动让学生学会使用实验仪器,设计简单实验,培养了学生实验探究的科学态度与责任素养,促进了学生创新意识和创新能力的发展。最后,用重庆市"争当小实验家"少年儿童科学体验活动大赛的物理试题对学生进行模拟比赛,培养了学生的竞争意识。

(夏波)

在以上这一案例中,教师将竞赛活动内容引入课程,让更多对物理知识感兴趣的学生收获了更多的物理知识,提升了物理实验技能。

(四)特长彰显课程化

学校构建的课程体系应在促进全体学生均衡发展的基础之上,满足学有余力且有发展潜质的"特长生"的学习需求。三益课程体系中开设的"特长课程"正是学校为了达成培养拔尖人才的目标而开设的教育教学探索与实践课程。学校组织有所专长的教师积极申报、开设相关特长课程,并基于教师和学生双向选择的机制确定开课人数等。教师在课程实施过程中进一步挖掘学生的发展潜能,学生也在此过程中增强自我认知,部分学生还通过这些课程的学习找到并明确了今后的专业发展方向。

教师张夏佼和学生李××的故事就真实展现了特长课程对学生个人发展的深刻影响。

案例3-10

还记得那是2007年的夏天,刚接任八年级(7)班班主任工作的我对班上的学生还不够了解。开学的第一节课上,班上一个叫李××的女孩便引起了我的注意。她皮肤黑黑的,个子瘦高瘦高的,一头短发,眼睛炯炯有神。之前,她是班上的纪律委员,因此同学们都叫她——"×哥"。"×哥"的性格豪爽,为人仗义,虽然是个女孩子,但经常帮同学打抱不平,是个十足的"假小子"。可是在学习方面,这孩子却是个让人烦恼的"家伙"。上课时,她总喜欢开小差,做课堂作业时,动作很慢,老是磨磨蹭蹭的,而且不肯动脑筋,经常是当天的事要到第二天甚至第三天才能勉强完成。带回家的作业更是经常不做,用她的话来说就是:"忘了!"而她做了的,也是做不完整,书写更是潦草,检查作业的小组长几乎每天都要告她的状。为了"改造"小李同学,我煞费苦心。我经常找她谈心、聊天,尽量让她在不经意间认识到自己的错误并树立做个好孩子的想法。谈话是迂回的,更是真诚的。除了这样的"播种",更重要的是及时给予她"阳光和雨露"。我密切地关注着她的表现,从课堂学习、作业完成,到课间活动(做操),从值日到每天的就餐,每当我捕捉到她有一点点的进步时,我就会在晨会课上当着全班同学的面郑重地表扬她。

我发现这个风风火火的小女孩,在体育运动方面有些小天赋。其实就是某一天在体育课测试立定跳远时,她在没有充分准备的情况下,竟然跳了2.3米,这个成绩比班上大多数男生还要好!我心想,如果她能把她身上用不完的精力释放在田径训练上,说不定这孩子还能够"跳得更远"。于是,那节课后我便给"×哥"提了一下,问了问她有没有兴趣加入我开设的田径课程。"×哥"反问道:"加入田径队有什么好处呢?"我心里一琢磨,随口说道:"下午的最后一节课可以不用上,而且训练成绩优秀的话可以参加区里面的比赛,还可以改善伙食!"话音刚落,"×哥"便一口答应。我随后对她说道:"你要想清楚,加入田径队会很辛苦哟!甚至要牺牲周末和寒暑假的休息时间。而且如果文化课成绩不达标的话,你会被调出田径队的哟!""张老师,你让我试试呗,我觉得我是可以的!""×哥"自信地说道。就这样"×哥"懵懵懂懂地进了校田径队,但结果却让我非常惊喜。这小妮子特别好学,并且能吃苦,再加上她那一点点小天赋,短短的一学期,她就在区里举行的田径运动会上取得了跳远第三的好成绩。更让人感到高兴的是在训练期间,她的文化课成绩不降反升,并一直在持续地上升。经过两年的训练,"×哥"最终以体育特长生的身份被保送到我区的一个重点联招校读高中。还记得在毕业前夕,"×哥"对我说:"张老师,什么都不说了,您是最懂我的老师,感谢这两年来您对我的付出!""×哥"进入高中后我们也一直保持着联系。我们最近一次见面是2018年的夏天,"×哥"给我电话说:"张老师,我已经大学毕业了,我想回重庆当一名体育老师。"听到这个消息的时候,我的心里真的跟吃了蜜一样甜。

(张夏佼)

五、三益课程的实施案例

通过对教材的二次开发和对校本课程的开发,我校形成了基于国家课程的三益课程体系。为使这一课程体系在学校能得到有效的实施,进而发挥三益课程的价值,全体教师根据学生的实际情况及发展需求针对每一课程都进行了适宜性"再造",以求落实学校"乐读·善思·笃行·致雅"的育人目标,让学生做身心健康、关爱社会、关注自然、心怀天下、有国际视野的学子,促使学生注重文化基础,自主发展,积极参与社会活动,做全面发展的人。从课程变革的视角看,课程实施是将课程变革的计划付诸实践的过程;从课程开发的角度看,课程实施是课程开发过程中的一环,是推行课程计划或课程方案的表现。可见,课程实施是一个行动的过程,通过它，教师"将观念形态的课程转化为学生所接受的课程从而实现课程内在的教育意义"[①]。三益课程的课程群每个领域里都涉及基础性课程、志趣课程、特长课程。

（一）基础性课程的实施

基础课程，即国家课程，是为学生的发展性学习和创造性学习提供基础知识、基本理论、基本技能、基本方法等，培养学生的基本素质和基本能力，树立其正确的价值观而设计的一系列课程，该课程为必修课程。基础性课程是对国家课程本土化建设后形成的具有生活化、学材化、本土化的学校化课程，是基于国家课程而设置的。我校从八个课程领域出发，最终形成了语文、数学、历史、物理等基础性课程。

1.组织形式

我校基础性课程实施主要有以下三种组织形式。

(1)课堂教学。

课堂教学是我校实施基础性课程最普遍的形式。尽管这种教学可以在规定的时间集中更多的学生，涉及更广泛的知识，能极大地提高教学效率，但是这种把学生限制在一个固定范围内的组织形式也给教师的教学带来了极大的挑战。因此，在社会飞速发展和新课程改革的背景下，实施课堂教学的教师应积极思考如何才能有效激发学生的学习兴趣，促进学生自主学习，拓展学生思路，焕发学生蓬勃的生命活力等问题。

(2)校内实践。

基础性课程的实施虽然以课堂教学为主，但是教师也可根据学校的实际情况和学生的学情进行调整，打破课堂的空间限制，让学生走出课堂，去亲近自然，接触社会，以开阔学生的视野，激发学生学习的热情和兴趣。

例如王悠然老师在上《地理七年级上册》(中图版)中的《气温与降水》这一课时，通过"测定一周以内学校所在地的气温与降水量"展开地理实践教学课程。其具体实施过程如下。

[①] 杨明全.课程实施的学理分析:内涵、本质与取向[J].全球教育展望,2001(01):35.

案例3-11

一、查阅文献,设计实践活动

分工合作。尹老师与陈老师整理相关文献资料,初步制订了如下实验设计方案。(见图3-1)

《气温与降水量的测定》
实验主题:测定一周以内学校所在地的气温与降水量
实验目的:①熟悉温度计和雨量器的使用方法
②记录学校所在地一周的气温和降水数据
材料准备:百叶箱、室外温度计、雨量器
实验步骤:①安放测量仪器
②在固定时段读取温度计数据,每天多次
③在固定时段读取雨量器数据,每天1次
实验记录:学生根据观察所得填写实验记录表

图3-1 气温与降水

实验设计方案。为了更好地了解本次实验活动对学生"地理实践力"的培养情况,我和纪老师设计了"课堂观察量表"(见表3-1)。这个表格主要记录了学生的观察能力、计算能力、动手能力等情况,便于听课教师对学生进行有针对性的观察记录与评价。

表3-1 课堂观察量表

观察维度:学生学习·互动/自主
研究问题:学生的地理实践力怎样?
观察者:(　　　　)组教师　　　　观察对象:(　　　　)组学生

能力情况	教学环节							
	教学环节一		教学环节二		教学环节三		教学环节四	
	表情	参与人数	表情	参与人数	表情	参与人数	表情	参与人数
观察能力								
	所花时间	正确率	所花时间	正确率	所花时间	正确率	所花时间	正确率
计算能力								

续表

能力情况	教学环节							
	教学环节一		教学环节二		教学环节三		教学环节四	
	行为	参与人数	行为	参与人数	行为	参与人数	行为	参与人数
动手能力								
汇总分析								
改进建议								

二、集思广益，准备实验

在确定测量时间和地点的过程中，我遇到了一些难题。首先，气温在一天之内是有多次变化的，必须多次测量，得到的数据才足够精确，但是学生在上课期间能够外出的时间有限。怎么解决这一问题呢？其次，气温和降水量的测量需要在平坦开阔的地方进行，且实验过程中是不能移动测量仪器的。在哪里选址才合适呢？

我请教老教师的做法，同时，也征询了学生的意见。学生无比积极地说："操场最开阔、最合适。""不行，太不安全啦，会被足球踢飞的。""食堂外的小操场也挺好呀！""不行不行，好多人在那里打排球。"一位胆小的女生说："路边的绿化带可以吗？"大家说："可以，就这么定了！"

最让我头疼的是实验器材的准备。观测气温最好是在离地1.5米的百叶箱内进行，测量降水需要雨量器，很不凑巧的是，这两样器材组里都没有。为此，我们求助了万能的网络购物平台。简易的雨量器，价格很亲民，果断拿下！但百叶箱的价格就很让人忧伤了。紧接着，实施曲线救国的B计划，不花分毫从热情的物理组借来一大把室外温度计，再跑到体育组借了五根长棍，想办法用长棍把温度计固定到1.5米高不就可以了。各种难题迎刃而解！

三、实践——开展地理实践课程教学

(一)搭建实验装置，安放实验仪器

在一个晴朗的日子，一大群师生提着一小篮温度计，抱着一大箱雨量器，扛着一捆长棍，浩浩荡荡地奔向学校路边的绿化带。我将参与实验的学生分为12个组，

由每组组长带领组员安放实验仪器并贴上属于本组的数字标签。同学们分工合作,有条不紊地搭建实验装置,安放实验仪器。在这一过程中,部分同学还主动解决了许多我们事先没有想到的问题。例如,泥土太硬,长棍无法固定怎么办?那就去路边搬几块红砖来固定长棍。简易雨量器太轻,容易被风吹倒,怎么办?跳远的沙坑里有好多沙,将其搬来倒在量筒外围就能固定它了……几十分钟后,实验装置和仪器就搭建、安放完毕了。

(二)数据测量与记录

在接下来的7天时间里,这些在老师眼中调皮捣蛋的孩子却让我惊喜连连。每天8点、14点、18点,学生风雨无阻地采集数据。住校同学还制定了安全责任轮岗制度,尽心尽责地守护实验装置和仪器。走读的同学牺牲了最喜爱的懒觉时间,及时赶到绿化带记录相关数据。

(三)课堂演算与分析

一周之后,12组同学带着自己记录的数据走进了课堂。通过观察与计算,同学们发现,本周学校周围的雨水不太多,每天的气温也不太高。在一天当中,最高温出现的时间竟然不是在12点,而是14点。通过绘制并讲解"气温曲线降水柱状图",同学们还学会了归纳某地气温和降水特点的方法。这堂课,学习氛围轻松愉快,学生知识的掌握也非常牢靠。

(四)课后评价

经此一事,我们充分体会到了学生被动听讲与主动学习之间的差别。教师们分析"课堂观察量表"后认为,本校学生的观察能力、动手能力都不错,但是计算能力还有待提高。重庆市地理教研员张老师对本课的活动主题、活动形式、实验的科学性表示出了充分的肯定,并对我校地理教研组教师的专业发展给出了有针对性的建议。

(王悠然)

尽管我校将"地理实践力"融入地理教学还处在初步探索阶段,加之学生基础有限,活动的设计也主要由教师提前完成,学生只是按教师要求开展实践活动,但"地理实践力"的培养已初见成效,学生的地理学习动机不再仅仅是教师要求,而是趋向了主动参与、主动探索。在今后的"地理实践力"培养探索中,地理教研组教师除了设计更多有趣、有用的实践活动外,还会让学生积极主动地参与到活动设计中或自主设计实践活动,以逐步提升学生的地理核心素养,让他们在探索中学习,在学习中进步,在进步中快乐!

(3)社会实践。

在校园内学习终究是比较局限的,学生难以将学习的内容与社会生活联系起来。陶行知先生认为,"生活即教育""社会即学校"。由此可见,学校与社会、生活并不是相互独立的,而是紧密联系、相互作用、相辅相成的,那么学生的学习就不能仅仅局限于校园内。学生通过走出校园,走进自然和社会,学习到比在校园内更多的知识,更重要的生活技能,才能深刻体会学习的重要性,拥有社会责任感。走出校园,走进自然和社会的实践性学习是符合我校"读书·读人·读生活,益己·益人·益天下"教育理念的。

2. 教学范式

我校开发的三益课程以学生为中心,突出学生在学习中的主体地位,提高学生的课堂参与度,为此,在教学实践过程中,我们主要采取了以下几种教学范式。

(1)任务导向。

任务导向是指教师的课堂教学围绕一个或者多个任务而展开。这既能发挥教师的主导作用,让他们设计出一系列具有可操作性的教学方法,又能促使学生充分发挥自己的主观能动性,积极参与和完成任务,不断探索新知和建构知识框架,提升动手和操作能力。这种教学范式的关键在于任务的选择符合学生的认知特点,有利于激发学生的学习热情,有助于促进学生的能力发展等。

(2)主题导向。

袁顶国和朱德全认为,主题导向的教学就是"以主题为中轴,围绕教学主题而展开的,在系统论、学习理论与教学论指导下,以教学主题为枢纽,在系统内诸要素之间彼此联系、相互作用与协调运行中,驱动师生'双适应双发展'以达成教学主体心理结构的完善与自我实现"[①]的教学。简单来讲,这种教学范式就是对学科的教学内容进行整合,以教学主题为枢纽,设计开放的主题活动,进而对主题展开教学和探讨的模式。这种教学范式成功的关键在于主题的确定,这主要看主题能否激起学生探究的兴趣,主题对学生而言有哪些价值等。例如从2016年开始,我校历史教研组连续3年开展了以"书香韵,家国情——老照片背后的故事"为主题的活动。

---

① 袁顶国,朱德全.论主题式教学设计的内涵、外延与特征[J].课程·教材·教法,2006(12):19.

全体历史教师在全校学生中积极宣传、广泛动员,先让学生明白什么是老照片,再引导学生回家请祖辈、父辈讲述家族史,让长辈们说说"我"的成长史,接着翻找出合适的照片带到学校备用。在这一过程中,学生倾听老照片背后的故事,细细感悟老照片背后的历史,从而对历史学科的史料实证搜集这一核心素养有了更明确和更直观的认识。然后,教师指导学生挖掘老照片背后的故事,由学生写下对老照片的解读、感悟。接下来,师生共同对这些书面文字进行修改,形成最终作品。最后,由全体历史教师对所有作品进行评选,并将优秀作品交学校在全校范围内进行巡回展示。通过这一活动,学生和家长一起重温了家族史,有效地升温了亲子关系。同时,学生对家族史、自己身边的历史乃至国家的历史也有了更加深刻的认识和感悟,进而加深了他们对家和国的热爱。

(3)问题导向。

问题导向的教学是指师生围绕某一个或几个问题进行探究的教学,其基本特征是:问题中心、自主探究、合作学习、问题解决、建构反思、迁移运用。问题导向的教学范式,能加强教师与学生之间的沟通交流,深化学生对知识的理解,巩固他们对知识的掌握,锻炼他们的思维,促进对学生核心素养的培养,提高学生学习的主观能动性。这种教学范式的关键在于问题的选择,这主要看问题的选择是否能引起学生的探究兴趣,是否符合学生的认知特点等。例如教学《义务教育教科书语文·八年级上册》第三单元的《唐诗五首》时,教师让学生在自读的基础上,选择自己喜欢的一首诗进行赏析。很多学生都首选《钱塘湖春行》,于是教师就抽问学生:"你为什么喜欢《钱塘湖春行》?"学生几乎是异口同声地回答:"因为诗人所描写的春天的景色很美。"教师给予肯定后,让学生分小组进行讨论——这幅春天的美景图美在何处?学生进行了积极讨论。在小组展示环节中,很多学生的回答给了教师惊喜。比如有学生回答:"我们小组认为作者写的景生动有趣,写的'鸟儿争暖树'让我们仿佛看到了几只黄莺叽叽喳喳地争抢着向向阳的树上飞奔和在向阳的树上打闹的情景,很是欢快、有趣。"还有学生说到"读到'谁家新燕啄春泥'这句时,我想到了我的老家,想到了在老家屋檐下的那一窝燕儿"时一脸幸福,他们完全可以从自己的角度,通过自己的理解来完成对这首诗的理解和赏析。这样能帮助学生在发现问题和解决问题的过程中感受成功的喜悦,从而使学生对语文的学习产生兴趣。

(4)课题导向。

近几年,研究性学习备受教育界关注。研究性学习实质上是一种以课题为导向的教学,是指学生在教师的指导下从自然、社会和生活中选择与确定课题进行研究,并在研究过程中主动地获取知识、应用知识、解决问题的学习活动。研究性学习具有以下特点:回归学生的生活世界,立足学生的直接经验,关注学生的自我探究。[1]这种教学范式的关键在于教师的引导。此处的"引导"强调的是教师对学生选择和确定课题、对课题进行探究等方面的引领。

3.教学策略

教学策略是教学设计的有机组成部分,是在特定教学情境中为适应学生学习需要和达成教学目标而制定的,并随着情境变化而进行调整的教学谋划和采取的教学措施。教学策略是由教学目标决定的,它又为教学目标服务,不同的教学目标选择不同的教学策略。[2]我校基础性课程的实施主要运用了以下几大策略。

(1)学案导学。

学案是建立在教案基础之上针对学生学习而开发的一种学习方案,是指教师依据学生的认知水平和知识经验,为指导学生进行主动的知识建构而设计的一种学习方案。学案体现了"以生为本"的理念。教师借助学案帮助学生掌握学习内容,它是沟通学与教的桥梁。学案能让学生明确教师的授课目标和意图,让学生的学习有备而来,是培养学生自主学习能力和建构知识能力的重要媒介,具有"导读,导听,导思,导做"的作用。理想的"学案导学"教学模式应该是先由学生自主学习,之后由学生展示学习成果,教师引导与总结,进而让学生在自主学习的过程中建构知识体系。在教学过程中,教师扮演的不仅是组织者、引领者的角色,而且是整体活动进程的调节者和局部障碍排除者的角色。"学案导学"教学模式在一定意义上颠覆了传统的课堂教学模式,构建了"先学后教,以学定教"的教学模式,在一定程度上改变了教与学之间的关系,是自主课堂构建的一种尝试。[3]"先学后教"的课堂教学模式是为了改变课堂中普遍存在的"灌输式教学"的现状,促进学生的自主学习,从而形成更加高效的课堂而提出的。我校的学案导学一般包括课前预习、自主学习、合作探究、互助释疑、精讲点拨、拓展延伸。例如九年级历史课程的授课教师

---

[1] 钟启泉."研究性学习"的基本内涵[J].上海教育科研,2005(02):1.
[2] 陈茹,刘文艳,万龄,等.论教学策略的内涵、结构及地位[J].高等工程教育研究,2006(S1):70.
[3] 于浩,魏晓东,于海波."学案导学"教学模式的反思与重构[J].教学与管理,2018(01):98.

通过编制学案,让学生利用学案开展课前预习和自主学习,并在课堂上进行合作探究、互助释疑、学后反思、拓展延伸,从而提高了课堂教学的有效性。

(2)创设情境。

创设情境是指在课堂教学中,基于教学内容,为达成教学目标所设定的,适合学习主体并作用于学习主体,且能让其产生一定情感反应,形成良好的求知心理的,让"学习主体主动积极建构学习的具有学习背景、景象和学习活动条件的学习环境"[1]和学习氛围。通过创设情境,将学生的课堂学习内容与实际生活相联系,以直观的方式再现教材所表征的实际事物或者实际事物的相关背景,以明确和解决学生在认识过程中的具象与抽象、理论与实践、旧知与新知等的关系和矛盾,这符合学生的认知特点,同时也为学生的学习降低了难度,提高了学生的学习积极性。此外,教师还可以用情感去激发学生的学习欲望,因为激情和真情会在师生之间产生一种互相感染的效应,从而为课堂教学提供一个良好的情绪氛围,它会不断激发学生学习的热情,唤起学生的求知欲。赞科夫指出:"教学法一旦能触及学生的情绪和意志领域,触及学生的精神需要,这种教学法就能发挥高度有效的作用。"总之,创设情境既要为学生的学习提供认知停靠点,又要激发学生的学习热情。这是情境的两大功能,也是促进学生有意义学习的两个先决条件。例如在《科学探究:欧姆定律》(沪科版)一课中,教师可以设置以下两个情境来引出教学内容。

案例3-12

情境1:通过观察教室里电风扇的工作状态,可以发现其按钮能调节电风扇的转速。提出问题:是什么原因导致了电风扇的转速发生了变化?

【设计意图】:用教室里的生活电器作课堂引入,不仅可以吸引学生的注意力,还可以让学生非常容易地回答道:"这是电流导致了电风扇的转速发生变化。"教师追问:"是什么原因导致电流发生了变化?"学生结合《电阻和变阻器》中学习的知识,很容易答出:"这是电阻导致了电流发生变化而造成的。"

情境2:展示两个电路。这两个电路都由导线将电池盒、开关、电灯泡串联在一起。其中,两个电池盒外观相同且均带盖子,其中一个电池盒内仅安装一节干电池,而另一个电池盒内安装两节干电池。两个电路中的电灯泡规格相同。闭合开关后,让学生观察两个电路中电灯泡的亮度,并提出问题:是什么原因导致了灯泡的亮度不同?

---

[1] 李兆义,桑苏玲,杨彦栋.现代教育技术[M].北京:北京理工大学出版社,2019:312.

【设计意图】：通过观察实验情况，学生很容易答出："这是电流导致了电灯泡的亮度不同。"然后打开电池盒的盖子，学生可以发现电池盒中电池的节数不同，即两个电路的电压不同，从而他们可以提出"电压导致了电流发生变化"的猜想。

基于以上两个情境，学生很容易猜想出影响电流大小的两个因素，即电阻和电压，从而教师能顺利地引入课堂教学的下一个环节。

（夏波）

（3）合作探究。

合作学习兴起于美国，"由于它在改善课堂内的社会心理气氛，大面积提高学生的学业成绩，促进学生形成良好非认知品质等方面实效显著"[1]，现已成为学生课堂学习的一个重要方式。在实际的课堂教学中，有些比较抽象的理论或者难度较大的问题光靠学生个体是难以进行深入探索和做出解答的，在这个时候就需要学生进行合作，通过在小组内的交流和探讨，相互启发，相互补充，取长补短。合作探究模式促使学生在自主中合作，在合作中探究，从而激起全体学生的学习兴趣，使每个学生都积极主动地去探索、去学习并进行知识建构。加强合作交流，充分利用集体的智慧挖掘集体的力量，这不仅能体现学生在学习过程中的主体地位，而且能培养学生在学习活动中的自觉性、主动性、独立性、创造性。掌握科学的学习方法和与人合作的技巧，能提高学生的自主学习能力，强化他们与人合作的意识。在合作探究的过程中，教师的主导作用与学生的主体地位都得到了充分展示。下面分享一个某教师在合作探究方面的案例。

案例3-13

一、案例导入

导入语：近几年，微信已经成为非常火的社交软件之一，许多人喜欢在朋友圈分享心情，记录生活。今天，我们将走进小王的微信朋友圈，看看在他的生活中都发生了哪些值得记录的事情。首先，我们来看小王一月份在微信朋友圈发的一条信息。

吐槽一：

邻居认为公民没有言论自由，我今天为这事和他吵了一架。

以小王吐槽邻居的微信朋友圈开头，让学生对此条信息发表看法，从而引入新课。

---

[1] 王坦.论合作学习的基本理念[J].教育研究,2002(02):68.

二、自主互学

过渡:公民有言论自由吗?中华人民共和国公民在行使权利的时候,不得损害国家的、社会的、集体的利益和其他公民的合法的权益。我们应该怎样行使权利呢?权利与义务是相辅相成,密不可分的。我们又该如何履行义务呢?请同学们结合手中的教材,回答以下两个问题。

学习新知:1.如何行使权利?

(1)不得损害其他公民的合法权益。

(2)不得损害国家的、社会的、集体的利益。

(3)要以合法的适当的方式行使权利。

2.如何履行义务?

(1)法律鼓励的积极去做。

(2)法律要求的必须去做。

(3)法律禁止的坚决不做。

三、教师导学

过渡:本已和小王结下梁子的邻居,前几天火急火燎地跑来告诉小王:"小区出大事了!"究竟出了什么事呢,我们一起来看小王发的第二条微信朋友圈信息。

吐槽二:无良物业,携款潜逃!业主堵路,只为维权!明天我也要去支持你们!

师:对此,你会点赞还是劝阻小王呢?为什么?

生:(略)

师点拨:在这条微信朋友圈下点赞的有几十人,大多都是该小区业主。就此,他们认为自己享有宪法赋予的什么权利?(游行、示威的权利)而他们在行使游行、示威的权利时会扰乱公共秩序,违反治安管理处罚法。所以公民在行使权利时不得损害国家的、社会的、集体的利益。

四、合作探究

过渡:刚才我们已经明确该小区业主的做法是不对的。这些业主应该怎么办呢?请大家给他们支支招吧!

生(小组讨论并回答):

1.与物业协商。

2.收集材料,向相关部门投诉。

3.寻求媒体的帮助。

4.联合小区业主,请律师,走法律途径,向人民法院提起诉讼。

师点拨:当我们遇到问题时,应当先采用非诉讼手段去解决问题。当问题得不到解决时,再行使诉讼权利。比如小王和业主们便是通过走法律途径,圆满解决了此事。

(蒋成陈)

(4)改善师生关系。

着力构建和谐良好的师生关系。教师要尊重和赞赏学生,做学生学习的引导者。和谐的师生关系能促使师生相互信任、尊重与理解,使教师更了解学生在知识、心理和情感等方面的需求。教师要关心、爱护学生,维护学生的尊严,在心理上亲近学生。苏霍姆林斯基曾说:"教育的核心,就其本质来说,就在于让儿童始终体验到自己的尊严感。"唯有将师生双方均作为独立的精神主体,尊重学生独立的人格,在平等、互相尊重的基础上开展教育教学活动,学生才能全身心投入学习,提高学习效率。

(5)角色扮演。

角色扮演是指在课堂教学过程中,学生通过扮演不同的角色,从而设身处地地体验角色的心理感受和明确角色的思想情感,在一种轻松愉悦的氛围中达成教学目标,提高学生学习的积极性。在教学《背影》一课时,教师讲得最多的就是父爱。但对一群十三四岁的孩子来说,因家庭、社会等影响,很难深入地体会这种情感。因此,在教学本课的"望父买橘"情节时,把"以生为本"作为教学设计的主导,让学生在角色扮演中去体验,去感悟,引发他们在情感上的共鸣,才能让其体会到父爱如山。

案例3-14

具体设计如下:

场地:教室

道具:讲台、书包(5斤重以上)

人物:金××(一个高高壮壮的男生)

情节:请金××同学把书包挂在胸前,然后爬上讲台。(书包不能掉下来)

起因:当我上课正讲到肥胖年迈的父亲过铁道爬上月台去为儿子买橘子这一

情节时,金××同学嗤笑了一声,且一脸的不屑。为此,我想"教训"他一下,但又想到青春期的孩子,说教对他来说是不痛不痒、作用不大的。于是,我灵机一动,何不让金××亲自来体会一下"父亲"的艰辛呢?

经过:当金××按我的要求在胸前挂上一个大大、沉沉的书包来到讲台旁时,我在投影幕布上投影出"望父买橘"的这一段课文内容中表示父亲动作的几个词语。接着,我要求他按照这几个词语的表述来完成爬上讲台的任务。这时,高高壮壮的金××同学手脚并用却没能爬上讲台。

结果:金××同学没能爬上讲台。(金××同学红着脸,手不停地捋着书包带子,很尴尬地站在讲台旁。)

这时,我又设计了以下情节:让金××同学放下书包,爬上讲台。

只见他两眼放光,啪的一下把书包往旁边的课桌上一扔,转过身来嗖的一下便蹦上了讲台。(全班同学哄堂大笑。)

这时我就紧扣课文内容对全班同学说:"刚才的金××分别代表了文中的哪一个?"(父亲和儿子)

"为什么父亲不让年轻力壮的儿子去买橘子呢?"

生:"因为父亲爱儿子!""父亲用实际行动来表示他对儿子的爱!"(学生七嘴八舌地回答,课堂气氛十分活跃)

任何的说教都是苍白无力的。但如果让学生亲身实践,去体验那深沉而浓郁的父爱,它便会印入他们的心田。

(晏家学)

(6)阅读渗透。

阅读能锻炼思维、开阔视野、陶冶情操,在人的发展中它具有非常重要的作用。因此,我校秉持"读书·读人·读生活,益己·益人·益天下"的教育理念,致力创建一所"书香益人"的品牌初中。让学生"乐读"是我校教育教学的重要目标。我校将这一教育理念和目标渗透在教育教学的方方面面,希望通过丰富、持续的阅读让学生更加深刻地理解生活,从而全面提高教育教学质量,提升师生的人文素养,使校园充满琅琅的书声、悠扬的琴声、幸福的笑声。阅读不再是语文课堂、英语课堂的专属,而是各科课堂均有的活动之一。这有利于提高学生对阅读的重视程度,进而让他们逐渐养成自觉阅读的习惯。信息技术课程的林老师便利用"阅读兴趣培养+志趣课程参与"治愈了一位因为家庭变故而网络成瘾的学生。

(二)志趣课程的实施

我校的志趣课程是基础性课程的拓展、补充,为选修课程。我校在八个课程领域均开设了志趣课程。志趣课程是指根据学生的兴趣、爱好以及各学科特点,在各年级调研的基础上设置的课程。它为学生提供了多样化的、可供选择的课程,学生可以根据自己的爱好和兴趣进行自主选择,以充分发展自己的个性和发挥自己的潜能。

1.基本理念

教育心理学家霍华德·加德纳认为人的智能是多元的,它不是一种智能而是一组智能,包括语言智能、逻辑-数理智能、空间智能、运动智能、音乐智能、人际交往智能、内省智能、自然观察智能等,而且这组智能不是以整合的形式存在,而是以相对独立的形式存在。不同的学生其优势智力和弱势智力存在巨大差异,这就导致每个学生在各方面的兴趣和能力存在较大差异。可见,根据加德纳的说法,并不存在所谓的哪个学生更聪明,也不存在所谓的"差生"。因为每个学生都是独特的,每个学生都有自己的优势能力。这给教学的启示是教师要能发现学生的优势智力组合和弱势智力组合,并对其优势加以强化,对其弱势给予弥补。此外,新课程也强调每个学生都是独特的人,都有自身的特点。因此,我校根据学生的不同兴趣爱好、能力水平、性格特点等开设了多门志趣课程,旨在对基础课程做出补充和拓展,以满足学生多样化的需求,激发学生的学习兴趣,提升其自信心。以下就让我们一起来看一看小唐同学的案例。

案例3-15

时光的流逝总是那么快,三年的初中生活,已匆匆过去两年半了,回想这两年半的时间,我的脑海里一直有一个小小的身影在向前奔跑着。

回想刚进初中时的小唐同学是那么一个小不点儿,虽然他学习目标非常明确,求知欲望强烈,对学习有浓厚的兴趣且非常努力,但他的学习效果却始终不理想,看着他整天苦着一张脸,我就心疼。说实话,小唐同学的智力水平还是可以的,可为什么他那么努力学习成绩却始终不尽如人意呢?作为他的班主任,我百思不得其解。

一天,小唐的父亲打电话来说,近段时间,孩子不知为何,总是闷闷的,回到家也基本不与他们说话,他们拿他没办法了,不得已只好向我求助。小唐的父亲在打电话的时候顺便提了这样一句:"孩子小腿上的汗毛长得有点儿长,因此不管天气多热,他都不愿穿短裤,硬叫他穿吧,他还非常不耐烦。"听了孩子家长的话,我想有可能是孩子正处于青春期,遇到了生理上的变化而带来的烦恼,但他不愿意交流,憋在心里,如果不及时疏导,可能会影响孩子的发展。他作为班里的体育委员,年级的体育尖子生(他的100米和200米赛跑成绩在年级是数一数二的),原本应该积极参加本年度的秋季运动会的,但我发现他在报名时总是犹犹豫豫的,想了好几天之后,才极不情愿地报了一个跳远项目,并且特意跑来问我比赛时可不可以穿长运动裤。听他这么一说,我便明白他犹豫的原因了,这也坚定了我对他进行心理疏导的决心。我带他来到操场,故作责怪地说:"作为体育委员,怎么这次报名时,你那么犹豫呢?还有,这么热的天而且比赛时还要跑跑跳跳的,你为啥还特意跑来问我是否能穿长运动裤呢?"他支支吾吾的,半天也没憋出一个字来。我又对他说:"有啥事,说出来,看我能不能帮上一点儿忙。"他有些害羞,但看着我真诚的眼神,鼓足了勇气,小声地说:"我小腿的汗毛有些长……"我故作吃惊,问道:"这有什么吗?这不是很正常的吗?"他抬了抬头,又默默地低了下去。"小子,这是正常的!在青春期,你们的身体会发生各种各样的变化,别把这些变化当成什么怪事。其实,你在变,别人也在变,没啥的!"他抬起头,惊讶地看着我。"我们要正确认识青春期的一些生理变化,否则它会对你的心理产生负面影响,不利于你的健康成长。这次的运动会,正是一个展示自我的好机会,你要努力克服不好的心理影响,从而超越自己,或许你的学习成绩还会因此而得到提高哦!"小唐听了我的话后,说让他考虑考虑。3天后,他又填报了自己的两个强项,并且在运动会开赛前做好了充分的准备,比如让父母在网上帮忙购买了运动服(短的)和跑鞋。看他这样的表现,我放心了不少。运动会上,小唐不负众望,一路狂奔,100米勇夺年级冠军,200米也取得了年级第二,还带领班上的同学在男子4×100米接力赛中取得了年级第一名的好成绩。在本次的运动会上,小唐同学大出风头,成了我班的大英雄,在同学们的前呼后拥中着实过了一把英雄瘾。回到教室后,我又叫他到讲台上发表了获奖感言。他说:"成功的感觉真好!"

我们平时老是叫学生要建立自信,这个自信怎么来,并不是我们叫他建立,他就能建立的,我们要充分挖掘学生的潜能,寻找恰当的契机,让他们不断地突破自我,去体验成功的滋味,他们才会越来越有自信。看到小唐同学的体育天赋,校田径队教练就到我班来要人,希望他能加入田径队训练。我对小唐同学说了,他也非常高兴地答应了。

时间转瞬就到了九年级上学期,充满自信的小唐同学犹如鱼入江海,潜力得到了发掘。虽然初三的学习生活节奏很快,但小唐同学仍然坚持一边学习一边训练。对此,我还是有那么一点儿担心,因为以往这个时节的学生,都全身心地投入文化学习中去了,哪有时间去训练体育项目哟,就是去参加临时性的比赛,都要先考虑一下它会不会影响学习。但既然小唐同学喜欢,我也尽量在时间上帮忙协调,私下还给他补习文化课。我还偷偷地询问体训带队的张老师(数学老师)关于小唐同学的训练情况。张老师了解到小唐同学的情况后,也多次鼓励他,还在训练间隙帮他补习数学,这给了小唐同学很大的帮助。通过体育训练及外出比赛,我发现小唐同学的学习成绩不仅没有下降,反而还在慢慢地往上升,且心理素质也越来越好了。

(陈国菊)

小唐同学的案例表明,学生某一方面差并不代表他在其他方面也差,或许他在其他方面还是一个"高手"。因此,教师要有一双慧眼,要善于捕捉学生成长中的闪光点。当教师能够将学生沉睡的潜能释放出来,就会创造教育的奇迹。但我们面对千差万别的学生时,要充分开发他们的"最近发展区""最优发展区"并不是一件容易的事,甚至说,单靠一个教师之力,的确略显单薄,应将多方面的力量联系起来形成合力,才能真正助学生一臂之力。就像小唐有自身的坚持、努力,有家长的配合,有其他老师的关心、帮助,有同学们的鼓励、信任,这些加在一起,他才会越飞越高。

2. 实施原则

教学原则是有效进行教学必须遵循的基本要求,对教学中的各项活动起着指导和制约的作用。我校的志趣课程实施主要遵循以下五点原则。

(1)差异性原则。

由于每个学生在能力水平、性格特点等方面有较大差异,因此有必要遵循因材施教的原则,以最大限度促使每个学生得到发展,而不是用传统的"一刀切"手法进行教学。所谓因材施教,是指教师从学生的实际出发,使教学的深度、广度、进度适合学生的知识水平和接受能力,同时考虑学生的个性特点和个性差异开展个性化教学,使每个学生的才能品行获得最佳的发展。

(2)兴趣性原则。

众所周知,兴趣是最好的老师。布鲁纳也曾说:"学习最好的刺激,乃是对所学材料的兴趣。"志趣课程要从学生的兴趣入手,不断地激发学生的学习兴趣,促进其全面发展。坚持兴趣原则,首先应基于国家课程教学要求,在充分了解学生的兴趣和爱好之后,让学生能够根据自己的兴趣爱好选择自己最喜欢的志趣课程,调动、激发学生参与课程的积极性和内在动力。其次,在课堂教学过程中保护和增加学生的学习兴趣。因此,教师必须综合调控教学中的各种因素,尽可能选择趣味性较强的内容,让学生体会到学习的快乐,让他们"在乐中学,在学中得"。最后,引导学生将兴趣迁移到其他课程的学习之中。

(3)整体性原则。

在志趣课程实施过程中,学校要始终处理好国家课程、地方课程和校本课程的关系,应以国家课程为主体,以地方课程和校本课程为拓展补充,校本课程(志趣课程)不能喧宾夺主。新课程强调要培养全面发展的人,虽然志趣课程是学生根据自己的兴趣爱好进行有限选择的课程,但是在志趣课程实施过程中,也要注重学生的全面发展。

(4)持续性原则。

学生学习兴趣和积极性的提高,思想品质的改善,逻辑思维的形成,实践操作能力的提升,创新意识和创新精神的培养不是一蹴而就的,而是需要不断坚持的。因此,教师在教学过程中,一方面要认真准备每一节课,每一个环节;另一方面也要注意时刻观察学生的行为、态度、情绪等,防止学生出现学习懈怠和行为偏差。

(5)创新性原则。

一方面,学校要从本校的传统和教育目标、学生的特点等出发创新性地开发适合本校发展和学生需求的课程,不能照抄照搬其他学校的志趣课程。另一方面,在全球化的时代背景下,创新能力不管是对一个国家、一个民族,还是对个人而言都是非常重要的。因此,我们要重视对学生创新意识和创新能力的培养。我校也深刻地认识到了创新能力的重要性,并将"敢创新"作为一个非常重要的培养目标贯穿于学校的教育教学活动当中,以强化学生的创新意识。

3.组织形式

"走班制"是指学科教室和教师固定,学生根据自己的能力水平和兴趣愿望选择对自身发展有帮助的班级流动听课。在《国家中长期教育改革和发展规划纲要(2010—2020年)》中提出要"注重因材施教。关注学生不同特点和个性差异,发展每一个学生的优势潜能。推进分层教学、走班制、学分制、导师制等教学管理制度改革"。如今,"走班制"已走入不少学校,我校也选择从选修课开始尝试实行"走班制"。每个班上的学生兴趣爱好、性格特点都不同,为了满足学生发展的需求,有必要通过"走班制",将他们混编起来,让志趣相投的人走到一起,互助学习,互相促进。

4.实施范式

(1)主题教学。

主题教学是许多学科都会采用的一种教学方式,在教学过程中,师生围绕某一个主题进行深入的探索和讨论,从而促进学生不断地多角度思考,以加深对主题的认识和理解。例如在"国学与经典"课程中,教师通过对时代和社会背景的分析,结合本校特点,确立了"家国情怀"这一主题,并以《满江红》为教学材料,通过对其深入挖掘从而展开对这一主题的深入探讨。

(2)游戏渗透。

游戏渗透是指将教学与游戏有机地结合起来,通过游戏的方式展开教学。在教学中游戏的方式有"猜一猜""画一画""比一比""赛一赛"等。在教学中渗透游戏有利于学生体验学习的乐趣,提高学生学习的积极性和参与度,同时,它也可以使学生的认识和理解更加深刻。

(3)任务驱动。

所谓任务驱动教学法,就是使学生在任务的驱动下,主动参与、合作探索,通过一系列任务的完成,获得知识,增长能力。任务驱动教学法最根本的特点是以"任务为主线、教师为主导、学生为主体"。任务驱动教学法有利于激发学生的学习兴趣,提升学生分析问题、解决问题的能力,培养学生自主学习及与他人协作的精神。

(4)自主探究。

新课程强调要转变传统的教学方式,提倡以弘扬人的主体性、能动性、独立性为宗旨的自主学习,要让学生在学习中主动发现问题、提出问题、分析问题并解决问题。自主探究式教学法便是对新课程这一要求的很好的回应。自主探究式教学法是指在教师的指导下,以学生为主体,让学生通过阅读、观察、实验、思考、讨论、听讲等途径自主地探究发现,进而掌握并得出相应的原理和结论的一种教学方法。教师要留给学生进行自主探索、全面思考的充分的时间和空间,但这并不是说让学生独自学习,因为这其中其实包含了教师的引导、同学间的协作与互助等。这样的教学,会让学生放飞思维,张扬个性,有更大的创新空间。教师在教学中多给学生"留白",才能让学生沿着自己的思路去学习,即便有时候这样的尝试可能让他们走一些弯路,但失败也是人生的经历,只有在比较中走过这段路程,学生才能更真切地体会到相互扶持、相互协作的重要性。学生是课堂的主人,教师应该相信学生,尊重学生,把课堂还给学生,这也是新课改所倡导的。因此,我们在授课中要充分地调动学生的积极性,让学生养成自主学习的好习惯。对此,教师要起到引导和带动的作用。

(5)实践操作。

有些课程属于操作式课程,是需要学生通过不断实践、不断练习才能掌握其要领的。这类课程有助于提高学生的实践能力,激发学生的学习兴趣,调动学生的学习积极性。例如在"物理实验家"课堂上,学生可通过仪器的使用、实验的设计、论文的撰写等,激发自身的学习兴趣;"趣味文字"课程通过雕刻公章、剪制倒福、制作禁烟标志等实践活动,提高学生的动手能力,并在这个过程中不断激发学生的想象力,强化和提升学生的创新意识与创新能力。

5. 教学策略

(1)了解学生水平和需求。

每个学生都有自己的优点和弱点,教师应该在课程实施前和实施过程中,注意了解学生的兴趣爱好、能力水平、学习需求,从而有针对性地开展教学活动,做到因材施教。

(2)鼓励为主。

志趣课程旨在培养学生的兴趣,调动学生的积极性和主动性,树立学生的自信心,从而使学生不断前行。因此,在志趣课程的实施过程中,教师要充分发挥自己的教学机智,通过鼓励,培养学生学习的自信心,让他们感受学习的快乐。

(3)联系生活实际。

联系生活实际是从学生熟悉的实际生活出发,引导学生深入思考和学习。这样做既符合学生的认知水平,有利于激发学生的学习兴趣,也可以让学生明确学习与社会生活的联系,认识到学习的价值。

(4)开放性作业。

开放性作业是指没有唯一答案的作业,这类作业有助于锻炼学生的发散思维,充分发挥学生的创造性。例如"法治天地"课程通过设计开放性作业,使学生在实践探索的过程中,提升对法律常识的理解,做学法、知法、懂法、守法的合格公民。"礼行天下"课程通过设计开放性作业,使学生在实践探索的过程中,理解文化常识,做知礼、识礼、懂礼的谦谦君子。"王冠数学"课程以研究性学习为途径,通过设计开放性作业,提升学生搜集、整合、判断、运用信息等各方面的能力和数学核心素养,逐步让他们变成一个个数学小达人。

(三)特长课程的实施

一些同学可能在某些方面具有非常突出的能力,对此,学校要做的便是优化资源配置尽可能地让其在这一方面获得长足发展。因此,我校特长课程,基于基础课程,以培养学生个性品质和提升其综合素养为目的,从八个课程领域出发,形成了具有我校特色的"益己·益人·益天下"的课程体系。这一课程体系能充分满足学生的学习和发展需求,挖掘学生的潜能,树立学生的自信心。特长课程为选修课程(自选+双选),能充分满足那些学有余力且在某一方面或某些方面具有潜力学生的需要。

1.基本理念

学生在不断发展变化,具有巨大发展潜力。尤其是一部分学生,他们在某些方面有极高的天赋,教师要做的就是发现他们的巨大潜力并尽可能地提供相应的条件、发展的机会和适宜的平台以满足他们的发展需求,促进他们个性、特长的发展。

但这并不是对学生全面发展的否定,不是拔苗助长,而是在全面发展的基础上,承认学生的差异,挖掘学生的潜能。特长发展与全面发展是辩证统一的关系。

2.组织形式

特长课程与志趣课程不同,不是所有的学生都必须参加,而是部分学生以自选和双选相结合的方式参与。因此,为了不占用学生其他课程时间,特别是国家课程的学习时间,不耽误学生的休息,本校的特长课程主要是在下午放学后,教师将具有相同特长的同学聚集到某一个固定的地点(如运动场、实验室、美术室等)开展。

3.实施范式

特长课程比较注重实操性,它一般是通过对学生的不断训练,或对学生某一特长的不断强化,来促进学生在某一或某些方面的特长的发展,因此本校的特长课程多是定时定点开展的。

(1)主题导向。

围绕某个主题展开探讨是部分特长课程的重要实施范式。主题导向教学既在乎结果,也在乎过程,甚至在很多时候,它对过程更为看重。例如经典阅读与欣赏、篮球、"雅行"、科技创新小论文、理财等课程便是围绕学生某个比较感兴趣的且是他本人所擅长的主题来实施课程教学的,虽然许多教师和家长很看重这些课程对提高学生成绩的效果,但是更多的教师和家长更看重在特长课程中,学生个性的开发、品行的培养、素质的提升。

(2)操作实践。

在特长课程中,大部分课程需要学生动手实操。这种课程可以放松学生的心情,促使学生解开"捆绑"在手脚上的束缚,让学生勇敢地表达、展示自己。例如"雅行"、陶艺、民乐、健美操、足球、篮球等课程都需要学生通过不断地练习来改善自身存在的问题,从而进一步提高自身在某一方面或某些方面的能力。

(3)自主探究。

有一部分特长课程虽然能培养和发展学生的特长,但是需要在培养过程中充分发挥学生的能动性和创造性才能取得实效,这个时候,就需要学生自主探究,教师在这个过程中最多扮演一个引导者的角色。我校的特长课程如科技创新小论文、陶艺、民乐等,就需要学生通过自主学习与合作探究去完成内容的学习。

第四节　三益课程评价机制与策略

一、三益课程评价

课程评价在三益课程体系中占有十分重要的地位,它的有效运用是三益课程有效开发与实施的保障,良好的评价反馈又是课程开发与科学实施的动力。三益课程评价体系具有监测、调控、激励与甄别的功能,学生、教师和校本课程都是课程评价的对象。首先,对学生的评价是整个评价体系的基础,它影响着对教师课程实施、校本课程整体建设等的评价,因为无论是教师的教学,还是校本课程的开发与实施,最终指向的都是学生的全面发展。其次,对教师的评价以对学生的评价为依托,学生的学习过程、学习结果等将直接对教师的评价产生影响,即"以学诊教,以学督教"。最后,对校本课程的评价基于对学生和教师的评价,通过学生的学与教师的教对校本课程开发与实施实行综合性"诊断",以提升学校的办学质量和实现学校培养三益少年的办学目标。

二、学生综合素质评价

(一)指导思想

思想决定方向。学校以"立德树人、课程育人、评促发展"和一切为了学生健康成长为理念,基于三益课程体系构建了学生综合素质评价体系,其评价指导思想如下。

促进学生发展观的转变。学校和教师坚持立德树人,基于"读书·读人·读生活,益己·益人·益天下"的育人理念,把握学生成长规律和教育规律,全力培养德智体美劳全面发展的社会主义建设者和接班人。

促进师生评价观的转变。教师通过自评、他评等,积极完善教育教学方式。通过亲身参与评价,使学生记录自我、认识自我、评价自我,提高他们对评价结果的认可度,进而更好地促进他们全面健康发展。

促进教学质量观的转变。通过持续、客观记录学生的成长,以"评价+"的评价方式进行客观、科学的评价,为学生的人生导航,助力教师的自我成长,为教育教学指明方向。

（二）评价原则

1. 发展性原则

在"立德树人"和"以人为本"的指导下，以激励学生健康、主动、全面、和谐发展为目标，通过对学生进行综合素质评价，促使学生发挥优势，弥补不足，使学生具有适应未来发展的关键能力和核心素养。

2. 过程性原则

学校将学生综合素质评价的着眼点聚焦在学生自身的纵向发展上，不仅关注学生的学习结果，更关注学生的成长发展过程。通过对学生成长过程的真实记录和科学分析，让学生在过程性评价中，正视自我、完善自我，健康成长。

3. 全面性原则

通过学校三益课程的实施，采取多主体"双向式"的评价方式，从思想品德、学业水平、身心健康、艺术素养和社会实践五个维度，对学生进行全面的评价。

4. 科学性原则

学校在遵循学生成长规律的基础上，对学生综合素质评价标准进行了科学的设计，对学生综合素质评价过程进行了有效监督，使之简洁明了，具有更强的操作性，更高的推广价值。

5. 客观性原则

依据客观记录的学生成长过程中的突出表现和学生长时间的发展状况对学生进行评价，确保了对学生综合素质评价的客观性。坚持客观性评价原则，严格规范评价程序，强化有效监督，确保了自评和互评的客观性。

（三）评价内容及指标体系

学校基于三益课程体系构建了学生综合素质评价体系，它从思想品德、学业水平、身心健康、艺术素养和社会实践五个维度展开评价。学校还将这五个维度进行了细化，分为十七个二级评价指标以及对应的评价要素和量化标准（具体内容详见

表3-2）。另外，学校还设定了五个维度下设课程的评价内容及方式，设计了课程评价体系与指标（表3-3）。

表3-2 校本课程设置与综合素质评价一体化明细表

评价维度	评价指标	评价要素及量化标准	实证材料	课程呈现	评价执行	评价等级
思想品德 20分	理想信念（4分）	爱党爱国爱家乡，拥护中国共产党的领导，积极参加各种集休活动（2分） 了解党史国情，了解中国共青团、中国少年先锋队的历史和光荣传统（2分）	1.提供自己的"综合素质评价报告书" 2.上交本学期有关自己成长的总结一份（从爱党爱国爱家乡、遵纪守法、明礼诚信、自尊自立、团队精神、社会责任感、环保意识等方面来写） 3.上交参加学校或社区公益活动的相关证明材料等 4.上交无违规违纪现象的相关证明材料 5.上交班级、学校及以上的三好学生、优秀班干部、优秀团员等的相关证书	"雅行"德育课程	德育处主管，年级组分管，全体班主任、任课教师及学生参与评价	
	国家认同（4分）	具有国家意识，珍视国家荣誉，捍卫国家主权（1.5分） 坚持"四个自信"，弘扬中华优秀传统文化（1.5分） 具有全球意识，尊重世界文化的多样性和差异性，关注人类面临的全球性问题，理解人类命运共同体的内涵（1分）	同上	同上	同上	

续表

评价维度	评价指标	评价要素及量化标准	实证材料	课程呈现	评价执行	评价等级
思想品德 20分	公民素养（4分）	遵纪守法、诚实守信、明辨是非,具有规则与法治意识(1分) 尊敬老师、孝顺父母、团结同学、关爱他人、有仁爱友善和感恩之心(1分) 热爱生活、尊重自然,具有可持续发展理念,践行绿色生活方式(1分) 积极履行公民义务,理性行使公民权利,有强烈的社会责任感,能积极主动地维护社会公平正义(1分)	同上	同上	同上	
	人格品质（4分）	拥有积极的人生态度,自尊自爱、自信自律(1分) 勇敢面对困难,坚韧乐观,具有抗挫折能力,正直善良、以人为本,尊重和维护他人的人格尊严(1分) 甘于奉献、敢于担当、有责任心、能吃苦耐劳、生活朴素(1分) 关注人类生存、发展和幸福(1分)	同上	同上	同上	

续表

评价维度	评价指标	评价要素及量化标准	实证材料	课程呈现	评价执行	评价等级
思想品德 20分	行为习惯（4分）	遵守《中学生日常行为规范》(1分) 文明礼貌,能自觉抵制不良诱惑,行为习惯良好(1分) 珍视集体荣誉,积极参加公益活动,乐意为他人和社会服务(1分) 保护地球、爱护环境,爱惜花草树木,勤俭节约、低碳环保、健康生活、谦恭有礼、自觉排队,遵守公共道德,自觉维护公共卫生和公共设施(1分)	同上	同上	同上	
学业水平 20分	学习态度（5分）	正确认识和理解学习的价值,具有积极的学习态度和浓厚的学习兴趣(3分) 崇尚真知、尊重事实,求知欲强,有严谨的治学态度(2分)	1.上交期中、期末各基础课程等级成绩明细表 2.上交学习标兵、学习优秀奖等相关证书 3.上交课外阅读的相关证明材料。如：读书笔记、读后感、随笔和其他课外阅读相关资料等 4.上交个人学习计划和总结 5.上交参加区级及区级以上教育主管部门组织的学科竞赛获奖证书		教务处主管,年级组分管,全体班主任、任课教师及学生参与评价	

续表

评价维度	评价指标	评价要素及量化标准	实证材料	课程呈现	评价执行	评价等级
学业水平 20分	学习方法（5分）	具有学科思维,能自主学习,学习习惯良好(3分) 能独立思考,刻苦钻研,通过自主、合作、探究等学习方式,解决学习、生活中遇到的问题(2分)	同上		同上	
	学习表现（10分）	能理解与掌握各科课程标准要求的基础知识与基本技能(4分) 对自己的学习状态常反思,能大胆质疑、小心求证,善于分析和总结经验教训(2分) 能根据不同情境和自身实际,选择或调整学习策略(2分) 具有探索和创新意识,能辩证地分析问题,大胆提出想法,具有创新思维,能综合运用所学知识解决实际生活中遇到的问题(2分)	同上		同上	

续表

评价维度	评价指标	评价要素及量化标准	实证材料	课程呈现	评价执行	评价等级
身心健康 20分	健康心理（5分）	正确理解生命的意义和人生的价值，悦纳自我，珍爱生命，掌握基本的急救常识，远离毒品，具有安全意识和自我保护能力（2分） 能大胆表达、友好交流，与父母、老师、同学、朋友等相处融洽、和谐（1分） 心态积极、乐观，能调节和管理自己的情绪，能克服学习生活中遇到的困难（1分） 能正确认识与评价自我，能根据自身个性特长和优势潜能选择适合的目标与发展方向（1分）	1.上交"心理健康评定表" 2.上交体育课、课间操及课后学习相关出勤表 3.上交参加学校、班级组织的体育类社团或各类体育活动的相关证明材料 4.上交体质测试成绩明细表、体育期末考试成绩明细表等 5.上交参加区级及区级以上教育主管部门组织的体育比赛的获奖证书		教务处主管，年级组分管，全体班主任、任课教师及学生参与评价	
	健康体质（5分）	身高、体重、肺活量、视力以及身体运动能力等，符合《国家学生体质健康标准》的要求（5分）	同上		同上	

续表

评价维度	评价指标	评价要素及量化标准	实证材料	课程呈现	评价执行	评价等级
身心健康 20分	健康生活（10分）	了解健康生活常识，养成良好的生活习惯，平衡饮食，坚持锻炼，兴趣广泛，积极参加各级各类活动(3分) 养成良好的用眼习惯，懂得爱眼、护眼(3分) 掌握2—3项体育运动技能(4分)	同上		同上	
艺术素养 20分	审美情趣（5分）	喜欢上艺术课（音乐、美术等），积极参加各种艺术活动，认真完成艺术学科作业(2分) 具有健康的审美价值取向，有健康的审美情趣和艺术修养，能理解与尊重我国文化艺术的多样性(3分)	1.上交一件艺术作品 2.上交音乐课、美术课等相关课程的考勤表 3.上交参加学校、班级组织的音乐、美术类社团或各类音乐、美术活动的相关证明材料 4.上交音乐、美术等各级测评成绩明细表 5.上交参加区级及区级以上教育主管部门组织的音乐、美术比赛的获奖证书		教科室主管，年级组分管，全体班主任、任课教师及学生参与评价	

续表

评价维度	评价指标	评价要素及量化标准	实证材料	课程呈现	评价执行	评价等级
艺术素养 20分	艺术技能（5分）	具有一定的艺术基本知识、技能与方法(2分) 有发现、感知、欣赏、评价美的基本能力(2分) 能发现身边的美(1分)	同上		同上	
	艺术表现（10分）	有艺术表达和创造的意识(3分) 能够运用所学知识，创新艺术表现形式或创造艺术作品，积极参加音乐、美术、舞蹈、戏剧、影视、书法、动漫、文学艺术等艺术活动(3分) 在音乐、美术、舞蹈、戏剧、影视、书法、动漫、文学艺术等方面拥有1—2项艺术爱好或特长，在艺术方面有成果(4分)	同上		同上	

109

续表

评价维度	评价指标	评价要素及量化标准	实证材料	课程呈现	评价执行	评价等级
社会实践 20分	创新意识(5分)	有强烈的好奇心和丰富的想象力,具有坚持不懈的探究精神(2.5分) 不盲从,能运用科学的思维方式认识事物与指导自身的实践行为(2.5分)	1.上交"社会实践课程考勤表" 2.上交参加班级、学校组织的社会实践、社团活动、研究性学习等各种实践活动和调查活动的证明材料 3.上交参加区级实验操作测试的成绩明细表 4.上交在区级及区级以上教育行政部门认可的报纸、杂志上发表的有关作品的复印件 5.上交参与电脑制作、机器人大赛、科技创新大赛、青少年信息奥林匹克竞赛、发明创造、航模比赛等获得的证书		教科室主管,年级组分管,全体班主任、任课教师及学生参与评价	
	实践能力(5分)	积极主动地参加社区服务和社会实践调查等活动,明确垃圾分类条件,践行垃圾分类(2.5分) 有较强的沟通能力与较好的团队协作精神,能与小组成员合作完成实践活动,如研究性学习(2.5分)	同上		同上	

续表

评价维度	评价指标	评价要素及量化标准	实证材料	课程呈现	评价执行	评价等级
社会实践 20分	其他（10分）	尊重他人的劳动成果，有积极的劳动态度和良好的劳动习惯，掌握一定的劳动技能（2分） 主动参加学校劳动、家务劳动和社会劳动（2分） 有通过诚实合法劳动，创造幸福生活的意识和行动（2分） 能有效地获取、鉴别、加工、处理、传递和使用信息，具有在数字化条件下生存的能力（2分） 主动适应"互联网+"等社会信息化发展趋势，具有信息伦理道德与信息安全意识，会保护个人的隐私和尊重知识产权（2分）	同上		同上	

注：评价等级分为A、B、C、D四个等级记录。

表 3-3 课程评价体系与指标

课程领域	课程群	课程名称	过程性评价（60%）	终结性评价（40%）	荣誉成绩（加分项）	佐证材料
"雅行"德育课程	"雅志"课程	梦想起航、共建班魂、班级事务、"雅行"标兵、社会实践、"三读三益"、筑梦未来、桃李芬芳等	1.课堂表现(20%)："雅行"德育课程实施过程中的具体表现，包括出勤率、学习态度及对相关规范制度的认知 2.日常行为(20%)：按照《中学生日常行为规范》严格要求自己，包括热爱祖国、遵纪守法、明礼诚信、自尊自立、团队精神、社会责任感、环保意识等 3.活动参与(20%)：学校、班级、社团等各级各类活动的参与意识和具体表现	学生自评(10%)、学生互评(10%)、家长评价(10%)、教师评价(10%)等，按照量化的标准给予公平、公正的评价	1.参加各级各类德育竞赛或活动，统计成绩或获奖情况 2."雅行"德育标兵、"雅心"标兵、"雅志"标兵、"雅学"标兵等	1.出勤及课堂表现登记表 2.日常行为登记表 3."雅行"德育课程合格证 4.参加学校或社区的公益活动证明材料等 5.获得班级、学校及以上的三好学生、优秀班干部、优秀团员等证书 6.思想品德评价认定表 7.本学期无违纪、违规现象的证明材料
	"雅学"课程	高效学习法课堂、学科学习法课堂、学霸养成记等				
	"雅心"课程	心理健康教育、主题活动、主题讲座等				

续表

课程领域	课程群	课程名称	过程性评价（60%）	终结性评价（40%）	荣誉成绩（加分项）	佐证材料
基础性课程	语言与文学	语文、英语	1.学习兴趣及表现(20%)：有学习的愿望及强烈的好奇心与求知欲；学习主动、勤奋，上课注意力集中，积极参加各种学习活动；努力克服学习中遇到的困难 2.知识及能力(20%)：知识掌握扎实，作业质量高；阶段性考试成绩好 3.学习方法(20%)：有良好的学习习惯，能制订并落实学习计划；试用多种学习方式，发现适合自身发展的学习方法；善于在学习中总结与反思，善于听取他人意见，不断提高学习能力	1.阶段性评价(20%)：根据学科特点，在单元或主题内对学生以笔试的方式进行阶段性测试 2.学期(学年)评价(20%)：每学期根据学科的特点，对各学科的学习情况以笔试的形式进行测试	1.参加各级各类学科竞赛或活动，上交成绩明细表或获奖证书 2.分别设立三级(班级、年级、学校)"学科之星"	1.学科操行评价统计表 2.分学科作业完成情况统计表 3.阶段性测试成绩、期末成绩 4.学科学业水平评价认定表
	人文与社会	道德与法治、历史				
	数学	数学				
	科学	物理、化学、生物、地理				
	艺术	音乐、美术、书法				

续表

课程领域	课程群	课程名称	过程性评价（60%）	终结性评价（40%）	荣誉成绩（加分项）	佐证材料
基础性课程	体育与健康	体育、心理健康教育	同上	同上	同上	同上
	技术	信息技术				
	综合实践活动	综合实践活动				
拓展课程	语言与文学	经典阅读与欣赏、古典文学欣赏、现代美文赏析、中国诗词大会、歌声飞"洋"、英文电影赏析、今天我值日、中国历史与民间艺术、"三益"阅读等	1.兴趣及表现（20%）：具有浓厚的学习兴趣和明确的发展规划，态度积极主动，课堂表现优秀，能够较好地完成学习任务 2.知识和技能（20%）：知识和技能得到丰富和提高，相关成绩有所突破和提升，作业完成情况好，测试和实践能力测评优秀 3.参与与运用（20%）：积极参加班级、年级、学校及校级以上的各类竞赛和活动，并取得较好的成绩	1.阶段性评价（20%）：根据学科特点，在单元或主题内对学生以笔试的方式进行阶段性测试 2.学期(学年)评价（20%）：每学期根据课程的特点，对本课程的学习、竞赛、活动等进行综合类笔试或实作测评	1.参加各级各类竞赛或活动，上交成绩明细表或获奖证书 2.分别设立三级(班级、年级、学校)"课程达人"	1.拓展课程操行评价统计表 2.作业及实践活动完成情况统计表 3.阶段性测试成绩、期末成绩 4.拓展课程评价认定表 5.获得班级、学校及以上的竞赛获奖证书和参与其他活动的相关证明材料

续表

课程领域	课程群	课程名称	过程性评价（60%）	终结性评价（40%）	荣誉成绩（加分项）	佐证材料
拓展课程	人文与社会	静思绘、为"礼"疯狂、时政播报与评价(课前)、入学课程、离校课程、等	同上	同上	同上	同上
	数学	王冠数学、演算提高班等				
	科学	物理与生活、小小实验室、VEX机器人、化学与生活、化学趣味实验室、生命的奥秘、生物小小实验家等				
	艺术	声动全城、舞蹈、陶陶公社、素描、书法、三益艺术节等				

续表

课程领域	课程群	课程名称	过程性评价（60%）	终结性评价（40%）	荣誉成绩（加分项）	佐证材料
拓展课程	体育与健康	茶艺社、三益体育节、阳光心理社、田径、健美操、足球、篮球等	同上	同上	同上	同上
	技术	超越PPT、电脑绘画等				
	综合实践活动	环境、安全、国防教育等				
特长课程	语言与文学	经典诵读、英文歌、国学经典、歌声飞"洋"等	1.兴趣及发展(20%)：具有突出的天赋和专业能力，能够做长远的规划，学习态度主动积极 2.技能及水平(20%)：专业素质优异，专业能力突出，学习任务能够保质保量地完成，日常作业和专业测试成绩优异 3.参与与运用(20%)：能够代表班级和学校参加相关竞赛或活动，成绩优异	1.阶段性评价(20%)：根据学科特点，在单元或主题内对学生以笔试的方式进行阶段性测试 2.学期(学年)评价(20%)：每学期根据专业的特点，对本专业的学习、竞赛、活动等进行综合类笔试或实作测评	1.参加各级各类学科竞赛或活动，上交成绩明细表或获奖证书 2.分别设立三级(班级、年级、学校)"专业明星"	1.特长课程操行评价统计表 2.作业及实践活动完成情况统计表 3.阶段性测试成绩、期末成绩 4.特长课程评价认定表 5.获得班级、学校及以上的竞赛获奖证书和参与其他活动的相关证明材料

续表

课程领域	课程群	课程名称	过程性评价（60%）	终结性评价（40%）	荣誉成绩（加分项）	佐证材料
特长课程	人文与社会	法治天地、红色重庆、礼行天下、传承绣等	同上	同上	同上	同上
	数学	王冠数学、演算提高班等				
	科学	生物世界、拼世界、科技活动、生命的奥秘等				
	艺术	器乐、舞蹈、声动全城、茶艺表演、三益书法、陶艺制作、素描、电影欣赏、"舞"与伦比、中国民族乐器乐曲欣赏、合唱队、绘"生""会"色、陶陶公社、三益书画等				

续表

课程领域	课程群	课程名称	过程性评价（60%）	终结性评价（40%）	荣誉成绩（加分项）	佐证材料
特长课程	体育与健康	健美操、篮球、"英雄联盟"田径、"一脚定乾坤"足球等	同上	同上	同上	同上
	技术	趣味Word、PPT/Excel、动画制作等				
	综合实践活动	"心灵手巧"				

评价标准说明：

1. 态度及行为：各课程任课教师根据本课程的操行评定标准，每日记录当天学生的"学习操行评定记录表"，每周统计其学习操行评定成绩[优秀(A级,记20分)、良好(B级,记15分)、及格(C级,记10分)、不及格(严重违反校规校纪者定为D级,记0—5分)]。
2. 过程性评价：根据学生在课堂上的具体表现和课程学习情况，任课教师进行过程性评价并记录相关成绩(从态度、能力、表现三个方面进行评价；技能及水平根据各课程阶段性测试排名确定得分，排名前5%,记20分，前6%—10%记19分……前96%—100%记1分。学生参与与表现情况得分根据参加班级、学校及更高一级的竞赛或活动情况而定)。
3. 终结性评价：取学生多次阶段性考试的平均分(20%)+期末考试(20%)+荣誉=终结性评价
4. 荣誉成果(加分项)：各级竞赛及活动，班级(1—3分)、校级(3—5分)、区级(5—7分)、市级(7—8分)、国家级(9—10分)；荣誉称号(按活动的不同级别记分)。
5. 过程性评价(60%)+终结性评价(40%)+"荣誉成绩"="评价总分"。根据"评价总分"评定A级(占全体的35%)、B级(占全体的60%)、C级(占全体的5%)。(一般无D级)

1. 思想品德

主要考查学生在热爱祖国、遵纪守法、明礼诚信、自尊自立、团队精神、社会责任感、环保意识等方面的表现。重点考查学生参与社团活动、公益劳动、志愿服务活动等，如为孤寡老人、留守儿童、残疾人等弱势群体提供无偿帮助，到福利院、医院、社会救助机构等做无偿服务,为赛会保障、环境保护等活动做志愿者等的次数、持续时间等。

2. 学业水平

主要考查学生基础知识、基本技能掌握情况以及运用知识解决实际问题的能力等。重点考查学生国家课程的学习情况,兼顾考查志趣课程和特长课程的学习情况等。

3. 身心健康

主要考查学生的健康生活习惯养成情况、体育锻炼习惯养成情况、身体机能、运动技能和心理素质。重点考查学生体育与健康课程的完成情况、"国家学生体质健康标准"达标情况、体育运动特长挖掘情况、参加体育运动的经历及完成水平。同时,考查学生的心理品质、人际关系处理情况及应对困难、挫折及诱惑的表现等。

4. 艺术素养

主要考查学生对艺术的审美鉴赏能力。基于学生对艺术课程的修习,重点考查学生在音乐、美术、舞蹈、戏剧、戏曲、影视、书法等方面的艺术素养,参加艺术活动的成果等。引导学校加强对学生的艺术教育,提升其感受美、鉴赏美和创造美的能力。

5. 社会实践

主要考查学生在社会生活中的动手操作能力、体验和收获情况等。重点考查学生参加综合实践活动的次数、持续时间、成果等,与技术课程等有关的实习情况,生产劳动、勤工俭学、军训、参观学习与社会调查等情况。

(四)评价组织实施

1. 评价主体

学生综合素质评价主体包括校级领导、学校中层干部、班主任、任课教师、学生及家长委员会成员等。学校构建多元评价主体网络旨在共同帮助学生认识并分析自己的发展情况,以在此基础上进一步发展。

2.评价时间

过程性评价:在学习过程中,随时进行印证材料的完善和整理,丰富个人档案。

阶段性评价:每学期最后两周完成。评价结果出来后,还要对学期评价结果进行审核公示并对相关档案进行归档处理。阶段性评价结果是每学期或学年班级或个人评优的重要依据。

终结性评价:是学生毕业前,由学校综合素质评价工作委员会、年级组、班级及小组进行的终结性评价,包括确认毕业评价成绩、分配各班等级比例、认定学生综合素质评价等级、学校复审、公示认定、学生确认认定等级等环节。

3.评价方式

本着"谁熟悉,谁评价"的原则,采用个人自评、同学互评、家长评价、教师评价、班主任评价、年级组评价、主管评价、学校评价及认定等评价方式,以形成"公开、公平、公正"的评价、运用、激励机制。

4.评价程序

按照写真记录、整理遴选、公示审核、形成档案、评价结果运用的程序进行。

写真记录:坚持诚信的原则,客观记录学生在思想品德、学业水平、身心健康、艺术素养和社会实践等方面的情况。

整理遴选:每学期进行大数据的整理和分析,形成学生阶段性和学期(年)终结性综合素质评价报告。

公示审核:每学期利用学校、年级的学生综合素质评价公示栏和"××智通云"学生综合素质评价公示平台对评价结果进行公示,公示时间为15天,以接受全校师生的监督,申诉时间为5个工作日,设置监督申诉电话。

形成档案:随时完善和整理学生个人在学习过程中形成的相关印证材料,丰富个人档案;每学期期末由各级综合素质评价工作委员逐级审核材料,并将评价结果及印证材料装入"学生素质评价档案"。

评价结果运用:(1)利用评价结果充分调动学生参与学校开展的各项活动的积极性,进而挖掘学生的发展潜能。通过建立学生综合素质档案,科学引导学生不断发现和提升自我,树立自信,体验成长的快乐。通过开展活动展示学生各自的优势,引导学生相互交流学习,共同提高。通过对学生综合素质发展状况进行科学评价,促进学生个性成长,全面发展。

(2)评价结果可以作为评价年级工作、班级工作、评选优秀学生等的重要依据。

(3)作为学生毕业的必备条件之一。初中生修业期满,学业水平考试合格、综合素质评价为合格(C级及以上)、按照国家学生体质健康标准测试成绩合格的,才能准予毕业,按程序发给毕业证书。

(4)毕业终结性评价结果作为中考录取的参考依据。

5.评价等级及比例

按照校级、年级、班级分别设置A级[人数不超过校级(年级、班级)总人数的25%]、B级[人数为校级(年级、班级)总人数的45%]、C级[人数不超校级(年级、班级)总人数的30%]和D级等四个等级(一般不出现D级评价,但如果学生在校期间有严重的违规违纪行为,则定位D级。评价为D级的学生在第二学期开学时有一次"二次评价"机会)。

三、教师课程教学评价

教师评价是在教育教学活动中对教师教育教学行为和结果的判定。但现行的教师评价仍主要为传统的奖惩性评价,这难以调动全体教师的工作积极性。因此,必须进行教师评价制度的改革,确立发展性教师评价观,促进教师专业发展,从而提高教师的教育教学质量。教师评价是评价者根据一定的评价标准和依照一定程序,采取多样化的方式和手段搜集、整理、分析评价资料,对教师各方面表现进行的价值判断。教师评价是学校对教师进行领导与管理的重要方式,对学校发展和教师的专业发展有很大的影响。20世纪80年代,国家教育委员会(今教育部)曾出台了《国家教育委员会关于中、小学教师队伍调整整顿和加强管理的意见》(已失效)提出要从"政治思想表现和工作态度、教学业务能力和教学效果、文化程度三个方面"对教师进行考核。

教师评价在三益课程开发与建设过程中也占有非常重要的地位。学校根据国家相关文件精神,结合学校实际情况,制定了适宜我校教师的课程教学评价体系。

评价不是目的,它为的是解决教育与管理中的实际问题。"用什么导向机制评价教师工作? 如何运用合理的评价制度促进教师的发展,从而提高教育教学质量?"等问题已成为学校教师评价工作所面临的重要课题。教师评价主要应该注意以下几点。

第一,评价目的单一,不能满足教师教学个性化和专业发展要求。现行教师评价的目的单一,主要出于学校绩效分配的需要,强调对教师教育教学工作的管理监控,却忽视了教师发展的需要,忽视了对促进教师发展的帮助和指导。因此,它难以真正调动全体教师的工作积极性。

第二,评价指标单一,教师评价激励作用缺失。现行学校评价指标单一,基本均指向"唯教学质量"。由于评价指标的单一,导致了评价应有的激励与改进功能得不到有效发挥。

第三,评价体系缺乏多元性,评价标准和指标体系的制定主要出自学校管理人员之手,绝大多数教师很少参与本校教师评价标准的制定,不少教师对学校的教师评价标准不是很了解,对评价结果不是很清楚。

(一)评价坚持的原则

1.全员性与全面性相结合

全员评价要求全体学生、教师、管理者、学生家长等积极参与课程评价,即采用自评与他评相结合的方式,尽量做到全面搜集教师工作表现的信息,对教师进行多维评价,得出公正、客观的评价结果。全面评价就是摒弃"以学生考试成绩作为评价教师唯一标准"的原则,以"师德+知识+能力+效果+创新"为评测重点,对教师进行全面、综合的考查。

2.定量评价与定性评价相结合

当评价资料能以数据等客观形式呈现时,可选用定量评价。例如当评价资料为学生的考试成绩、教师参加教研活动的次数、科研教研论文的发表数量等内容时,可采用定量评价。定性评价在考查那些对教师影响较大的道德、情感、态度方面的表现时更加突出。学校在多年的探索实践中逐渐形成了以定性评价为主、定量评价为辅的教师评价体系,以最大限度地激发教师的工作积极性。

3.过程性评价与终结性评价相结合

过程性评价使教师更注重学生的平时表现,其测评结果能够及时准确地反映教师在教育教学工作中存在的问题,促使教师及时调整教育教学方式。学校注重加强对教师日常教育教学的抽查与考核,并把考核结果作为教师发展过程中的一次形成性评价结果和过程性评价结果记入档案。终结性考核便于学校层面和教师个体全面了解教师(自身)在开展学科教学等方面的最终效果等。它对学校和教师起到的信息反馈作用更明显。

4.奖惩性与发展性相结合

教师绩效考核与评价为教师的奖惩提供了直接依据,有助于教师履行自己的职责,对教师按照学校统一要求开展教育教学工作起到了调节和约束的作用。但对教师的奖惩不是目的,评价应更多地关注教师个体在成长过程中遇到的问题并为其解决问题提供帮助。评价诊断和导向功能的实现,为教师发展提供指导和建议,使教师在专业方面获得更科学的发展。

5.统一性与差异性相结合

学校里的每一位教师都有自己的特点,每个学科都有自己的学科规律。在同一学科不同的教师之间、不同学科的教师之间,在教学活动中,教师们会形成不同的教学风格,这些风格各有优劣。如果用同一个标准来评价这些教学风格独特的教师是有失公允的。同时,要求所有的教师都依据同一风格完成教育教学任务也是不切实际的。因此,学校逐渐摸索出了一套基于全校教师工作共性和工作差异性的评测制度,让每一位教师都能充分地认识到自己教育教学风格的优势和需要加以改进的问题,让每一位教师都能在学校这个舞台上充分展现自我。

(二)评价内容

1.师德师风

所谓"立德",应立师生的"德";所谓"树人",既要"树"自身,也要"树"他人。学校一贯重视师德师风建设。对此,在评价方面,主要考查教师是否志存高远,爱国敬业;为人师表,教书育人;严谨笃学,与时俱进;关爱教育事业,热爱学生;积极上进,乐于奉献;做事公正,待人诚恳,具有健康的心态和团结合作的团队精神。

2.了解和尊重学生

能全面了解、研究、评价学生;尊重学生,关注个体差异,鼓励学生养成自主学习的习惯;形成相互激励、教学相长的师生关系,赢得学生的信任和尊敬。

3.教学方案的设计与实施

能依据课程标准的基本要求,确定教学目标,选用现代教育教学方法,充分利用校内外学习资源,精心设计教学方案,使之适合于学生;善于与学生共同创造适合学生学习的环境,为学生提供讨论、质疑、探究、合作、交流的机会;引导学生积极创新,勇于实践。

4.交流与反思

教师应积极、主动与学生、家长、同事、年级主任和学校领导进行交流和沟通,能对自己的教育理念、教学行为进行反思,并制订改进计划,创作新的教案和学案。求真务实,勇于创新,严谨自律,热爱学习,不断地提高自身的思想境界和专业水平。

5.参加教学研究

积极参加教育教学研究、改革和自编教材活动,探索教学新理论、新模式、新路子;积极撰写并发表教学论文。

6.教学成果

积极参加学校、区、市(省)组织的各类教研活动,如优质课评选、教学能手评选等活动;积极参加教改实验、课题实验,积极撰写并发表论文。

7.工作量和工作纪律

根据教师所教班级、班额核定其绩效工作量,让教师积极按照相关要求完成工作,对未完成者按照绩效相关规定予以扣罚。另外,还将出勤、旷工等有关工作纪律方面的记录纳入评价之中。

（三）评价的方法和解决的问题

1.组建专业发展共同体,促进教师专业成长

学校对教师的课程教学评价不以"教学质量"作为考核的唯一依据,注重考核评价教师课内和课外发展的情况。教师专业发展共同体是由具有相同或相近的价值取向、文化生活、内在精神和专业技能的教师,在自愿的基础上组成的成长型团体。学校单一的奖惩性评价所带来的难以调动全体教师工作积极性的问题亟须解决。现在,我校依托教师专业发展共同体,确立了发展性教师评价观,提高了教师的工作积极性,促进了教师的专业发展,提升了全校的教育教学质量。

2.协同发展,共同体推动学习型校园建设

教师专业发展共同体的组建打破了学科界限和专业隔阂,其所采取的"合—分—合"螺旋形发展模式,促进了学科的交融和教师的协同发展,推动了学习型校园的建设。

3.全员参与,共同制定评价标准

积极发挥职代会的作用,将收集到的全校教职员工提出的建议和意见进行逐条梳理和分析后,召开多次教师评价标准研讨会,制定了《学校教师质量考核评价制度》等制度,编制了《学校教师质量考核评价量表》等表格。新制度的出台和新量表的编制,给予了教师在教材的使用、教学方法的选择、教研活动的组织安排、教学资源的利用等方面的决策权,同时,还给予了教师专业发展的自主权,激发了他们的工作积极性。

（四）评价的基本流程,合理使用评价结果

教师评价的基本流程分为:(1)评价的准备阶段。了解评价的需求,明确"为什么"要评价和评价"什么";设计评价方案;学习和宣传动员;组织准备。(2)评价的实施阶段。预评价;正式评价;搜集处理评价的相关信息;撰写评价报告,形成综合评判结果;总结评价工作。(3)评价的反馈阶段。反馈评价结果的方式有很多种,如个别交谈、座谈会、书面报告等。反馈评价结果重在指出教师教育教学中存在的问题,并提出相应的改进意见和建议。此外,评价工作还应当包括对教师的心理调

控以及对评价的再评价等。值得注意的是,任何评价都不是目的,而只是一种促进手段和方法。因此,教师评价的目的不应是对教师过去工作的成败简单考核、鉴定和认可,或把教师分成优、良、合格、不合格几个等级,并以此为依据进行评优评先,而是要为教师提供关于教育教学的信息反馈和专业咨询,帮助教师反思和总结自己在教育教学行为中的优点和不足,分析产生问题的根源,进而改进教育教学行为,促进教师专业发展,最终实现学校整体发展目标。

第一,利用评价结果充分调动教师参与学校各项教育教学及教研活动的积极性,深挖教师专业发展潜能。通过建立教师评价档案,引导教师在工作过程中,不断认识自我,提升自我,以建立其自信,使其体验专业成长带来的快乐。通过定期展示教师阶段性发展取得的成果,引导教师之间相互交流、相互学习、共同提高。通过对教师的综合评判,指出每一位教师的主要特点和特长,以引导教师在今后的教育教学中发挥自身优势,克服不足,明确努力方向,实现专业的进一步发展。

第二,作为教师绩效核算、职称晋升、职位提拔的重要依据。各级各类评优评先,都要以教师的课程教学评价结果为重要参考指标。

第四章

三味课堂:校本课程建设的聚焦

第一节 三味课堂的教学理念建构

我们要在学科教学中培养学生的必备品格、关键能力和价值观念。然而在现实生活中，一些学生的情况却并不一定尽如人意，例如部分学生感觉上课无聊，部分学生有问题却不愿问或不会问。有的学生的知识结构不完整，知识的迁移应用能力较差，高阶思维能力有待提高。所以，我们不得不思考这样一些问题："如何更好地培养人""培养什么样的人"，等等。很显然，课堂作为"为谁培养人""培养什么样的人"的主阵地，是教育理论与教育实践相结合的场所。在新课改背景下，"提升课堂教学的发展性品质，是当前课堂教学改革的根本诉求"[1]。我校以三味课堂改革为抓手，变"教"的课堂为"学"的课堂，变"双基"课堂为"素养"课堂，变"有限"课堂为"无限"课堂，改变了课堂教学生态，发展了学生的核心素养，促进了学生不断成长。

一、三味课堂价值旨归

"课堂研究的多重价值在于实现教育理论创新、推动教育实践变革、促进教育研究者的专业发展等。"[2]我校构建的三味课堂是一种能体现趣味、雅味和品味的课堂形态，它可以有效解决教育理论与课堂实践"脱轨断结"的问题。趣味，即"兴趣、情趣、乐趣"。趣味是指教学在内容与形式上有意义，能激学为趣，趣味能让学生乐学。趣味要求教师基于教学目标和学生需求，在教学预设和教学实施时，在教学内容和教学形式的选择与使用上体现出趣味性，以激发学生的学习兴趣，调动学生的学习积极性。雅味，即"雅情、雅美、雅誉"，雅味能让学生怡情。雅情是指通过课堂教学的情境性使师生生成的共情性。雅美重视课堂教学的艺术性与审美性，体现学生的学习状态和学习需求，注重学生学习过程的整体之美、体验和探究之美。品味，即"品格、品质、品位"，品味能助学生善思。品格是指课堂教学中教师对课堂生态的一种教学效果的追求，它体现了三味课堂教学的基本内涵。品质指师生追求课堂教学的质量与效益，即教与学均不虚度光阴。品位指师生在知识生成和转换中不局限于书本知识，也不局限于知识的表面，而是探究知识生成背后的原因，并进行对比，反复"品玩"。这样既能帮助学生提高知识技能，收获情感体验，发展学科素养，又能让学生收获知识，得到成长，实现学科特有的育人价值。

---

[1] 郭元祥,伍远岳.学习的实践属性及其意义向度[J].教育研究.2016(02):102.
[2] 王鉴.课堂研究:破解教育理论与实践关系困境的突破口[J].教育科学.2021(02):1.

趣味让学生乐学,雅味让学生怡情,品味助学生善思。三味课堂的教学理念运用让课堂在活泼中求趣,在朴实中求雅,在高效中求品。三味课堂的最终目标是让学生愿学、乐学、学会、会学。

案例4-1 《穿井得一人》教学设计

【教学背景】

部编版语文教材对学生的自主学习能力提出了更高的要求。结合我区"二期"课改的要求,设计了本课例。

【课时安排】1课时。

【教学目标】

(一)知识与能力目标

1.积累基本的文言实词,培养文言文阅读能力。

2.能够清楚地用白话文简述文章的主要内容。

(二)过程与方法目标

1.朗读课文,疏通文义,讲述故事。

2.多角度探究本文的寓意,拓展思维。

(三)情感态度与价值观目标

1.激发学生对我国古代文学的阅读兴趣。

2.从古代文化中汲取知识与经验,指导生活。

【教学重难点】

1.积累常用的文言实词,疏通文义。

2.拓展思维,多角度探究文本寓意。

【教学过程】

一、导入新课

师:中国文化博大精深,早在千百年前,先贤们就创作出了一些很有教育意义的小故事。今天,就让我们一起走进《吕氏春秋》中的《穿井得一人》。

二、初读课文

(屏幕展示阅读要求)

1.读准字音。

2.读对节奏。

(学生没读好的地方,教师给予指导)

三、理解字词,疏通文义

1.提问:

师:在预习的过程中,你遇到了哪些困难,有哪些不能理解的字词或句子?

生:穿、溉汲、居外、及、其、闻(一词多义,词类活用)、国人(古今异义)、道、对、使、若此、不若……

(针对疑难句,学生间交流互助,师答疑。明确重点字词,生回答,师订正)

2.疏通文义,让学生自主翻译全文。

四、有感情地讲故事

1.小组交流。

2.教师引导学生对文中不同人物的神态、语气等做出合理想象,再通过学生的表述,再现故事的发展过程。

3.师生共同根据译文讲故事。

4.教师针对关键词句进行重点讲解,引导学生朗读原文,让其体会文言文的音韵节奏之美。

(让学生有感情地齐读课文)

五、探究寓意

师:作者想要告诉我们什么道理?

师:你是从哪里看出作者想告诉我们这个道理的?(抓原文的关键语句)他否定、批评了什么样的人和行为?

师:除此之外,你还能从中得到什么启示?

(学生思考后自由发言,培养学生的发散性思维)

(教师可补充丁氏、宋君眼中的文意)

(避免歧义。举例:没有语言环境时,如何解读"穿井得一人"?)

生:遇事调查研究,去伪存真。

师:在生活中,你遇到过这样的事情吗?学了本文后,你认为遇到这样的事情,你会怎么做?

师：现代信息技术发达，信息传播迅速、便捷，我们应该怎样看待那些"特别"的信息？

师：小结。遇事应该进行多角度的思考。

六、语文知识积累

师：这则故事带给我们很多启示，像这样通过一个浅显易懂的故事寄寓深刻道理的文章有很多，你以前学过这样的文章吗？用假托的故事或自然物的拟人手法来说明某个道理或教训的文学作品，叫作寓言。

师：看教材，你会发现本文出自《吕氏春秋·慎行论·察传》。"慎行论·察传"，顾名思义，它指导我们应该行事严谨慎重，遇事详察。

师：古代的经典文学作品在今天依然闪烁着智慧的光芒，有极高的价值，值得我们多阅读，多积累。

(推荐《吕氏春秋》中的相关寓言篇目，看文言版本。

推荐阅读《引婴投江》《刻舟求剑》《掩耳盗铃》。

推荐阅读《战国策》中有关"三人成虎""曾参杀人"的故事)

七、板书

趣说，"吾穿井得一人"。

误传，"丁氏穿井得一人"。

真相，"得一人之使"。

八、教学反思

《穿井得一人》是《义务教育教科书语文·七年级·上册》(部编版)第六单元最后一课《寓言四则》中的第三则。本单元是以想象为主题的单元，包含了童话、诗歌、神话和寓言等，各篇(首)文章(诗歌)均能引人遐思，给人启迪。《穿井得一人》是一篇寓言故事，全篇文字展现了寓言的讽喻特色，在如今这个自媒体时代，它仍然有着积极的现实意义。正是由于网络的便利，信息传播的便捷、快速，对于"传闻"，我们更应该引导学生以审慎的态度进行分析、甄别，不轻易相信"传闻"，也不轻易传播未经证实的"传闻"。《穿井得一人》虽然是一篇文言文，但其翻译难度不大，故而我并未将该文的翻译作为本次教学的重难点，只是让学生结合课文下面的注释自主翻译，以锻炼学生理解这类浅显易懂的文言文的能力。

结合自己当初设置的教学目标以及本节课的教学效果，我对本节课的教学反思如下：

(一)反思成功之举

这节课整个教学过程中的每一项教学活动基本上都达到了预定的教学目标。

首先,熟读全文,借助注释,通过小组讨论疏通文义。同学们以小组为单位,一人翻译一句,没分配到任务的同学则负责帮全组查漏补缺。经过一番自主学习和小组交流后,分到任务的同学都说出了自己的翻译结果,没分到任务的同学也做了相应的补充。我在同学们讨论的时候曾注意到,几乎每一位同学都是用"读原文—看注释—读原文—翻译"的方式口头翻译出了句子的意思,虽然极少数同学仍依赖参考书,但是在我提醒后他们也都能将参考书收起来,自己想办法翻译句子。小组成员之间也会相互提醒翻译时需要注意的地方,指出组员翻译中的不足之处。这种一人一句的翻译方式,非常适用于翻译这类短小、易懂的文言文。它既能调动学生的学习兴趣,又能充分发挥学生的主观能动性,培养学生的合作意识,提高教学效率。

其次,找出谣言愈传愈广、愈传愈夸张的原因,找到避免道听途说的办法。这个教学目标是在我的引导之下,由学生自己完成的。整节课,成功的是我的引导,略显不足的是我预设的教学活动没能有效打开学生的思维(具体原因见"反思遗憾之处"的分析)。我的课堂教学的一大特色在于语言富有感染力,能用富有感情的语言再现课文中的场景,给学生以身临其境之感。这种做法的优势是能帮助学生快速进入情景,进而深度挖掘文本背后的意义,弱点是这种经过我"加工"后的文本带有强烈的个人主观情感,在一定程度上会影响学生的判断。当然,就本课而言,这种做法是可取的,但是在其他课文的教学中,这种教法应有选择地使用。

临时应变措施:学生朗读一字一拖,我用一句"咱们是中学生,要有中学生的样子,说话要干脆、有力,希望大家在接下来的朗读中表现得更好"巧妙地将这一尴尬化解。面对学生积极举手但站起来却突然卡壳的情况,我安慰道:"灵感是稍纵即逝的,看来你没抓稳,下次咱把它抓稳了再举手。"班上有一位从未举手回答问题的同学被同桌的女生嘲笑(课前了解到的),我与他约定:今天的课怎么着都得举一次手,答一道题,让他们看看!于是,在课堂上我格外留心这位同学的一举一动,发现他有举手的意愿就立即将他叫起来,并在他答完之后大大地表扬了一番。下课后,他跑来跟我说:"举手其实也没那么可怕,以后我会多多举手的!"这让我很欣慰,也很有成就感。

(二)反思遗憾之处

在本次教学活动中,学生非常配合,教学目标基本达到,但是由于设计时考虑不周,故而也出现了许多遗憾之处。

一是课堂朗读环节没有实际意义。课堂朗读仅仅是走了一个过场。

二是对《吕氏春秋》的介绍太笼统,重点不突出。无须向学生过多介绍《吕氏春秋》有几卷、几章,而是应该对本文出处《吕氏春秋·慎行论·察传》中"慎行论""察传"多做解释,为学生以后学习相关作品做铺垫。

三是在合作探究环节,原计划是让学生绘声绘色地复述本则寓言故事,但是在任务传达时我灵光一现,将其改为表演本故事,使得大部分学生在未细致揣摩人物心理,描摹人物神态,了解人物动作的前提下进行了故事演出,结果可想而知。这还导致"让大多数同学通过观看五个同学表演的《穿井得一人》找出谣言传出并愈传愈广的原因"这一预设目标未能达到。虽然后来在我的引导下,学生也找出了谣言愈传愈广、愈传愈夸张的原因,但是这并不能遮掩合作探究环节设计的失败。在今后的教学活动中,我应该严格按照自己的教学设计开展教学活动,因为在设计之初我考虑得更为全面,课堂上灵光一现的举动大多是没有经过详细考虑的,其后果是不可预测的。

四是语速过快,很多话是脱口而出的,并未经过深思熟虑,因此出现了一些语言方面的瑕疵。例如,在引导学生想象谣言是如何传播的那一部分时,误将"国君"说为"皇帝"。而春秋战国时期是没有"皇帝"的,在我的错误引导之下,学生们也都犯了同样的常识性错误。在以后的教学活动中,我应该控制好语速,说话做事之前应多思、多想。

(三)反思学生见解

当堂训练环节设计的本意是让学生联系生活实际,找到实际生活中类似问题的解决办法,以升华本则寓言在当今社会的现实意义。但是学生在看完相关的视频后,虽有很多感触,却不知如何来说。这是作为教师的我引导不够造成的。我的提问还是太广泛了,从而使学生"无从下手"。同时,我还忽略了作为七年级的学生,他们的生活阅历其实并不多,关于谣言,他们接触得并不多,在很多时候,他们甚至不知道自己就是"谣言"(这里指不当的传话等)的制造者和传播者。我应该先充分引导学生明确什么是谣言,哪些行为是在造谣、传谣,再提出相关问题引发学生思考,这样才能达到预期效果。

(四)吃透教材内容

《穿井得一人》一文虽然短小,但是我应该对文中的每个字、每句话都做好深入剖析。

在有感情地讲故事环节,我发现若在此处引导学生去细致观察丁氏、"闻而传之者"等人的神态、动作,更能帮助学生深入了解人物心理。

总之,在今后的教学活动中,我需要更加谨慎,特别是注意自己的教学语言。同时,在教学设计中应该更多地结合学生的实际情况进行教学活动设计,争取让每一个环节都能达到预设效果。

(刁诗意)

二、"三步六环节"课堂教学模式

根据三味课堂的特点,我校设计了"三步六环节"课堂教学模式。"三步六环节"课堂教学模式的具体步骤包括:第一步:自学体验。第1环节:激情导入,明确目标。第2环节:自主学习,小组交流。第二步:快乐展示。第3环节:小组提炼,班级展示。第4环节:辩论质疑,引导点拨。第三步:反馈提升。第5环节:归纳总结,测评反馈。第6环节:拓展延伸,布置作业。

案例4-2《金色花》教学设计

【教学方法】

朗读法、合作探究法、教师点拨法。

【教具】

多媒体课件、朗读配乐、各种颜色的小卡片等。

【课时安排】

1课时。

【学习目标】

(一)知识与能力目标

1.识记、理解重点字词。

2.理解诗歌内容,把握诗歌的感情基调,能有感情地朗读课文。

(二)过程与方法目标

1.通过自读探究、合作研讨理解诗歌内容,体会其中感情。

2.通过揣摩重点词句,品味诗歌的语言美、情感美。

(三)情感态度价值观目标

1.唤起学生对母亲的爱与感恩之情。

2.感悟童心的纯洁与美好。

【教学重点】

理解诗歌内容,能有感情地朗读课文。

【教学难点】

通过朗读,体悟母亲的付出,孩子心愿的圣洁美好。

【教学过程】

第一步:自学体验。

第1环节:激情导入,明确目标。(展示一张反映母女亲密关系的图片/播放歌曲《世上只有妈妈好》)

师:同学们,你们能说出刚才听到的那首熟悉的歌的歌名吗?(生:《世上只有妈妈好》。)对,就是《世上只有妈妈好》。进入初一的我们对"世上只有妈妈好"有特别的感受吗?课业负担加重了,睡眠时间严重不足……是妈妈一直陪伴着我们。平日里,妈妈都为我们做了些什么,大家还记得吗?

(学生回忆发言。把学生带进感恩的氛围中)

师:原来大家把妈妈对自己的好都默默地记在心里了!今天,老师给同学们提供一个大声吐露对妈妈的爱的机会。接下来,请同学们看屏幕。

"妈妈,

您每天为我烧的午餐,我记得;

您每夜给我盖过背角,我记得;

您每时每刻都不忘为我创造幸福,

这些,我都记得……

妈妈,谢谢您!"

师:让我们一起饱含深情地朗读这段话,感谢妈妈平日里对我们无私的付出。

(学生深情朗读)

过渡:怎么感谢妈妈呢?印度有一个小孩用自己独特的方式表达了对妈妈的爱。哪里独特?学完《金色花》,大家就知道了。

(展示课题)

第2环节:自主学习,小组交流。

(简要介绍作者及其代表诗句)

泰戈尔,印度诗人、作家。获1913年诺贝尔文学奖。他的许多诗句富含哲理,深受人们喜爱。

(学生展示收集到的泰戈尔的诗句,老师选择有代表性的诗句进行展示)

代表诗句:

(1)天空没有翅膀的痕迹,而我已飞过。

(2)如果错过了太阳时你流泪了,那么你也要错过群星了。

(学生齐读,品味诗句)

(设计意图:通过了解诗人相关信息特别是对其代表诗句的朗读,导入本课的学习。这样做既能丰富学生的知识,又能让学生通过对其代表诗句的朗读感悟作者诗歌的语言魅力,提高他们学习本文的积极性)

第二步:快乐展示。

1.学生大声地朗读课文,熟悉诗歌内容,体会诗歌情感。

2.思考:《金色花》主要写了些什么?从中,你体会到了作者怎样的情感?

学习方法:朗读结束,先小组内部交流,再派小组代表发言。

明确:课文写了一个孩子把自己想象成一朵金色花为妈妈做事的几个片段,展示了孩子对妈妈的爱。

第3环节:小组提炼,班级展示。

1.注意几个字的读音。

匿笑 nì 嗅 xiù

2.小组合作探究:你觉得以下几个句子用什么语气来读最好?

(1)孩子,你在哪里呀?(着急、关爱)

(2)你到哪里去了,你这坏孩子?(欣喜、嗔怪)

(3)我不告诉你,妈妈。(顽皮、撒娇)

3.就怎么读这个问题应根据文章内容要表达的感情来决定。(学生发言)

第4环节:辩论质疑,引导点拨。

1.再次速读课文,小组交流讨论以下问题。(多媒体展示问题)

(1)"我"变成金色花后,为妈妈做了哪些事?

(2)"我"变成金色花为妈妈做事,为什么不愿让妈妈知道?

(3)作者为什么要把孩子想象成一朵金色花?

学生组内交流,教师巡视点拨,最后全班交流。

2.教师引领学生思考以下问题或结论。

(1)"我"变成金色花后,做的事有:①看着你工作;②让你嗅到花香;③将我小小的影子投在你的书页上,投在你所读的地方。

(2)孩子不图妈妈夸奖,但求妈妈生活得更加幸福,所以他只是撒娇,就是瞒着妈妈。

(3)我们中国喜欢用花朵比喻儿童,印度也一样。泰戈尔把儿童想象成一朵金色花,他赞美孩子心愿的单纯美好。泰戈尔的想象实在新奇而美妙。

第三步:反馈提升。

第5环节:归纳总结,测评反馈。

师:如果你可以变成你想要变的任何一样东西,去感恩父母,那么你想变成什么呢?请按照下面的句式,借助具体的形象来抒发你对母亲的爱。

妈妈,假如我变成……,当你……的时候,我……

妈妈,假如我变成……,当你……的时候,我……

妈妈,假如我变成……,当你……的时候,我……

(学生写作)

(小组交流,创作小诗)

推举代表朗读小诗,并派代表说明推荐理由。

请学生点评。

第6环节:拓展延伸,布置作业。

师:请大家把刚才写的小诗抄写在小卡片上,回家后送给你们亲爱的妈妈,作为寒冷冬日来临时的一份礼物,让她感受一下你对她的爱。

本堂课即将结束,但我想和大家用一生来回味以下一句话:

有一份爱一生一世不求回报,那是母爱;有一个人一生一世值得你爱,那是母亲!

下面就让我们用热烈的掌声来感谢我们亲爱的母亲吧!

课外选读1—2篇泰戈尔的诗歌,体会泰戈尔诗歌的美。

板书设计：

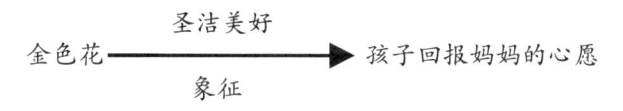

金色花

泰戈尔

金色花 —— 圣洁美好 / 象征 → 孩子回报妈妈的心愿

（杨万霞）

三、三味课堂的教育哲学

（一）以人为本

教育是一种培养人的活动，"'以学生为本'就是要把学生特别是学生的发展作为教育活动的本体，一切教育活动都要从学生的发展出发。这是'以学生为本'教育理念的逻辑起点"[1]。郭思乐教授认为生本教育的价值观是一切为了学生，伦理观是高度尊重学生，行为观是全面依靠学生。[2]"以学生为本，简而言之，就是以学生的成长成人为本，也就是说在处理学生与学校的关系上，要明确学生在学校存在和发展中的主体性地位，关注学生的权利、尊重学生的人格、注重学生个性的发展和潜能的开发，以促进学生自由而全面地发展。"[3]"以人为本"要把学生看成学校生存之本，要把促进学生发展看成学校发展之本，要把一切为了学生，为了一切学生，为了学生的一切"作为推动学校各项工作改革的动力之本"[4]。教育的出发点是人，教育的归宿也是人。

"以人为本"的教育理念强调促进学生的发展，这里的发展是指马克思主义所提到的全面发展，它包括三层意思：其一是人的体力和智力都得到充分的发展和运用，其他方面的能力在此基础上也得到充分发展和运用；其二是人的体力和智力在充分发展的基础上结合起来，统一起来；其三是人的各方面能力的发展逐步向熟练地掌握和运用一切自然和社会发展规律方向前进，最终使人成为自由王国里的公民。[5]如果说让学生得到全面发展是"以人为本"在质上的要求，那么让全体学生都

---

[1] 余新,李宝荣.以学生为本的教学设计(初中卷)[M].北京:教育科学出版社,2019:9.
[2] 郭思乐.教育走向生本[M].北京:人民教育出版社,2001:35-72.
[3] 何祥林,林更茂.坚持以学生为本 培养高素质人才[J].华中师范大学学报(人文社会科学版),2004(02):76.
[4] 董泽芳."以生为本"是大学办学的第一理念[J].中国高等教育,2002(12):30.
[5] 施璐,马晓蓉,王靖晶.教育学[M].北京:北京工业大学出版社,2017:44.

得到发展则是其在量上的要求。现代教育的一个重要特征是民主化,教育的外部民主主要体现在教育的普及,教育的内部民主主要表现为让全体学生都得到发展。让班里的每一个孩子都得到重视,让孩子都能感受到"爱",让全体学生得到成长和发展是实现教育公平的要求,也是"以人为本"的基本内涵。这就要求学校在教育资源分配上做到公平公正。

"以人为本"就是要充分体现学生的主体地位和中心位置。"以学生为中心的思想古已有之,近代意义上的以学生为中心的教育,始于20世纪初的美国,是建立在以杜威等为代表的教育哲学思想基础之上。首次明确提出'以学生为中心'这一观点的是著名的心理学家罗杰斯。罗杰斯的以学生为中心理论,嫁接于其在心理治疗过程中提出的'以病人为中心'的心理治疗理论,是从心理学角度来解构整个教学过程,坚信个体具有自我理解的巨大潜能,教学就是提供相应条件促使学生个体潜能和人格充分发展的过程。罗杰斯将心理治疗中的'非指导性治疗'应用于教学实践,提出了'非指导性教学',后改为'以学生为中心的教学'。"[1]

"以人为本"的教育理念强调尊重学生的个性,充分开发学生的各种潜能,使学生获得有个性、有特色的发展。让学生实现可持续发展是实现"以人为本"的终极目标,这一目标的实现应做到:第一,培养学生的适应性发展能力,以适应当前和未来社会的各种变化。第二,激发学生的发展潜能,使学生的潜能得到不断地、最大限度地发展,从而不断完善自我。第三,协调学生各方面的发展。学生的发展应实现其与周围环境以及自身内部的协调,如生理与心理的协调、理想人格与现实人格的协调等。

"以人为本"的教育应该重视教育理念上的"以人为本",以及教育实践上的"以人为本"。教育理念上的"以人为本"要求我们在头脑中真正树立起受教育者之主体地位的意识,尊重受教育者的人格。也就是说,不能再把受教育者当作"工具",或像对待"物"那样对受教育者进行改造、加工和训练。教育实践上的"以人为本"则要求整个教育活动都要以对"人"的方式来进行设计。无论教育内容、教育方法,还是师生关系,都应该自觉地渗透一种对"人"的关注意识。这种关注意识对于"教育"是极其重要的。因为,从根本上说,没有这种关注,教育就不能称其为教育。只有在人文关怀充盈的地方,才能生长出健康的人,培养出自尊的人格。而在"非人性"教育的沙漠中,我们收获到的只能是病态孱弱的人和冷漠的人格。由于教师观

---

[1] 俞佳君.以学习为中心的大学教学评价研究[M].武汉:华中师范大学出版社,2019:43.

念上的变化,我们在课堂上所创设的教学环境更富有人文关怀,比如更关注是不是有利于学生身心健康？学生的人格是否受到尊重？是不是为每一个学生都提供了平等参与的机会？学生参加学习活动的方式是单一还是多样？等等。

"以人为本"在体现学生的主体地位的同时,也应充分发挥教师的主导作用,"以人为本"与充分发挥教师的主导作用不是矛盾对立的,而是和谐统一的,可以说发挥教师主导作用是"以人为本"的必要条件。钟启泉教授说:"教育改革的核心在于课程改革,课程改革的核心在于课堂改革,课堂改革的核心在于教师的专业发展。""以人为本"强调教师也应与学生一样综合、全面、协调发展,这样的教师才能成为学生的表率,起到示范带头作用,引领学生发展,助力课程改革走向成功。学校在提升"以人为本"的教师素养时,一方面要积极创新对教师的培训模式,构建新型教师学习共同体,另一方面要给予青年教师自我展示的机会,鼓励他们开展教学创新实践活动。让学生在潜移默化的受教育过程中爱上学习、热爱生活,让教师更加热爱自己的工作,对学校有归属感,是一所学校"以人为本"教育成功的关键。

(二)学生中心

在传统课堂中,教师与知识是直接联系的,学生与知识的联系是由教师建立起来的。在传统课堂里,学生会更多地与学习内容、学习方式直接发生联系,从而降低了教师"教"的功能。

学生在课堂中收获的不仅是知识,还有过程的体验、参与的感受和情感、价值观的塑造及升华。课堂并不是完全根据学生的思想展开,而是师生围绕共同确立的学习目标,通过师生的广泛参与、积极思考、主动迁移,逐步达成的,它是能够让学生体验到成功的活动形式。以人为中心的课堂重视学生的学,也重视教师的教。它侧重关注教师怎么教、教什么和为什么这样教;关注教的技术、教的价值;关注教学目标设置的合理性、教学目标达成过程的合理性;也关注考试成绩,但成绩的获得必须成为学生进一步发展的基础,它要能增强学生学习的意愿,提升学生学习的能力,促进学生情感态度的发展,及其价值观的升华。从以成绩为中心转变成以"人"为中心,课堂关注点发生了根本性变化,这是教学的重大革新,是课堂人际的重新调整。

学生是课堂的主体。综观课改后的教学目标，普遍把课堂主体换成了学生。但是还有很多的教学目标在本质上是"教师心中的目标"，即教师按照自己设定的目标组织教学，学生多是被动地参与。要想把学生培养成为课堂上的主动学习者，教学目标必须透明化，学生必须知晓"要从教学活动中获得什么，学习重点是什么"，这样才能激发学生的学习积极性，提高其学习效率。要实现从"教学目标"向"学习目标"的转化，首先，教师应该能依据学生的年龄特点、学业水平等对教学目标进行解读，这种解读的目的是将"教学目标"变成可分解、可具体测量的"学习目标"。其次，就是让学生参与制订教学目标，因为学生才是完成教学目标的主体。如果在教学目标制订的过程中，学生也参与其中，且由学生自己决定"学什么，哪些是重点、难点，怎么学，花多长时间学"，那么这样的教学目标便是在教师指导下学生愿意达成的"目标"。最后，师生互动生成目标，教师制订的目标学生不易懂，学生制订目标时又把握不准方向或表述不当，所以目标的制订不该是教师或学生唱"独角戏"，应该是师生共同参与的"协奏曲"。制订目标的过程，也是为课堂量身定制学习方案的过程，制订和达成目标的过程将充分展现以学习为中心的课堂的两个基本特征，即生成新的知识和新的问题，培养学生的质疑能力和批判精神，以及激发学生兴趣，深层挖掘学生的智慧，释放学生情感。

（三）思是关键

教师以传授知识为目标，这忽视了学生能力的培养，会导致学生完全依赖教师，不愿、不会思考。教师的绝对权威及其一味地追求标准答案的做法会使学生完全服从教师和课本，学生不敢、不会思考。长期的死记硬背和机械训练会使学生只知照抄照搬，不会独立思考。片面追求分数和升学率，会不断加重学生课业负担，学习容量超负荷了，学生就没有了独立思考的时间。在课堂中，完全按预设去"表演"，学生便会失去独立思考的机会。追求形式上的活跃，会忽视学生实质上的提高，教师便会陷入"非此即彼的怪圈"，即形式上虽然增加了学生活动样式，如变换花样地去激发学生学习兴趣，频繁地安排学生进行表演、对话与小组合作，过多地运用多媒体技术等，却使他们眼花缭乱，剥夺了本该属于他们的思考机会。

然而培养学生勤思的习惯，培养他们批判性的思维能力十分重要。在西方国家，很早以前的教育工作者就把培养人的独立思考能力放在教育的首要位置了，他们认为学校教育是教人思考的教育。同时，他们认为判断学生好坏的标准，是看其是否具备良好的独立思考能力,而不单是看其掌握教师所传授知识的多少,考分的高低。在美国,人们不仅把"会思考"当作合格公民的最基本素质之一,还明确要求公民应学会"清醒地思考",做"善于思考的人"。世界著名的英国伊顿公学积极倡导学生独立思考,养成学习、研究的良好习惯。它还把课堂教学的重点放在学生的研究和独立思考上。它恰当地处理了讨论、研究和独立思考的关系,突出了在课堂教学中学生独立思考的地位。这一教学理念使伊顿公学培养出了数以万计的优秀人才,因此它被誉为"精英摇篮"。科林·卢卡斯认为,教育最重要的是培养学生的独立思考能力,如果只是机械地将教师教授的内容记忆下来,那不是真正的好学生。

我国古代伟大的教育家大都强调学习者必须注意学与思的统一。如孔子认为"学而不思则罔,思而不学则殆";孟子主张"自求自得",即强调学生在学习时要独立思考;宋代晁说之认为,"为学之道,必本于思,思则得之,不思则不得也""不深思而得者,其得易失",则更加突出了思考在学习中的地位。学生在学习中如果长期处于被动地位又不独立思考,那么必致其心中无所得。

就培养学生独立思考而言,我国古代伟大的教育家与国外学者的教育思想是一致的,他们都认为应重视培养学生的独立思考能力。中小学教师在教学中更要关注学生自觉学习、独立思考习惯的养成。

教育者的使命不仅是授业、解惑,还要传道。不教给学生解惑的思维方法,不培养其独立思考能力,学生就不会有见地、见解和主见,就不会发现问题、提出问题,做出正确的判断和决定,就不知道该如何去解决问题和怎样做才是最好的。所以,教学必须从教人学知识向教人学会思考转变,帮助学生由知之较少到知之较多,由社会经验不足到社会经验丰富,最终促成学生不依赖教师,学会学习,学会判断,学会选择,学会行动。蔡元培先生说:"教育者,养成人格之事业也。使仅仅为灌输知识、练习技能之作用,而不贯之以理想,则是机械之教育,非所以施于人类也。"对学生"独立不拘之精神"的培养,是教育者实施教育教学的核心之目的。

学生要把思想统一到"学思统一"的思想上来。学思统一,即学中有思,思中有学,边学边思,边思边学,学思结合,相得益彰。教师要千方百计给学生创造独立思考的环境,营造独立思考的氛围,留足独立思考的时间,给予学生独立思考的权利,引导学生养成独立思考的习惯,鼓励学生树立独立思考的信心,教会学生独立思考。"顺应孩子的自然天性,他的特长和优势就能充分地发展。"[①]培养学生独立思考能力可从以下几方面着手。

首先,激发思考的欲望。为了改变学生不愿思考的习惯,应把"突破口"选在引导和鼓励学生"提问题"上,努力培养学生的"问题意识",激发其思考的欲望,形成一种处处遇问题,时时想问题,人人提问题的生动、活泼、主动的学习氛围。要通过适时的总结,给学生以积极引导和鼓励。充分考虑学生之间的差别,有针对性地培养学生提问题的能力。

其次,创造思考的环境。教师要与学生进行平等的对话和交流。这种对话和交流的前提是要相信和尊重每一个学生,看到他们每一个人身上的闪光点。教师要善于发现学生思考的"激发点",并及时地给予触发。学生回答问题出错误是点燃他思考的大好时机,决不能轻易错过。教师要鼓励学生敢于向权威挑战,培养其勇于探索的开拓精神。教师还应为学生多搭建合作学习和思维碰撞的平台。一个学习气氛浓厚,经常发生思维碰撞的环境,可以大大促进每一个学生独立思考的广度、深度和效度。

再次,掌握科学的思考方法。教师要在学生学习的过程中,引导他们学会思考,掌握科学的思考方法。对此,教师要揭示思考问题的思路,要结合教学内容有效地训练学生,让其掌握科学的思考方法。学生的思考品质主要包括思考的深刻性品质、思考的逻辑性品质、思考的灵活性品质、思考的批判性品质、思考的敏捷性品质、思考的独创性品质等。如何结合教学内容,因材施教,不断地提升学生的思考品质呢?归纳起来,就是"讲授、训练、运用",具体地说,就是教师要结合教学内容并根据学生的接受能力讲授必要的知识和方法,让学生在理解的基础上进行操作,在实际运用中提升学生的思考品质。

最后,为学生提供充分思考的时间和空间。教师应在教学中树立三个意识:一是尊重学生的意识。教师应充分尊重学生的学习自主权和独立思考权,把思考的时间和空间还给学生,帮助他们尽快掌握自主、合作、探究的学习方式。二是有效教学意识。苏霍姆林斯基指出:"学生的学习日被各种学校功课塞得越满,给他留下的供他思考与学习直接有关的东西的时间越少,那么他负担过重、学业落后的可能性就越大。"教师要根据教学目标和学生实际,精心设计好每一堂课,利用好每一分钟,努力提高学生思考的品质,实施有效教学。同时一定要相信,如果学生的

[①] 顾明远.又该呐喊"救救孩子"了[J].中国教育学刊,2005(09):2.

独立思考能力提高了,学生的综合素质就会提高。三是引而不发意识。在课改中,教师的作用自不待言,应充分发挥其激励、引导、解惑的作用,当好学生的引路人。但教师决不能代替学生去思考,要把教师作用的发挥限定在必要的范围内,尽量让学生通过独立思考去解决问题。这就能把更多的时间和空间还给学生了。

此外,为培养学生独立思考能力,教师需要懂得"留白"。课堂节奏快、容量满会挤占学生独立思考的时间,教师不妨借鉴一下绘画中"留白"的艺术。比如,教师提问后,要留给学生一点儿时间,让他们有时间去思考。设置问题时,让封闭式问题少一点儿,开放式问题多一点儿,留一点儿内容的"白",给学生思考空间。培养学生独立思考能力,教师需要"容错"。有时候,学生真正的独立思考是发生在他们犯错以后,这时学生的自我反思是一种具有批判性的独立思考,它胜过一般性的思考。因此,教师要能够心平气和地接受学生的错误,甚至主动给他们提供"试错"的机会,这将有可能得到意想不到的提升学生独立思考能力的效果。

四、三味课堂的逻辑样态

三味课堂最终要实现学生综合素养的全面提高,为此,我校基于如下行动框架去实现它。(图4-1)

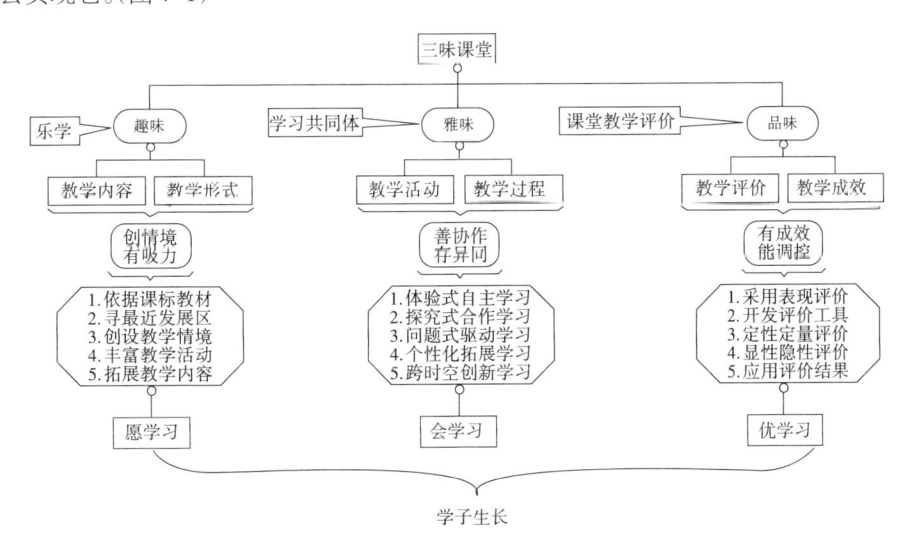

图4-1 三味课堂行动框架

首先是"趣味"行动。孔子曰："知之者不如好之者,好之者不如乐之者。"它阐述了学习的三重境界："知之""好之""乐之"。其中,"乐之"是学习的最高境界,这要求促进学生的内在学习动机产生,使其产生学习内驱力。三味课堂的"趣味"要求教学内容有趣,教学形式丰富、有变化,符合孩子的年龄特点,能让孩子在快乐的状态下高效地学习,以学习为乐。我校主要采用一些教学策略实现趣味教学,如"依据课标教材、寻最近发展区、创设教学情境、丰富教学活动、拓展教学内容"。这些教学策略要求教师在教学预设和教学实施时,展现教学内容的趣味性和教学形式的丰富性,以充分调动学生的学习积极性,让课堂具有趣味性、启发性、挑战性。

其次是"雅味"行动。三味课堂的"雅味"追求源于学习共同体理论,体现在交互式和协作式的学习共同体构建上,它强调在学习过程中应以交互式和协作式的学习观为指导,通过人际沟通、交流和分享各种学习资源、信息使学生相互影响、相互促进。我校主要通过智慧课堂中的"体验式自主学习、探究式合作学习、问题式驱动学习、个性化拓展学习、跨时空创新学习"来实现"雅味"这一目标。基于智慧课堂的教学策略实施时教师应注重学生的学习状况和学习需求,在教学过程中激发学生学习的自主性、体验性、探究性,让学生用科学有效的学习方法,在蕴含尊重、和谐、进步、自主、协作的主动学习氛围中学习。

最后是"品味"行动。在"教—学—评"一致性的追求下,三味课堂的"品味"追求致力于对评价的研究,以评价促进科学、"生本"、愉悦、高效的课堂生态的形成。课堂教学评价专指对在课堂教学实施过程中出现的客体对象进行的评价活动,其评价范围包括教与学两个方面,其价值在于促进学生成长、教师专业发展和提高课堂教学质量。我校主要通过优质课和示范课的"研磨",通过"采用表现评价、开发评价工具、定性定量评价、显性隐性评价、应用评价结果"等策略实现"品味"追求。通过有效的评价,促进学生提高知识技能、收获情感体验、发展学科素养,使教师获得专业发展,使课堂教学质量得以提高。

第二节 三味课堂实践路径

一、深度学习

(一)深度学习概念

1976年,马顿和萨尔乔联名发表了《学习的本质区别:结果和过程》一文,文中他们提出并阐释了深度学习与浅层学习。随后,约翰·比格斯等多位学者对深度学习进行了研究,他们认为:浅层学习是对零散的、无关联的内容不加批判地机械记忆,学习内容脱离生活实际,与学生以往的经验缺乏关联,学不能致用;而深度学习则是对学习内容积极主动的理解、联系和结构的建立、基本原理的追求、相关证据的权衡、批判反思和应用。此外,也有研究者认为深度学习缘起"机器学习"(或"人工智能")研究和教育领域中的学习研究。"机器学习"实质上是对人的意识、思维和信息过程的模拟,是一门人工智能科学,而深度学习是"机器学习"中表征学习方法的一类。在"机器学习"中,深度学习被定义为"一系列试图使用多重非线性变换对数据进行多层抽象的算法"。不过,可以肯定的是教育领域中的深度学习研究的关注点是在学习科学视域下展开的。

到目前为止,学界对深度学习并未形成统一的界定。有学者认为,深度学习是学生为理解学科内容并将知识用于解决课堂和工作中的问题而必须掌握的一系列素养的学习,这些素养主要包括掌握核心学科内容的情况、批判性思考与解决复杂问题的技能、有效沟通的技能、协作的技能、学会学习(能够自我指导地学习)以及形成学科思维模式。2011年,美国卓越教育联盟认为,深度学习是以创新方式向学生传递丰富的核心学习内容,引导学生有效学习并能将其所学付诸应用,强调将标准化测试与掌握沟通、协作、自主学习等能力相连接的一种学习方式。深度学习要培养的是学生了解和掌握学科核心知识的能力、运用这些知识进行批判性思考和解决复杂问题的能力、与同伴顺畅有效地合作的能力、借助适当的媒体进行交流的能力,以及自我指导和反馈的能力。2012年,美国国家研究委员会发布的题为"为了生活和工作的学习:在21世纪发展可迁移的知识与技能"的报告中指出,深度学习是为迁移而学习的过程,它能够让学生将从一个情景中习得的知识应用到其他情景中。深度学习能力主要有三个维度——认知维度、人际交往维度和个人内在维度。其中,认知维度包括掌握学科的核心内容及批判性思维技能,人际交往维度是指养成沟通和交流技能,而个人内在维度则是发展学科思维模式以及学会学习。我国的相关学者认为,深度学习是指在教师引领下,学生围绕具有挑战性的学习主题,全身心地参与、体验成功、获得发展的有意义的学习过程。在这个过程中,学生掌握学科的核心知识,理解学习过程,把握学科核心思想与方法,形成积极的内在的学习动机,逐渐变为既具有独立性、批判性、创造性又有合作精神、基础扎实的优秀学习者。[1]

(二)深度学习理论的实践

在此基础上,我校结合南岸区二期课改项目"深度学习"的相关研究,认为深度学习是以实现学生核心素养发展为目的,以关注学生思维品质为关键点,坚持学生在学习过程中的深度加工,让学习在学生实际活动中真实发生,采用可持续性评价,实现设计、教学和评价的一致性,从而使学生拥有对学习的知识、技能、策略、情感和文化进行迁移的能力。它能使学生成为真正的学习者。深度学习更注重学习者在理解的基础上,批判性地学习新知识和新思想,并将新知识和新思想融入已有的认知结构中,或者在众多的思想中进行联系,将已有的知识迁移到新的情景中去解决新问题。

(三)单元主题式深度学习教学设计

1.基本原则

单元主题式深度学习聚焦于"主题选择、目标确定、活动设计、可持续性发展评价、高阶思维培养"等五个要素,与"教学设计要素概述、学科课程纲要编制、文本再构、思维导图运用、微课运用、作业设计"等六个补充要素相互促进与补充,进而提升教师的专业技能与课堂实施能力,全面提高学生的综合素养。单元主题式深度学习教学设计要遵循三大原则。

---

[1] 刘月霞,郭华.深度学习:走向核心素养(理论普及读本)[M].北京:教育科学出版社,2018.

(1)凸显单元或课时主题原则。

基于主题意义进行探究的课堂就是围绕一定的主题,设计教学的目标、内容与活动的课堂。单元主题式深度学习教学设计是学生在教师的引导下,围绕单元学习主题在创设的情境中进行有意义的学习活动。单元主题式深度学习教学设计应根据主题要求,选用适合的学习资源;立足主题需要,创设联系学生生活的学习情境,将语言情境化,情境生活化;结合主题,选用恰当的学习方式;围绕主题内容,开展多种多样的学习活动。

(2)遵循课堂教学中的"教—学—评"一致性原则。

其中,"教"是指教师帮助学生实现学习目标的指导活动,"学"是指学生为达成学习目标而付出的种种努力,"评"是指教师和学生对学习过程的评价,其关键在于检测学生学习目标的达成情况。参与接受性、体验性、探究性等各种语言实践活动是学生达到深度学习目标的路径。同时,教师应考虑对能否建立这样的活动形式标准提供有效反馈,因为只有有效地监控学生的学习活动过程,评价出教与学的效果,才能促进教师的发展,学生的核心素养的培养,教学质量的提升。很多实践证明,学生学习的重要收获来源于向学生提供有关他们学习的反馈,尤其是当这种反馈包含了可以引导学生学习过程而非最终结果的信息时,反馈就会极大地促进学生学习。

(3)可持续性原则。

詹森等人提出了"深度学习环"[①],深度学习环的七个学习步骤分别是:设计标准与课程、预评估、营造积极的学习文化、预备与激活先期知识、获取新知识、深度加工知识、学习评价。这给教师提供了有序的、分步骤的对学生进行指导时的活动流程,同时,它也让学生能跟随这七个步骤进行更深入、更有意义的学习。在教学中,我们要始终把语言学习和思维活动相结合,特别是在"深度加工知识"这一步。判断是深度学习还是浅层学习,就看活动的开展是否促进了学生高阶思维的发展。单元主题式深度学习的活动评价突出的是对学生的可持续性评价,这不仅仅是对学生的学习活动结果的评价,还注重其学习活动过程的完成和学习品质的形成。我校设计了单元主题式深度学习教学设计框架,如图4-2所示。

---

① 詹森,尼克尔森.深度学习的7种有力策略[M].温暖,译.上海:华东师范大学出版社,2010.

```
                    单元主题式深度学习
                       教学设计
                    ┌──────┴──────┐
                单元教学设计      课时教学设计
```

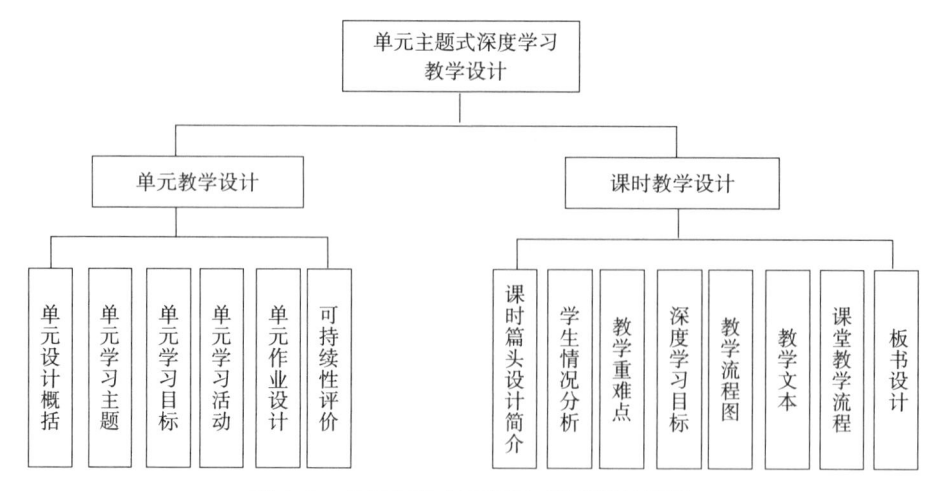

图4-2　单元主题式深度学习教学设计框架

单元教学设计分支：单元设计概括、单元学习主题、单元学习目标、单元学习活动、单元作业设计、可持续性评价

课时教学设计分支：课时篇头设计简介、学生情况分析、教学重难点、深度学习目标、教学流程图、教学文本、课堂教学流程、板书设计

2.单元主题式深度学习课堂实践

案例4-3　单元主题式深度学习课堂实践案例

我们在单元主题式深度学习课堂实践中选取了人教版《英语》(七年级下册) Unit3 *How do you get to school?* Section B部分的一节阅读课作为研究案例。研修小组成员在课前集体深度备课,共同确立了本单元的主题为"*Different Transportations around us*",将本课时的主题确定为"*Transportations in the village*"。课前,研修小组成员对本课时的文本进行了解读与分析。(表4-1)

表 4-1　文本解读与分析

Topic(话题):Transportations		
文本整体结构,通过问题和对比引出主题,并分析原因—举个实例加以说明—最后的问题首尾呼应,引发读者思考和情感共鸣		
文本段落结构分析		
1.1.1 How do you get to school? 1.1.2 Do you walk or ride a bike? 1.1.3 Do you go by bus or by train? 1.2.1 For many students,it is easy to get to school. 1.2.2 But for the students in one small village in China,it is difficult. 1.3.1 There is a very big rivier between their school and village. 1.3.2 There is no bridge and the river runs too quickly for boats. 1.3.3 So these students go on a ropeway to cross the river to school.	第一段分三层:设问—对比—解释 第一层:1.1.1—1.1.3 通过设问,读者与读者产生共鸣,引出话题——怎样上学? How do you get to school? Walk? Ride a bike? By bus? By train? 第二层:1.2.1—1.2.2 通过对比,点明在中国的一个小山村,学生上学难。 For many students,it is easy to get to school. But for the students in one small village in China,it is difficult. 第二层:1.3.1—1.3.3 对小山村里的孩子上学难这一事实加以解释说明。 There is a very big rivier... There is no bridge... So these students...	1.Questions How? Do you? 2.Easy or difficult? For...it is... 3.Why and how There is a_____ and _____. There is no____ and runs too ____ for____. So... go on a____ to ____ to____.
2.1 One 11-year-old boy,Liangliang,crosses the river every school day. 2.2 But he is not afraid. 2.3.1 I love to play with my classmates. 2.3.2 And I love my teacher. 2.3.3 He's like a father to me.	第二段分三层: 以亮亮为例,说明孩子虽然求学道路艰难,但他很勇敢,是因为他爱学习。 第一层:2.1 How old is Liangliang? How does he get to school? 第二层:2.2 How does he feel when crossing the river? Why? 第三层:2.3.1—2.3.3 Why does Liangliang love school?	One...Liangliang... every day. But he is not...because he... I love to...with... And I love my teacher. He's like.

　　这节课的主要特点:在阅读的过程中,注重对文本内容、思维和语言的深度处理与加工,引导学生理解语言、评判文本内容、体验情感、形成思辨能力。阅读完成后,注重激发学生的阅读兴趣,从而提升学生持续阅读的兴趣与能力。深度学习的

一个重要特点就是关注学生思维的发展,它是基于解决问题的学习、批判性的学习,从而实现对学生从一般性思维晋升为高阶思维的培养。以下案例(部分)就是基于对学生批判性思维培养的学习活动设计。

Unit 3 Section B:读 *Crossing the River to School* 中的第二段:

One 11-year-old boy, Liangliang, crosses the river every school day. But he is not afraid. "I love to play with my classmates. And I love my teacher. He's like a father to me."

基于深度学习,本环节的问题可以设计为反复追问的形式,即设计环环相扣、由浅到深、循序渐进,能引导学生深入思考的高阶问题,如:

(1)How does Liangliang cross the river?

(2)Where does he want to go?

(3)Is Liangliang afraid?

(4)Why isn't he afraid?

(5)Why does he love the school?

(6)Why does he love his teacher?

(7)Why is his teacher like a father to him?

以上问题中的(5)(6)(7)是半开放式或全开放式问题,让学生在深入思考、发散思维、各抒己见、思维碰撞的过程中,获得批判性思维和严密的逻辑思维能力。

基于对整篇文章的理解,在读后活动(也就是深度加工知识)的活动设计中,我们给学生设置了就整个文本内容学习后的两个问题:一个半开放式问题和一个全放开式问题。

(1)What do you think of the boy——Liangliang?(半开放式问题)

(2)Can you give three ways to help them realize their dreams?(全开放式问题)

第一个问题的设置充分体现了如何培养学生基于文本内容进行归纳总结的能力。第二个问题的设置基于阅读的话题或内容,鼓励学生运用自己已学的语言灵活地进行观点表达,让学生把所学的知识运用到新的情境中并逐渐学会解决新问题。在这个学习活动中,通过课堂观察,其中一个学生这样说:"文章描述的是他们的梦想。如果有一座桥,那么孩子们就可以不用借助索道过河上学了。那为什么不就在他们村里建一个学校呢?"可见,教师的引导是如此重要,学生的思维就这样被打开和发散了。我们觉得这样的学习是有意义的学习,是真实的学习,是能够培养学生将所学知识迁移到实际生活中并解决新问题的学习。

3.单元主题式深度学习学校研修

案例4-4　单元主题式深度学习学校研修案例

结合三益课程理念和三味课堂教学模式,我校英语学科单元主题式深度学习学校研修主要包括:课前集体深度备课、基于深度学习的课堂观摩、基于深度学习的课后评课(集体)、及时的任务重构设计、课后资源包的建设、对于深度学习在阅读教学中的优化和改进。我们观摩了由七年级青年教师基于深度学习的三个维度所构架并展示的一堂引导学生进行内容阅读、思维和语言学习的阅读课。该课选自人教版《英语》(七年级下册)Unit3 *How do you get to school?* Section B部分,本单元的主题确立为"*Different Transportations around us*",而本课时的主题确定为"*Transportations in the village*"。根据深度学习和本校三味课堂的基本要求,英语学科深度学习研修小组从"课时主题选择、教学目标设计、文本再构、活动任务设计和可持续性评价"等方面带领教研员和全体英语教研组教师观摩了基于深度学习的阅读教学案例。

课堂观摩后,在教研组组长的组织下,深度学习研修小组就本节课进行了学校研修的同伴互助交流,同时,对本次参与单元主题式深度学习课前资源准备情况、课中观察所得、课后反思形成的思维碰撞与收获进行交流。深度学习研修小组的成员们进一步认识到初中英语阅读教学的核心是:在阅读和交流中关注文本内容,在交互活动中关注学习策略,在评判和思想碰撞中提升思维水平,要将阅读教学进行"整进整出"的教学处理。对此,教师还应当记住:让学生把所学的知识运用到新的情境中并具有解决新的问题的能力才是关键,这也展现了DELC深度学习环中的"深度加工知识"一环。对于如何实现让学生把所学的知识迁移到新的情境中并使之具有解决问题的能力这个难点,研修小组分年级进行了现场任务重构设计并进行了相关讨论。

二、云课堂

云课堂是在教育云和教育大数据背景下,利用云理念和云技术打造的一种在线开放的课堂。[①]云课堂教学是云计算、教育云与教学系统相融合而形成的信息化教学形态,主要包括线下传统课堂教学和线上云课堂教学两部分。MOOC(大型开放式网络课程)、云课堂等网络学习模式越来越多地在教育中得到应用。

---

① 王鹄,杨倬.基于云课堂的混合式教学模式设计——以华师云课堂为例[J].中国电化教育,2017(04):86.

(一)云课堂的组织架构

"云课堂是依托网络平台、应用软件、云存储等网络信息通信技术,借助'云端'的微课程、微作品和微资源,依靠在云平台上进行云连接、云操作和云整合等手段的云应用,实现以个性化为核心的随时、随地、随需的学习。"云课堂的组织架构,如图4-3所示,即依托多元终端介入、专业平台支撑、互联网络服务、智能技术应用,为课堂提供云平台、云服务、云连接和云浏览等技术支撑,实现学习资源入云端、学习工具在云端、学习互动凭云端、学习成果呈云端和学习管理靠云端的云应用和云操作。[1]

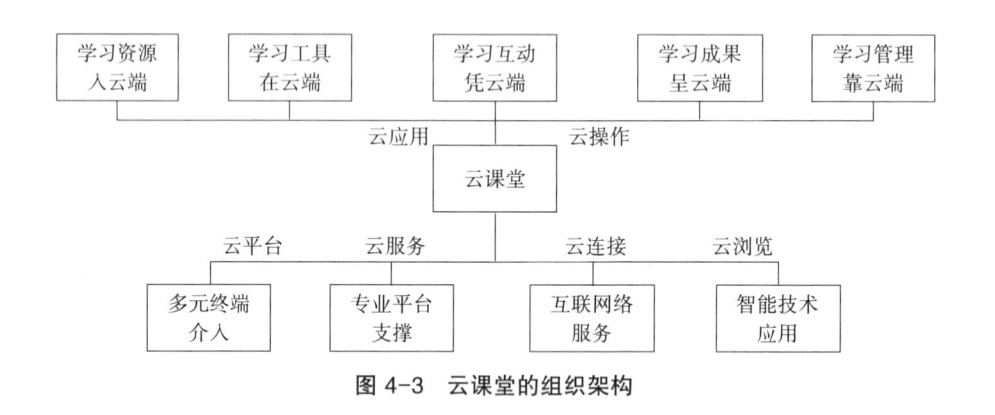

图 4-3 云课堂的组织架构

(二)云课堂的特点

1.以信息技术为支撑

云课堂以先进的信息技术为支撑,教师可以利用信息化手段将与教学内容相关的教学课件、教学视频等教学资源进行处理并上传到云课堂中,让学生进行自主学习。教师还可以利用云存储技术对学习资源进行统一存储和组织,并管理学习资源的访问。同时,云计算能够开展教育大数据分析,为教师提供与学生学习相关的数据,教师可以根据学生的学习记录对教学内容、教学策略以及教学方式进行相应的设计或调整。云课堂打破了传统课堂时间以及空间上的界限,在信息技术的支持下,为教师和学生带来了更多的教学体验和服务,使教育和云理念紧密地联系在一起,让云理念深度融合到教育当中。

---

[1] 钟懿,赖才炎.构建云课堂,推进移动学习[J].上海课程教学研究.2018(06):21.

2.自主的学习方式

在传统教学模式下,学习内容往往以教材为中心,教师根据教学大纲的要求将教学内容以讲授的形式传递给学生,学生只能被动地接受。而在云课堂的学习过程中,学生可以根据自己的学习风格随时随地地进行自主学习,不必再拘泥于教学内容的编排顺序以及教师单一的教学方式,而是主动参与到学习过程中,通过自己更适应的学习方式对云课堂中的课程进行学习,积极思考并提出问题,与教师、同学进行讨论,在教师的引导下更深入地理解所学内容。同时,云课堂中的课程有众多教师和学生参与,能够支持学生在学习的过程中与教师、同学进行协作学习,分享自己的学习体会。

3.开放的学习空间

云课堂是一种开放的学习空间,它通过互联网实现多种学习,打破了时空的限制,这种学习不再单一地和教室进行绑定,而将课堂搬到了云端。利用泛在网络,学生可以随时随地进行学习。在云课堂开放的学习环境中,学习资源是开放共享的,教师可以利用云课堂自由地上传教学资源,学生可以从云课堂中自由地下载学习资源。每个人都可以参与到学习当中,成为学习的组织者和引导者,可以不断地与教师、学生进行交流探讨,在协作中完成学习。云课堂这种开放的学习空间能有效地实现学习资源的合理配置,以及学习者之间的思想碰撞。

4.双向性的互动

在传统课堂中,往往是单一的教师提问,学生回答模式,学生与教师之间缺乏良好的沟通互动,导致学生主动思考问题、发现问题、分析问题等能力难以得到提高。在云课堂中,学生可以在学习的过程中自由地思考并提出问题,教师和学生都可以进行解答,教师由原来的知识传递者转变为学习引导者,学生由原来的被动接收者转变为主动参与者。在云课堂中,师生之间的互动以及生生之间的互动,不仅能够及时解决学生在学习过程中遇到的问题,而且能鼓励学生积极思考、勇于表达,让每个参与学习的人都各抒己见。这样的方式能够有效地增加课堂互动,形成良好的学习氛围。

(三)基于云课堂的教学改革

我校充分利用云平台优化了课前、课中和课后各个环节,运用信息技术提高了教学效率。采用了基于云课堂的教学模式,如图4-4所示。课前主要是通过在云平台发布资料,了解学情,进行已知测试和自学检测等,其目的是根据学生的学情,确定教学目标和设计教学活动,实现"以学定教"。课中主要是通过师生互动、自主学习、合作探究等,对课前预习部分进行答疑和释疑。学生在参与根据学情设计的教学活动时,教师可以通过云平台随时对学生的学习情况进行评价,及时掌握其学习情况,从而调整教学节奏、教学难易度。课后主要是通过展示提升、互评互助、师生互动,在完成评价活动的过程中,进一步促进学生的学习,促进教师的教学,提高教学质量。由于课后师生受到空间和时间的限制,很难及时解决评价中发现的问题,教师了解了云平台的精确数据后,利用云评价的便捷性、智能性和高效性,教师能够随时对学生进行学习评价,并且将评价结果与学生进行互动交流。学生根据自己的评价结果,可以有针对性地对一方面或几方面进行改进,然后再进行自评和他评,从而真正实现个性化智慧学习。

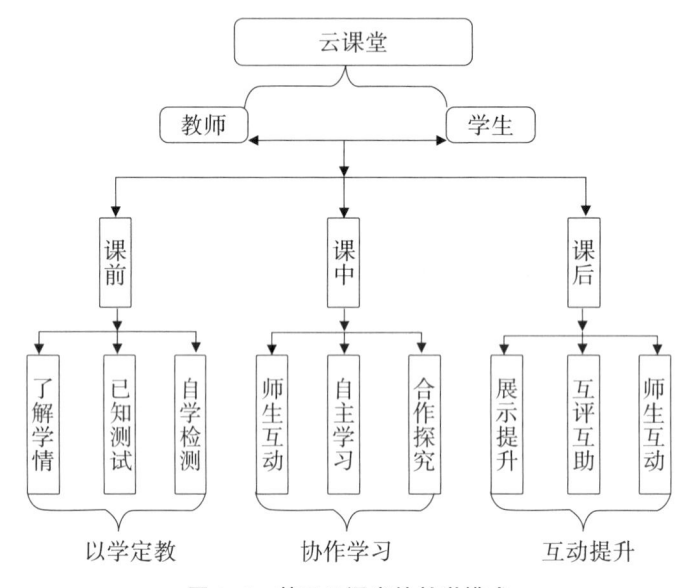

图 4-4　基于云课堂的教学模式

开展基于云课堂的教学对师生而言,都是一个不小的挑战,为了能更好地适应这种变化,我校特别加强了以下方面的工作。第一,提升教师专业发展。云课堂要求教师能将新的教学理念与技能充分融合到教育教学之中,最大化地发挥现代教育技术在教学中的辅助作用。对此,我校通过专项培养进一步提升了教师的专业能力和信息技术素养。第二,鼓励转变教学方式。利用云课堂可以开展翻转课堂教学、混合教学、项目式学习等,教学资源共享变得容易,学习反馈也更高效,学习行为大数据化,这些都将对传统教学产生很大影响。对此,我校鼓励教师转变传统教学观念,因材施教,丰富教学方法。第三,多样化的教学设计。教与学方式的转变会使学生的学习过程变得更自主、更开放,学生的学习时空更不受限制。对此,教师要不断收集学生的反馈,诊断学生的学习情况,进而不断地调整教学设计。第四,教学评价方式的转变。评判学生学习效果的方式将变得更加多元,不仅包括对最终分数的评定,还包括对学生学习过程的形成性评价等,及时反馈和精准帮助也变得更加容易。另外,学生可以准确获取自己的成绩画像,更好地了解自己学习中的不足,进而及时地进行总结与改进。

第三节 三味课堂的典型案例

案例4-5　Hansel and Gretel主题式深度学习教学设计

一、学情分析

(一)知识分析

通过访谈,教师了解到只有少数同学读过出自《格林童话》的这则童话故事《韩塞尔和葛蕾特》,并且即使读过这则故事的同学,由于时间太久,已经不太记得故事情节,而且这个故事有几个不同的版本,他们所了解到的故事情节和课本上的也有所不同。

(二)学习能力分析

八年级学生已掌握了一定的英语词汇量,对基础句型和基础语法,他们能够通过自主学习、小组合作,或者在教师的指导下,自行了解。虽然学生已具有一定的听、说、读、写和表演能力,但表演能力较弱。

(三)学习特点分析

八年级学生在课堂教学中已由活跃型转变为沉默型,教师很难点燃他们参与教学活动的激情,简单、浅显的问题已经不能激活他们的高阶思维,所以只能靠新颖的教学活动设计点燃他们参与的热情,激活他们的高阶思维。

(四)思维认知分析

八年级学生处于逻辑思维的发展阶段,即从低认知思维水平转向高认知思维水平的过渡阶段,所以在英语教学活动中,要用新颖、有趣的教学活动,设计符合学生认知特点、层层递进的问题,用追问、重复等方式,激活学生的高阶思维。

二、主题的选择

(一)基于标准

八年级学生在学习活动中要能达到以下标准：①能够理清简单故事的情节发展，理解其中主要人物间的关系；②能够从故事中引出话题并进行相关话题的交流；③能够在教师的帮助下或根据图片用简单的语言描述自己或他人的经历；④能够在教师的指导下参与角色表演等活动；⑤能够使用正确的语音、语调参与上述口语活动；⑥能够连贯、流畅地朗读课文；⑦能够理解简单的文章中主要人物的行为；⑧能够从简单的文章中抓住关键信息，理解文章大意。

(二)基于教材

本次主题式深度学习的内容选自人教版《英语》(八年级下册)Unit 6 *An old man tried to move the mountains*。

(三)基于学生

八年级学生已掌握了一定的英语词汇量，对基础句型和基础语法，他们也能够通过自主学习、小组合作，在教师的指导下，自行了解。虽然学生已具有一定的听、说、读、写和表演能力，但由于英语教学侧重训练他们的听、说、读、写能力，很少通过配音或话剧的形式训练他们的表演能力，所以他们的表演能力相对较弱，特别是用话剧的形式表演童话故事的能力更是欠缺。

(四)基于问题

提高学生的背景知识水平，以及其听、说、读、写、表演的能力。

三、教学重难点

(一)教学重点

通过螺旋式的教学活动，以《糖果屋》的剧本片段为载体，引导学生了解剧本的结构要素、场景表演的内容要素，让学生掌握以个性化语言来刻画人物个性特点的表现手法。创编和表演故事的结尾，推进故事的发展。

(二)教学难点

小组合作互助创编或表演故事的结尾的时间较短(约6分钟)。学生在创编的过程中能巧妙地表现出剧本的结构要素和内容要素。学生能够用简洁、生动、清晰、洪亮、流畅的舞台个性化语言及适度夸张的舞台动作来塑造人物的个性特点，故事情节的发展自然、流畅，整个故事有创意，有观赏性。

四、学习目标

(一)语言知识

通过创设的故事情境，引导学生掌握stepmother, wife, husband, whole, moonlight, ground等词汇和shine bright, lead...to等短语的发音并能够以口头的方式正确运用。

(二)语言能力

通过分析《糖果屋》剧本,学生能够了解剧本的基本结构要素:对白、旁白和场景等。通过观看视频、欣赏音频和自我体验,学生在模仿中能够用简洁、生动、清晰、洪亮、流畅的舞台个性化语言及适度夸张的舞台动作来塑造人物的个性特点。通过小组创编和表演,培养学生互帮互助的协作能力。

(三)文化意识

通过"赏""品""演"《糖果屋》,能够受到西方文学和艺术的熏陶,加深学生对西方童话故事的了解,有助于增强学生跨文化意识和跨文化交际能力。在欣赏西方文化的过程中,帮助学生拓宽文化视野,丰富他们的文化认知。

(四)思维品质

通过分析人物特点,培养学生观察、归纳、分析问题的能力。通过换位思考,引导学生理解他人,帮助他人,提升学生解决问题的能力。基于对人物性格特点、故事发展的把握,通过情境创设,让学生创编戏剧结尾并进行表演,提升学生的创造力和表演能力。

五、教学流程图(图 4-5)

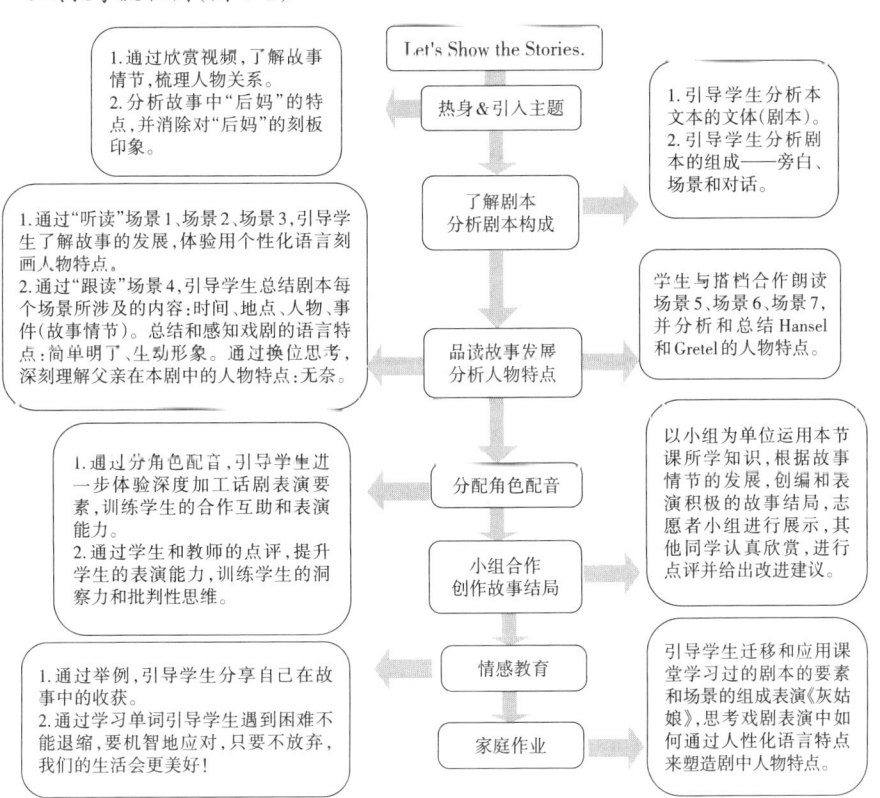

图 4-5 教学流程图

六、教学文本

Hansel and Gretel

Hansel and Gretel lived near a forest with their father and stepmother. One year, the weather was so dry that no food would grow. The wife told her husband that unless he left the children to die in the forest, the whole family would die. Gretel heard this, and Hansel made a plan to save himself and his sister.

SCENE ONE: <u>The children learn that something bad is going to happen</u>.

Gretel: Did you hear our stepmother planning to kill us?

Hansel: Don't worry! I have a plan to save us.

Gretel: How can you save us?

Hansel: Be quiet! I'm going outside to get something in the moonlight. Now, go to sleep.

SCENE TWO: <u>The children wake up</u>.

Wife: Get up, lazy children!

Husband: Yes, dears. You must come with me to the forest to get wood.

Wife: Here's some bread. Don't eat it until you get to the forest.

SCENE THREE: <u>Gretel learns about Hansel's plan</u>.

Gretel: Hansel, what are you doing?

Hansel: I'm dropping white stones along the way. Unless I do, we'll be lost. Tonight, when the moon is shining bright, we'll be able to see the stones.

SCENE FOUR: <u>The children surprise the parents</u>.

Wife: You bad children! What a long time you slept in the forest!

Husband: We thought you were never coming back.

Wife: Now, go to bed. As soon as you wake up, you must go to the forest with your father.

Hansel: What, again? I want to go out to look at the moon.

Wife: No. You can't go out now.

SCENE FIVE: <u>Hansel has to change his plan</u>.

Gretel: What can we do? You have no more stones.

Hansel: I'll drop pieces of bread. As soon as the moon rises, we can follow them instead.

SCENE SIX: <u>The children can't find the pieces of bread</u>.

Gretel: I can't see any bread on the ground. Maybe it was the birds.

Hansel: Never mind! Just keep walking. Unless we do, we won't find our way out.

SCENE SEVEN: <u>The children get lost</u>.

Gretel: Hansel, we're really lost!

Hansel: Listen! That bird's song is so beautiful that we should follow it.

Gretel: Look! It's leading us to that wonderful house made of bread, cake and candy.

Hansel: Let's eat part of the house!

(Then they hear an old woman's voice from inside the house.)

Voice: Who is that? Who is brave enough to eat my house?

七、课堂教学流程

根据DELC深度学习理论,课程教学分为七步。Step1(设计标准与课程):从标准和课程入手,针对知识的内聚学习顺序,为轻松记忆,将相似或相关的对象安排在一起,从而创造出有意义的教学单元。Step2(预评估):为了帮助学生达到学习的深层水平,预评估学生以明确关于标准和目标的适宜性。Step3(营造积极的学习情绪):学生需要有良好的情绪来促进学习的顺利进行。Step4(预备激活先期知识):在深度学习之前,教师就相关因素进行充分评估,并帮助学生累积必需的支撑内容。Step 5(获取新知识):在学生对某一主题或对象的学习过程中激活了自己的"神经元网状结构"之后,及时帮助他们获取新的相关的信息。Step6(深度加工知识):学生依据所学知识以多种方式对相关知识进行加工,这一步将课堂学习推向了顶点。Step7(学习评价):深度加工对学生掌握知识是必不可少的,而反馈会帮助学生修正并再度进行深度加工。Step4至Step7的具体过程如下表4-2。

表4-2 教学过程表

步骤	过程	学习活动	评价要点
Step 4 预备激活先期知识	了解故事情节	学生欣赏《糖果屋》视频片段,思考故事中的人物关系,总结"后妈"的人物特点并给出相关依据,思考:是不是所有"后妈"都是这样?为什么在很多的童话故事里,"后妈"都是这样的形象?	1.学生是否能够正确梳理出故事中的人物关系 2.学生是否能正确分析出"后妈"在故事中的特点,并对比她与传统意义上"后妈"的不同

续表

步骤	过程	学习活动	评价要点
Step 5 获取新知识	1.分析剧本的结构要素	通过学生对文本的判断和教师的提示,了解剧本的结构要素——对白、旁白和场景	学生是否知道故事和剧本的区别
	2.分析戏剧的语言特点	学生感知音频中抑扬顿挫的语音语调,总结戏剧的语言特点:语言简洁明了、生动形象,表达清晰流畅,语言和动作表演需适度的夸张	学生是否能通过音频中抑扬顿挫的语音语调,总结出戏剧语言的特点
	3.品读剧本(第一次自救)	学生"听""读"剧本的旁白和场景1、2、3,进一步思考"后妈"的特点,总结Hansel的第一次自救计划	1.学生是否清楚Hansel的第一次自救 2.学生能否模仿音频,通过语音、语调的起伏去表现人物特点
	4.感知人物特点	学生跟读场景4,明确本场景所涉时间、地点、人物和故事发展。分析父亲的人物特点,并给出相关依据。学生与"父亲"角色互换后,解决困难	学生能否通过与故事中的父亲进行换位思考,帮助他面对现实,解决问题
	5.品读剧本(第二次自救)	学生与搭档合作朗读场景5、6、7,并分析和总结Hansel和Gretel的人物特点。听读场景7,感受Hansel和Gretel的情绪变化	学生能否根据故事情节的发展,通过自己的语气,刻画出相应人物的情绪变化,总结人物特点
Step 6 深度加工知识	1.合作配音	学生和搭档练习配音,全班同学根据自己选择的场景集体彩排,自愿搭档进行展示,教师和学生进行评价并给出改进建议	1.通过"英语趣配音"活动,考查学生是否掌握话剧的语言特点 2.通过全体学生的互评等,了解全体学生是否能站在同一个高度,欣赏和鉴赏话剧表演的语言特点
	2.创演故事结尾	以小组为单位,根据故事情节的发展,创编和表演积极的故事结局,志愿者小组进行展示,其他同学认真欣赏后,进行点评并给出改进建议	通过小组表演了解学生是否掌握话剧的基本结构要素、内容要素和语言特点。
Step 7 学习评价	互评自评	1.认真欣赏和倾听他人的配音,小组合作表演 2.分享本节课所学的有关剧本的知识 3.分享在《糖果屋》中Hansel带给我们的启发	1.学生是否能依据剧本表演的判断标准,客观地评价自己的表演情况并就此给出合理的建议 2.进一步了解学生对话剧的内容、结构和语言特点的掌握情况 3.了解Hansel带给我们的启发

(高晓霞、杜文静、秦琴)

案例4-6 "数据的收集"教学设计

一、学习目标

1.通过展示各个班级的做题量和正确率,培养学生用数据说话的意识。

2.通过阅读"小颖和小明关于水资源调查"的材料,让学生在理解和分析的过程中回顾条形统计图、折线统计图、扇形统计图等知识,感受统计活动的基本过程。

3.列举生活中密切相关的数据及收集方法,了解收集数据的基本方法。

4.通过自己设计的调查问卷,经历统计活动的基本过程,同时学会感恩与关爱父母。

二、教学重难点

学习重点:感受和经历统计活动的各个环节,了解数据收集的常见方法。

学习难点:正确分析小明的统计结果,完整有序地归纳统计活动的所有环节。

三、学习过程

(一)引入新知

师:大家最近比较热衷于做题,你们觉得自己做得怎么样呢?

(有人说做得不错,有人说做得一般,众说纷纭。)

师:这些都只是你们的自我感觉,如果我们要准确地将其统计出来,得用数据来说话,就应该做好数据的收集、整理。这是老师收集、整理好的各班的数据,我是用哪种方式呈现统计结果的呢?你能从统计结果中获取什么信息呢?

生:是用条形统计图来呈现的,我们发现××班各方面是做得最好的。

师:是的,通过数据分析,我们发现××班的做题量和准确率都是最高的,我们应该向××班学习。我们生活在一个大数据时代,在做出任何决策之前,数据的收集与整理都是至关重要的,这便是我们本章要学习的内容。请大家翻开课本154页,并带着如下三个问题,用3分钟时间自学并回答。

问题:1.数据从何而来?(自学数据的收集。)

2.有哪些方法能展示数据?(自学数据的表示、统计图的选择。)

3.怎样从图表中获取有效信息?(自学数据的整理分析,知识的运用与迁移,帮助决策。)

师:课本第154页引言指明了我们数据收集与整理的重要性。章头图告诉了我们有哪些展示数据的方法。因此,本章的学习目标为:经历统计活动的过程及掌握数据的收集方法等。

(二)探究新知

(1)水是生命之源,小颖想了解她所在的城市的用水情况,于是她查找了相关资料,得到了下面的统计图。

请同学们带着以下问题阅读课本155页。

问题1：小颖调查的目的是什么？

问题2：调查的对象是什么？

问题3：通过什么方法调查？

问题4：从小颖的统计图中，你能得到什么信息？

以上几个问题都是紧紧围绕收集数据的一般步骤而设置的，它为后面的总结做了铺垫。

(2)小明想了解周围的人是否有节水意识，于是他设计了一份简单的调查问卷，并到小区里随机调查了40人。

1.你在刷牙时，会一直开着水龙头吗？

A.经常这样　B.有时这样　C.从不这样

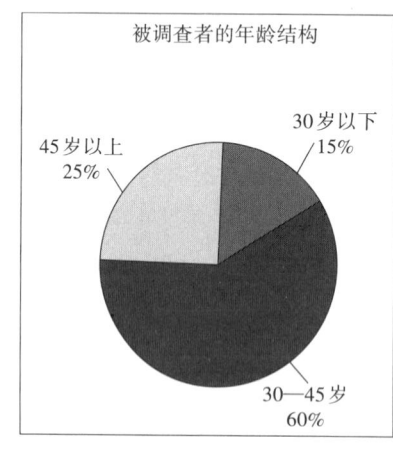

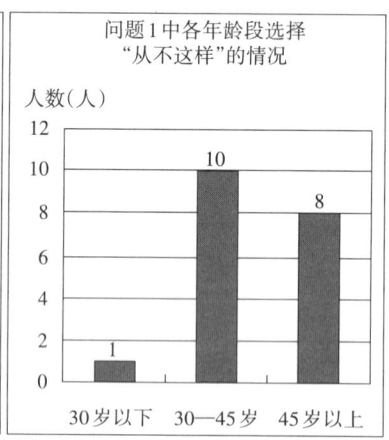

被调查者的年龄结构

45岁以上 25%
30岁以下 15%
30—45岁 60%

问题1中各年龄段选择"从不这样"的情况

人数(人)

年龄段	人数
30岁以下	1
30—45岁	10
45岁以上	8

2.你会将用过的水另作他用吗？例如，用洗衣服的水拖地、冲厕所等。

A.经常这样　B.有时这样　C.从不这样

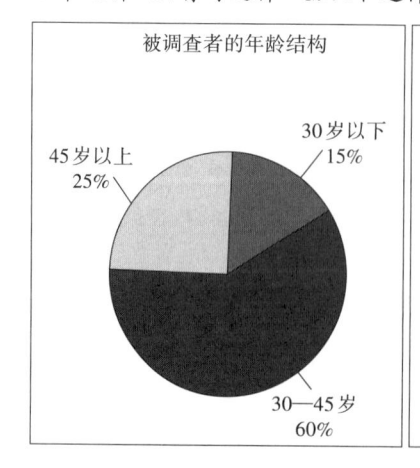

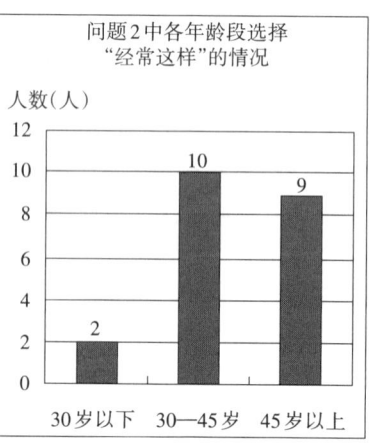

被调查者的年龄结构

45岁以上 25%
30岁以下 15%
30—45岁 60%

问题2中各年龄段选择"经常这样"的情况

人数(人)

年龄段	人数
30岁以下	2
30—45岁	10
45岁以上	9

请带着以下三个问题阅读教材上的相关内容：

问题1：小明调查的目的是什么？

问题2：调查的对象是什么？

问题3：他是用的什么方式进行调查的？

问题4：在小明调查的40人中，各年龄段分别有多少人接受了调查？（请根据你对课文中饼状图的分析给出答案。）

问题5：你认为在"你在刷牙时，会一直开着水龙头吗"问题中，哪个年龄段的人最具有节水意识？

问题6：你认为在"你会将用过的水另做他用吗"问题中，哪个年龄段的人最具有节水意识？

设计意图：

问题1：让学生知道在进行调查前，一定要先明确调查目的。

问题2：引导学生确定调查的对象。

问题3：引导学生归纳调查方法。

问题4：通过计算，得到45岁以上的人最具节水意识。

(3)思考(小组讨论)：以上调查活动中，小颖和小明经历了哪些环节？

生：明确调查目的、确定调查对象、选择调查方法、展开调查、收集并整理数据、分析数据得出结论。

设计意图：关于水资源的调查，由于小颖和小明各自关心的内容不同，所以调查的主题也不同，这说明在统计过程中的第一个步骤是明确调查的主题和目的，也通过前面的设问，让学生更容易发现和总结出以上答案。

(4)在我们生活中，还有哪些事例与数据密切相关？这些数据是如何收集的？

学生先思考，再回答，描述自己能想到的收集数据的方法。

教师把学校一个月的用水情况告诉学生，让大家在反思中形成节约意识。

设计意图：让学生明白数学来源于生活，激发学生的学习兴趣。总结生活中这些数据的收集方法。

(5)连一连：(学以致用)以下数据收集分别是由什么方法得到的？

想知道自己生病时的体温	测量
在某一特定时刻，在十字路口，车辆闯红灯的次数	观察
我班同学最喜爱的课间活动	调查
抛50次硬币，正面朝上或背面朝上的次数	实验

师生共同小结：(收集数据的基本方法)查阅资料、测量、观察、问卷调查、实验等。

设计意图:借助生活中的例子,让学生学会判断并选择合适的数据收集的方法。从而总结出数据收集的诸多方法。

四、设计调查问卷(小组合作)

师:老师想了解我们班有多少同学知道父母的生日,你们能帮老师设计一份有关于此的问卷吗?

学生小组合作共同设计问卷,通过问卷调查,展示统计结果。

根据实际情况,请学生客观分析问卷反映出的数据,得出相应的结论。(组员可以相互补充,相互讨论。)

设计意图:让学生主动参与到调查活动中来,亲身感受统计活动的各个环节。同时也对学生是否知道父母生日情况进行一次德育调查。

五、课堂小结

师:通过今天的学习,我们知道,数据的收集和整理非常重要,大到国家基于人口普查数据等相关因素制定了"计划生育"的政策,小到我们"淘宝"时根据各个商家的等级和商品的价格选择合适的商品。希望我们今天所学习的知识能帮助同学们在生活中过得更好。

六、当堂检测

布置作业,当堂点评。

七、板书设计(北师大版教材)

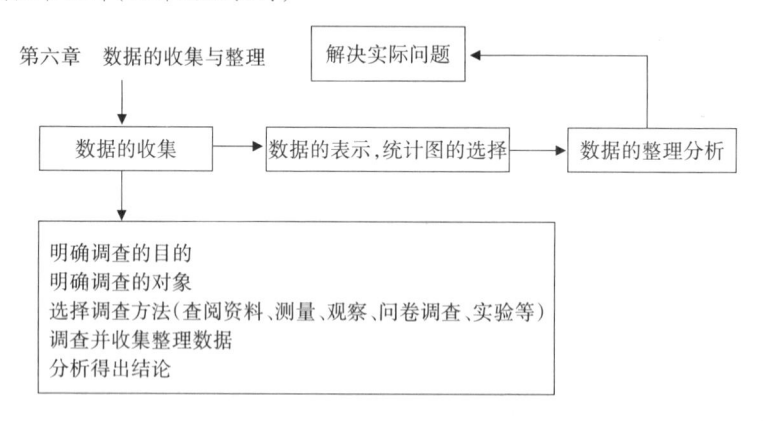

第六章 数据的收集与整理

数据的收集 → 数据的表示,统计图的选择 → 数据的整理分析 → 解决实际问题

明确调查的目的
明确调查的对象
选择调查方法(查阅资料、测量、观察、问卷调查、实验等)
调查并收集整理数据
分析得出结论

(李芳)

案例4-7 "英语阅读深度学习"教学设计

【课前阅读文本分析】

一、本单元话题"Food",本课时话题"Eating Habits",本课时主题"How do we eat well?"

文本来源:报纸杂志(from a magazine)。

文本形式:对话采访(an interview)。

二、基于标准

能与教师或同学就熟悉的话题交换信息。

能读懂小故事及其他文体的简单书面材料。

能意识到语言交际中存在文化差异。

能在课堂活动中就熟悉的话题用简短的英语进行交流。

能在教师的指导下参与角色表演。

能读懂简单的故事并抓住大意。

1.主题解读:"How do we eat well?"

本文作者对一位公众人物(运动员)的一日三餐进行了采访,从文章一开始就给读者传递出积极的正能量。

2.从本文的题目看,作者从比较大的话题"Eating Habits"自然转到"Sports Star Eats Well?",引发读者的思考,激发读者阅读的欲望。(怎样才算是吃得好?从文本的哪些内容可以证明?)

3.从最后的问题与回答"I like ice-cream...but I don't eat it. I don't want to be fat.",我们可以进一步分析作者想传递的思想。作者基于食物本身健康与否,基于读者生活中对食物的喜好怎样,是否应该学会控制等,从多方面突出了主题"How do we eat well?",首尾呼应,主线贯穿始终。(喜欢健康的食物,都吃健康的食物。"喜欢—食物不太健康—不吃""喜欢—食物不太健康—少吃")

三、文本整体结构

第一部分通过图片、题目和第一段的直接描述,引出主题——就"一日三餐"的内容,以对话采访的形式交换信息并说明主题——最后的问题与回答"I like ice-cream...but I don't eat it. I don't want to be fat."引发读者思考,进一步升华主题,产生情感共鸣,学习主题贯穿始终。

四、文本内容语言

从内容上了解排球明星Cindy一日三餐的饮食习惯以及对食物的喜好。

五、思想评价

1.基于文本的学习,引导读者对Cindy的饮食习惯进行评价。Does Cindy eat well? How does she eat well? 这里学生可基于文章事实进行归纳并评价。"She loves fruit. She likes ice-cream, but she doesn't eat... "。

2.猜想作者的意图,也希望学生跳出文本,利用学习主题,创设情境,引导他们联系实际生活,助力学习并评价。"How do we eat well?"

【研教过程】

一、主题的选择

(一)基于课程标准

对英语学习表现出积极性和初步的自信心。

能与教师或同学就熟悉的话题(如学校、家庭生活)交换信息,能读懂小故事及其他文体的简单的书面材料。

能用短语或句子描述系列图片,编写简单的故事。

能根据提示简要描述一件事情,参与简单的角色表演等活动。

(二)基于教材

本单元的话题是"Food",要求学生能够谈论对食物的喜好。本课时属于教材内容Section B部分,围绕早餐、午餐、晚餐的话题展开,让学生进一步谈论大家对不同食物的喜好,自然地过渡到谈论饮食习惯的话题。基于对教材文本的解读,作者想传递健康饮食的思想,又从文本的标题"Sports Star Eats Well",让我们找到可以贯穿本课时的学习主题"How do we eat well ?",它可以激发读者的思考。(喜欢健康的食物,都吃健康的食物。"喜欢—食物不太健康—不吃""喜欢—食物不太健康—少吃")

(三)学情分析

1.学习特点分析

七年级的学生对英语学习表现出了一定的积极性和初步的自信心。本节课先让学生熟悉"一日三餐"的知识点,再进行阅读信息的交换。通过平时的观察可知,七年级的学生相对比较活泼,已能够借助文本理解、感知语言,能进行简单的口语交际,比较喜欢两人一组或小组合作等形式开展学习活动。能读懂简单的故事并抓大意,能用简单的图表和海报等传达信息。能在小组活动中积极与他人合作,相互帮助共同完成学习任务。善于利用思维导图等非语言信息理解主题,对所学内容能进行整理和归纳,主动探究。善于发现语言规律并能欣赏、模仿,再创造。

2.思维认知分析

教育学家布鲁姆将人的认知思维过程分为6个层次:"记忆—理解—运用—分析—评价—创造",其中"分析—评价—创造"属于高阶思维。

(四)资源利用

积极运用现代教学技术,加强师生或生生间的互动。

(五)问题导向

联系学生生活实际,通过本课时的学习,学生能对健康饮食有新的认识,能反思或评价自己的饮食习惯并基于此有所改善。这体现了对学生将所学知识迁移到现实的生活中并解决现实问题能力的培养。

因此,基于以上分析和主题确定的原则(真实、有意义,贴近学生生活,有利于创设情境,学生感兴趣等),本课时的主题为"How do we eat well?"

二、教学重难点

(一)教学重点

运用阅读策略获取文本有效信息,就"一日三餐"的内容进行问答与描述。

(二)教学难点

能理解"eat well"的多层含义,并能用所学的知识加以阐述。

三、深度学习目标

(1)通过视频欣赏、情境创设和词汇分类,学生能正确读出单词读音并知晓本课时部分食物单词的含义,如fruit、vegetable、milk、egg、bread、salad、chicken、hamburger、ice-cream。明白"Do you like...for breakfast？/What do you like for...?"的含义。

(2)通过在阅读过程中的预测、填表和追问等形式的学习活动设计,学生能逐步理解文本内容,利用阅读策略基于事实获取文本有效信息并进行相关描述。(预测:有一部分学生能利用文本信息对文中人物进行饮食习惯的评价)

(3)通过对文本对话结构的梳理,联系学生实际生活创设情境,学生能通过小组合作共同设计出本组"一日三餐"的菜单并进行相关描述。(预测:一部分学生能对自己和他人的饮食习惯进行正确评价,逐渐形成健康饮食的观念)

四、教学流程

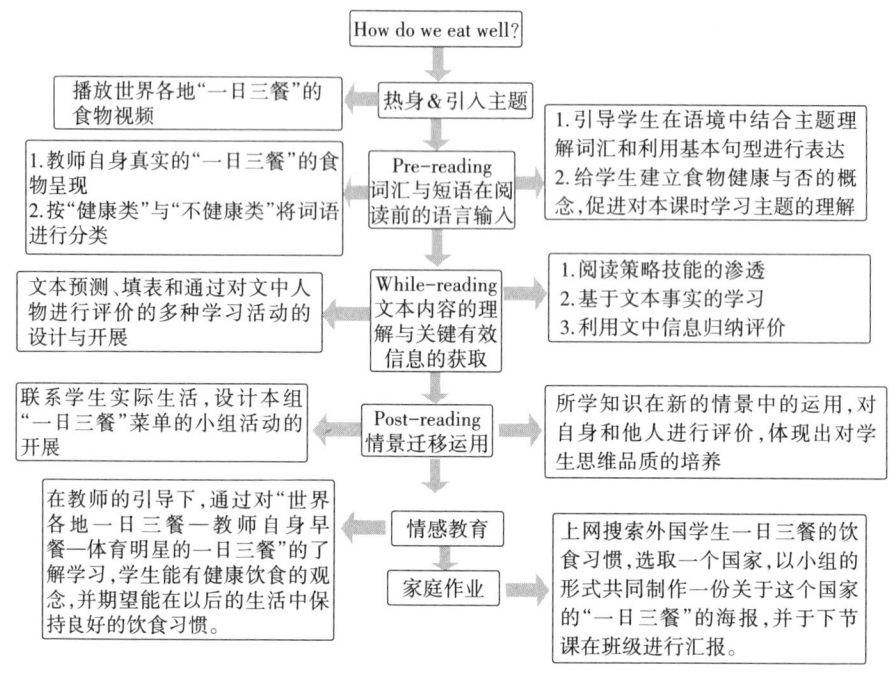

```
                          How do we eat well?
                                  ↓
播放世界各地"一日三餐"的    ──→  热身&引入主题  ──→  1.引导学生在语境中结合主题理
食物视频                                              解词汇和利用基本句型进行表达
                                  ↓                  2.给学生建立食物健康与否的概
1.教师自身真实的"一日三餐"的食   Pre-reading           念,促进对本课时学习主题的理解
  物呈现                    ──→  词汇与短语在阅
2.按"健康类"与"不健康类"将词语      读前的语言输入
  进行分类
                                  ↓
文本预测、填表和通过对文中人      While-reading        1.阅读策略技能的渗透
物进行评价的多种学习活动的   ←──  文本内容的理      ──→ 2.基于文本事实的学习
设计与开展                         解与关键有效         3.利用文中信息归纳评价
                                   信息的获取
                                  ↓
联系学生实际生活,设计本组         Post-reading         所学知识在新的情景中的运用,对
"一日三餐"菜单的小组活动的   ←──  情景迁移运用    ──→ 自身和他人进行评价,体现出对学
开展                                                  生思维品质的培养
                                  ↓
在教师的引导下,通过"世界            情感教育           上网搜索外国学生一日三餐的饮
各地一日三餐—教师自身早                                食习惯,选取一个国家,以小组的
餐—体育明星的一日三餐"的了   ←──                ──→ 形式共同制作一份关于这个国家
解学习,学生能有健康饮食的观        家庭作业           的"一日三餐"的海报,并于下节
念,并期望能在以后的生活中保                            课在班级进行汇报。
持良好的饮食习惯。
```

图4-6　教学流程

五、教学文本

Sports Star Eats Well!

David asks the volleyball star, Cindy Smith, about her eating habits.

David: Hello, Cindy. What do you like for breakfast?

Cindy: I love fruit. I think it's healthy.

David: OK. So what fruit do you like?　Do you like bananas?

Cindy: Well, I don't like bananas. But I like oranges and apples.

David: What about lunch？　Do you like salad？

Cindy: Yes, I really like it.

David: Hmm...and do you like hamburgers for dinner?

Cindy: Oh, no, they're not healthy. I like chicken for dinner.

David: OK, Well, one last question——do you eat ice-cream after dinner?

Cindy: Err...I like ice-cream...but I don't eat it. I don't want to be fat.

六、教学过程(部分)

表4-3　教学过程

步骤	过程	学习活动	评价要点
Step4 预备激活先期知识	主题引入	Task 1 视频欣赏 词汇快读 Ss: Enjoy a video about the food around the world.	通过欣赏视频,学生是否能轻松地进入学习状态,是否能聚焦90%以上学生的注意力,学生能否准确地读出所看到的食物单词
Step 5 获取新知识	1.Pre-reading 词汇与短语语言输入	Task 2 趣味猜测 分类记忆 1.学生利用句型对教师的早餐进行猜测。Ss: Miss Huang, do you like milk/salad/bread...for breakfast? 2 通过对健康与不健康食物的分类,学生回答教师的提问:"Do I eat healthy food?" 教师继续追问:"Do I eat well?" Ss: Answer these two questions.	通过教师引入一日三餐的情境,学生是否能利用这部分词语猜测教师的早餐 通过教师对食物健康与否的引导,学生开始有"吃健康的食物也就是吃得好"的意识
	2. While-reading 文本内容的理解与关键有效信息的获取	Task 3 快速阅读 整体感知 1.学生快速阅读第一段,并对文中人物、职业进行预测 Ss: Read Para.1 to check their predictions. 2.学生再次快速阅读全文,圈出文中有关食物的词语 Task 4 放慢细读 语言欣赏 3.学生仔细阅读对话采访部分并填写表格(独立完成) Ss: Read and use the circled words to complete the table | | Breakfast | Lunch | Dinner | |---|---|---|---| | Cindy likes | | | | | Cindy doesn't like | | | | 4.学生用文中语言总结、归纳,对Cindy的饮食习惯进行评价,并回答老师提出的问题及追问(Does Cindy eat well?　How does she eat well?　) Ss: Think it over and try to answer with the information from the text.	1.学生是否能在教师阅读策略的渗透下,快速准确地进行预测,获取文本主要内容和有关食物的核心词汇(预测、略读) 2.通过填写表格,检测学生是否熟悉文本,并从中获取有效信息,对此能否用第三人称进行描述 3.观察学生是否能首先对Cindy的饮食习惯进行评价,并从文中找到相关信息加以证明 预测学生的回答: Yes, she does. She likes fruit. She likes bananas and apples. They are healthy. She doesn't like hamburgers because she thinks they are not healthy. She likes ice-cream, but she doesn't eat it. She doesn't want to be fat.

续表

步骤	过程	学习活动	评价要点
Step 6 深度加工知识	Post-reading 情境迁移	Task 5 联系生活 现场设计 1.学生两人一组，就"一日三餐"的饮食情况进行互问互答。教师追问："Do they eat well？/Does she eat well？"继续追问："Why/How does she eat well？" 2.学生小组活动，设计本组一日三餐的菜谱	1.观察学生是否能联系自己的饮食习惯，进行问答活动 2.学生是否能对班上同学的一日三餐进行评价并给出理由 （1）学生是否在小组中积极与他人合作交流，共同完成任务 （2）是否有部分小组能现场汇报本组一日三餐的情况，并在汇报中体现学习主题"How do we eat well？"健康饮食的观念 For breakfast, we like… For lunch, we like…and… For dinner, we like… 预测学生是否还有这样的回答： For lunch, we don't like hamburgers. They are not healthy. We don't want to be fat.
Step 7 学习评价	互评	Task 5 认真倾听 现场投票 学生认真欣赏和倾听他人的汇报，并投票评选他们喜欢的菜单	学生是否能结合"金字塔饮食法"标准和本堂课的学习主题（"eat well"），并能对其他小组的菜单正确评价
	Homework	上网搜索外国中学生一日三餐的饮食习惯，选取一个国家，以小组的形式共同制作一份海报——《关于他们的"一日三餐"》，并于下节课在班级进行汇报	
	板书设计	Miss Huang　fruit/apples　Eating Habits　hamburgers 　　　　　　pears/strawberries　　　　　　ice-cream Cindy　　　vegetables/salad　　　　　　…… 　　　　　　chicken/rice　　　　　　　　not healthy we　　　　　healthy　　　　　　　　　　don't well 　　　　　　eat well	

七、教学反思

七年级是学生在中学段接触英语的开始阶段,在英语阅读教学中如何激发学生的阅读兴趣,如何培养学生的阅读能力和阅读技巧,是每一位中学英语教师都在思考的问题。七年级《英语》上册第六单元是围绕"食物"而展开的话题,它贴近学生的生活,容易引起学生的共鸣。本单元的教学内容也是对第五单元所学习的行为动词"have/has"的进一步延伸。Section B 的这篇阅读材料是一名记者对一位体育明星的采访实录。这位体育明星谈到了她一日三餐的饮食习惯,其中就包含了健康饮食的思想。通过对这篇文章的学习,学生可以用在 Section A 中习得的词语和语言结构来谈论自己对不同食物的喜好,并反思自己的饮食习惯,进而探讨健康饮食的问题。在教学前,我细化了各个环节的任务,给学生搭好了框架。在学生阅读过程中,我教授了学生学习策略,即从对主题意义的探究迁移到对生活的运用实践。我的整个教学设计分成了"读前、读中和读后"三步。

第一步,读前阶段(Pre-reading)

兴趣是学好语言最好的老师。在平时教学中,我也发现,只有让学生对所学的内容产生兴趣,才能调动他们的积极性。学生有了学习的积极性,才会主动参与到教学活动中,从而提高学习效率,最终获得最佳的学习效果。因此,为了提高学生对所学内容的兴趣,我首先用一小段视频吸引学生的注意力,并顺利导入词汇,再由词汇过渡到句型,其中带入"健康"和"不健康"的理念,为学生顺利理解这篇文章的意义"eat well"打下基础。当然,我也发现,全英文教学在七年级,对大部分学生而言,是有一定难度的,那么教师便应该用简短的指令、丰富的肢体语言帮助学生理解。

第二步,读中阶段(While-reading)

在读中阶段,我共设置了四个任务。

第一个任务,在阅读之前,让学生根据教材中的图片内容进行预测,并通过题目、首尾句等归纳全文的主旨大意。同时,我还教授了学生学习策略。第二个任务,在快速阅读阶段,让学生圈出文中有关食物的单词。基于对本课词语的理解,学生能够快速、准确地完成此任务。第三个任务是在第二个任务顺利完成的基础上设置的,即让学生圈出有关的食物类单词并完成"Cindy 的饮食习惯表"。这也是我有意培养学生通过抓关键词来提升解决问题的能力的表现。同时,这也让学生习得了"scanning"的阅读技巧。在学生提交的作业里,我发现,小部分学生不够仔细,对 Cindy 食物喜好里的"ice-cream"理解有误。从这点来讲,我们应加强学生在阅读中对细节的理解。第四个任务,让学生根据"Cindy的饮食习惯表"中的内容,运用重点句型口头表述表格内容,由阅读的输入转向口头的输出。大部分学生都能顺利完成这四个任务,但小部分学生在完成上有一定难度,这让我看到了阅读分层教学的重要性。

第三步,读后延伸阶段(Post-reading)

首先,和同伴以对话的形式谈论一日三餐,这用到了本单元的目标语言。其次,通过展示《中学生每日营养标准》和"金字塔饮食法",让学生评价学校的食谱。在评价食谱时,需要学生有健康的饮食理念。最后,让学生根据我们这节课所传达的健康饮食理念设计一日菜单,并投票选出最佳菜单。这一环节,既能表现这篇文章的主题意义,又能自然地让学生将习得的知识运用到实际生活之中。在设计菜单的过程中,学生带给我很大的惊喜,因为在这些菜单上出现了学生还没习得的Wonton(馄饨)、Kung Pao Chicken(宫保鸡丁)等词语。学生除了对课本上的单词有所了解外,还在学习中了解了其他相关单词。

这节课的作业是让学生上网搜索外国学生的一日三餐,再选取其中任何一个国家,以小组合作的形式制作海报。第二周,每一个小组都上交了自制的海报,各具特色,主题鲜明。

(黄欢)

案例4-8 《科学探究:杠杆的平衡条件》教学设计

一、教材分析

本节课内容源于沪科版八年级《物理》教材第十章第一节。教材从生活中常见的几种机械的图示拉开序幕,让学生寻找它们的共同特点,引导学生理解杠杆的概念。再利用"用棒撬动物体"的图示,让学生明确杠杆的"五要素"。然后,通过实验探究,得出杠杆的平衡条件。最后,介绍杠杆的分类。

二、教学目标

课程标准对本节课的要求为:"知道简单机械。通过实验,探究并了解杠杆的平衡条件。"结合"物理学科核心素养",分析本节课需要建立的物理观念有:

杠杆和杠杆的平衡条件;本节课所用的科学思维是:用科学抽象方法建立杠杆的概念;本节课用科学探究的方法得出了杠杆的平衡条件,全面地展示了科学探究的全过程,让学生初步习得了科学态度与责任。进一步结合《中国学生发展核心素养》进行分析,在建立杠杆的概念的过程中,培育了学生的"理性思维"素养。在实验探究杠杆的平衡条件的过程中,培育了学生的"批判质疑""勇于探究"和"社会责任"素养。在杠杆的分类的教学中,培育了学生的"问题解决"素养。了解杠杆在我国古代的应用,可以培育他们的"人文积淀"和"国家认同"素养;在整堂课中,培育了学生的"乐学善学"和"勤于反思"素养。

基于以上分析,确定本节课的教学目标为:

1.通过对生活中杠杆的观察和使用,让学生理解杠杆的概念,明确杠杆的"五要素"(支点、动力、阻力、动力臂、阻力臂),培育学生的理性思维。

2.用实验探究的方法,探究并了解杠杆的平衡条件,培育学生的"批判质疑""勇于探究"和"社会责任"素养。

3.能根据一定的标准对杠杆进行分类,培育学生的"问题解决"素养。

三、教学重点与难点

1.教学重点:实验探究杠杆的平衡条件。

2.教学难点:杠杆的平衡条件;了解力臂的作图方法;掌握动力、动力臂和阻力、阻力臂之间的关系。

同时,根据以往的教学经验,设计了突破重难点的教学方案。在科学探究杠杆的平衡条件时,利用探究式教学法,让学生完整经历科学探究的七个环节,习得分析实验现象、寻找数据间的规律并从中归纳出实验结论的方法。在进行力臂的教学中,首先给学生复习"点到直线的距离"的作图方法,再类比杠杆的力臂的作图,从而突破难点。

四、教学器材

带盖子的玻璃瓶、可乐瓶盖、起子、剪刀、天平、核桃钳、羊角锤、开瓶器、直杠杆、钩码、铁架台、三角尺等。

五、教学流程

(一)认识杠杆

学生活动1 看谁能先喝到饮料?

先请几位力气大的男同学在不借助任何工具的情况下,尝试把瓶盖打开;再请一位女同学选择教师提供的一样工具,尝试把瓶盖打开。

设计意图:由于杠杆在生活中的应用非常广泛,用这种方式引入杠杆的概念,充分体现了"从生活走向物理,从物理走向社会"的课程理念,同时也激发了学生的学习兴趣。

学生活动2 在使用剪刀、天平、核桃钳的过程中,找出它们在工作时的特征。

教师引导学生明白杠杆的概念。

设计意图:通过使用生活中的杠杆,建立杠杆的概念,以完成部分教学目标。这样的设计,比教材杠杆的图示引入杠杆的概念更生动,学生更容易明白杠杆的概念,有利于培育学生的理性思维。

学生活动3 用直杠杆撬动纸团。

教师通过对比教材中的"用棒撬动物体",让学生在杠杆上确认支点、动力、阻力、动力臂、阻力臂。

设计意图:通过类比,让学生明确杠杆的"五要素"。

学生活动4 作点到直线的距离。

教师引导学生类比a,b两幅图得出力臂的定义,从而了解力臂的作图方法。

设计意图:利用类比法,突破学生的学习难点。

(二)杠杆的平衡

教师通过类比跷跷板上两个人的不同状态,提出问题:当杠杆静止时,一个人处于高位,另一个人处于低位,为了使他们在水平位置上静止,该怎么办?

学生提出猜想后,教师引导学生利用实验器材,设计探究杠杆平衡条件的方案。

学生活动5 探究杠杆的平衡条件。

教师巡回指导。对学生在实验中遇到的问题,教师给予指导并引导其找出解决方法。

实验结束后,教师应引导学生寻找数据间的规律,并从中归纳出实验结论。

设计意图:在实验过程中,对出现的问题,让学生与学生之间产生"碰撞"、小组与小组之间产生"碰撞",在智慧的"碰撞"中产生"火花",从而培育学生的"批判质疑""勇于探究"和"社会责任"素养。

(三)杠杆的应用

学生活动6 让学生依据一定的标准对杠杆进行分类。

教师引导学生对三类杠杆进行分类:省力杠杆、费力杠杆、等臂杠杆。

设计意图:根据一定的标准对杠杆进行分类,培育学生的"问题解决"素养。

教师介绍杠杆在我国古代的应用。

设计意图:根据经验,以及前面所学的知识,可以很容易地将杠杆进行分类,所以,此环节将教材的两部分内容的顺序进行交换,将杠杆在我国古代的应用放在后面介绍,不仅可以培育学生的人文积淀素养,而且可以加深学生的国家认同素养。

(四)当堂检测

(略)

六、课后反思

我在本节课的教学设计中,利用学生实验和课堂活动,突破了教学重难点,并在潜移默化中培育了学生的物理核心素养,取得了较好的教学效果。同时,我也深刻地感受到,培育学生成为"全面发展的人"的不易。

(夏波)

案例4-9 "一元二次方程"教学设计

【教学背景】

我校的课堂讲求三味——趣味、雅味、品味。"趣味"即兴趣、情趣、乐趣,"雅味"即雅言、雅行、雅心,"品味"即品德、品质、品位。"趣味"让学生乐学,"雅味"让学生善思,"品味"让学生怡情。

一元二次方程是初中数学的主要教学内容之一,在初中数学教学中占有重要地位。同时,一元二次方程又是今后学生学习二次函数等知识的基础。我们想用一元二次方程来解决实际问题,首先就要学会一元二次方程的解法。对于解一元二次方程,配方法是解法中的通法,它的推导建立在直接开平方法的基础上,同时,它又是公式法的基础。解一元二次方程的基本策略是将其转化为一元一次方程,即降幂。

本节课由简到难展开教学,使学生认识配方法的基本原理并掌握具体解法。学生学习配方法怎样配系数是个难点,教师应该予以简单明了、深入浅出的分析。我们必须从学生的认知结构和心理特征出发设计教案。前面我们已经系统地学习了平方根、完全平方式、二次根式,为我们学习用配方法解一元二次方程奠定了基础。

【教学目标】

1.知识技能

根据平方根的意义解形如 $(x+m)^2 = n(n \geq 0)$ 的方程。理解配方法,能用配方法解简单的数字系数的一元二次方程,归纳用配方法解一元二次方程的基本步骤。

2.数学思考

在类比中进行知识的迁移,感悟数学的转化思想,在经历配方的过程中,学会思考。

3.问题解决

运用观察、比较、概括、归纳等手段,在独立思考、合作交流、反思质疑的过程中发现和提出问题、分析和解决问题。

4.情感态度

体会探索的乐趣,感受数学学习的价值,获得成功的喜悦。

【教学重点与难点】

1.教学重点:用配方法解一元二次方程

2.教学难点:理解配方法的基本过程

【教学过程】

一、自学体检

1.激情导入,明确目标

问题情境:我们遇到过这个问题:

如图,一个长为10 m的梯子斜靠在墙上,梯子的顶端距地面的垂直距离为8 m。如果梯子的顶端下滑1 m,那么梯子的底端滑动多少米?

解:设梯子底端滑动 x m,那么滑动后梯子底端距墙 $(x+6)$ m。

根据题意,可得方程:$(8-1)^2+(x+6)^2=10^2$,

把这个方程化为一般形式为 $x^2+12x-15=0$。

这个方程该如何解呢?

设计意图:情境引入,激趣,呈现学习的趣味,使学生乐学。

2.自主学习,小组交流

(1)下列方程是一元二次方程的是(　　)

A.$x^2+2=xy$　　B.$(x-1)^2=9$　　C.$\dfrac{1}{x^2}+x=1$　　D.$2x^3+x^2-x=0$

(2)把多项式 $8a^3-8a^2+2a$ 分解因式,结果正确的是(　　)

A.$2a(2a-1)^2$　　B.$8a^2(a-1)$　　C.$2a(a-1)^2$　　D.$2a(a+1)^2$

(3)若多项式 x^2+6x+m 能用完全平方公式分解因式,则 m 的值为(　　)

A.3　　　　B.6　　　　C.9　　　　D.12

设计意图: 复习相关知识,为学习配方法打下基础。

二、快乐展示

1. 小组提炼,班级展示

(1)你能解哪些特殊的一元二次方程?

(2)你会解下列一元二次方程吗? 你是怎样做的?

$x^2=5$　　　　　　　　$2x^2+3=5$

$x^2+2x+1=5$　　　　　$(x+6)^2+7^2=10^2$

(3)你能解方程 $x^2+12x-15=0$ 吗? 你遇到的困难是什么? 你能设法将这个方程转化成上面方程的形式吗? 与同伴交流。

在学生交流的基础上提出问题:

解方程 $x^2+12x-15=0$,得到方程的两个解 $x_1=\sqrt{51}-6$, $x_2=-\sqrt{51}-6$,这两个结果都适合上述梯子滑动问题吗? 为什么?

答:因为 $\sqrt{51}-6>0$,符合题意;而 $-\sqrt{51}-6<0$,不符合实际,故舍去,所以梯子的底端滑动了 $(\sqrt{51}-6)$m。在用一元二次方程解决实际问题中,要根据具体问题的实际意义,验证结果的合理性。

这里,解一元二次方程的思路是将方程转化为 $(x+m)^2=n$ 的形式,它的一边是一个完全平方式,另一边是一个常数,当 $n \geq 0$ 时,两边同时开平方,转化为一元一次方程,便可求出它的根。

设计意图: 巩固直接开平方法,让学生小组合作学习,并交流自己学习的成果,鼓励学生大胆发言,力求语言文明、准确。问题(1)是一个开放性问题,教师要留出充足的时间让学生解释所列方程的解法及根据;问题(2)中的几个方程既有联系又逐步递进,在求解的过程中,应要求学生说明解题思路,学生在表述中可能会用到诸如"用与……相同的方法,可以得到……""……可以化成　　的形式"等语句,对此,教师应及时予以关注和鼓励,以加深学生对转化思想的感悟和理解;问题(3)意在让学生将上述方法进行迁移,求出方程 $x^2+12x-15=0$ 的解,并明确在用一元二次方程解决实际问题中,要根据具体问题的实际意义,验证结果的合理性。

2. 辩论质疑,引导点拨

(1)做一做:填上适当的数,使下列等式成立。

$x^2+12x+\underline{\qquad}=(x+6)^2$

$x^2-4x+\underline{\qquad}=(x-\underline{\qquad})^2$

$x^2+8x+\underline{\qquad}=(x+\underline{\qquad})^2$

在上面等式的左边,常数项和一次项系数有什么关系?

(2)例题讲解:例1 解方程:$x^2+8x-9=0$

解:可以把常数项移到方程的右边,得$x^2+8x=9$

两边都加4^2(一次项系数8的一半的平方),得$x^2+8x+4^2=9+4^2$,

即$(x+4)^2=25$,

两边开平方,得$x+4=±5$;

即$x+4=5$,或$x+4=-5$;

所以$x_1=1,x_2=-9$。

在例1中,我们通过配成完全平方式的方法得到了一元二次方程的根,这种解一元二次方程的方法称为配方法。

设计意图:先由"做一做"利用完全平方知识填空,初步配方,为后面的学习打下基础。并通过学生的观察和讨论,最终要求学生能够用语言叙述并理解:二次项系数为1的完全平方式中,常数项是一次项系数一半的平方。接着利用例题,展现用配方法解二次项系数为1的一元二次方程的过程:先把常数项移到方程的右边,然后两边同时加上一次项系数一半的平方,使方程的左边为完全平方式,给出规范的书写格式,教学生用准确的语言进行表述,体现课堂的雅味:雅言善思。

三、反馈提升

1.归纳总结,测评反馈

(1)配方法解一元二次方程的步骤:

①观察:观察方程左边的多项式是不是完全平方式,如果是,就写成完全平方的形式;

②移项:若不是,就把常数项移到等号的右边;

③配方:两边同时加上一次项系数的一半的平方,从而化成$(x+m)^2=n$的形式;

④开平方:两边同时开平方求根;

⑤求解:解一元一次方程;

⑥定解:写出原方程的解。

(2)变式。

解方程:(1)$x^2-10x+25=7$ (2)$x^2-14x=8$

设计意图:引导学生在解例题后自己尝试归纳,并用自己的语言说出来,归纳出用配方法解一元二次方程的步骤,并通过变式练习巩固解方程的步骤,引导学生回顾目标,明确重难点。通过形成知识的过程,规范用配方法解一元二次方程的书写格式。

2.拓展延伸,布置作业

(1)用配方法解方程$x^2+2x-1=0$,配方正确的是(　)

A.$(x+2)^2=2$　　B.$(x+1)^2=2$　　C.$(x+2)^2=3$　　D.$(x+1)^2=3$

(2)一元二次方程$x^2-6x-6=0$配方后化为(　)

A.$(x-3)^2=15$　　B.$(x+3)^2=15$　　C.$(x-3)^2=3$　　D.$(x+3)^2=3$

(3)用配方法解下列方程：

$x^2+12x+25=0$　　　　　　$x^2+4x=10$

$x^2-6x=11$　　　　　　　　$x^2+2x+2=8x+4$

(4)拓展：方程$3x^2+8x-1=0$该怎样解呢？请大家课后进行思考。

设计意图：课堂练习,巩固所学知识,验收学习效果和提出新问题,让学生学有回味。

【教学反思】

本节课是学习配方法的第一课时,引导学生通过转化得到解一元二次方程的配方法,进一步训练他们用配方法解题的技巧,提高他们的计算能力。在教学中最关键的是让学生掌握配方,配方的对象是含有未知数的二次三项式,其理论依据是完全平方式,配方的方法是通过添项：加上一次项系数一半的平方构成完全平方式。对学生来说,要理解和掌握它,确实感到困难,因此在教学过程中及课后批改中发现学生会出现以下两个问题：其一,在利用添项来使等式左边配成一个完全平方公式时,等式的右边忘了加;其二,在开平方这一步骤中,学生要么只有正的,没有负的,要么右边忘了开方。

因此,要纠正以上错误,必须让学生多做练习、上台板演、当场讲评,才能熟练掌握。

(曾勇)

第五章

生态完善:校本课程建设的土壤

教育生态学主要是对教育资源的分布及个体对教育资源分布的反应进行关注及研究。在生态演进中,生态系统结构及功能,生物及环境,物质和能量输入与输出,不同生物间的共存状态均经历着不断平衡、失衡再到新平衡的循环过程。在教育发展的进程中,健康有序的教育生态环境对教育的发生和发展有促进和协调作用,校本课程的生态环境是以科学的课程体系作为支撑的,是多元环境系统相互整合作用的结果。就学校教育而言,教育生态环境经历着平衡到失衡再到新平衡的过程,整个过程处于动态发展的状态中。因而,教育应根据社会现状及发展趋势,对其自身结构、功能进行调节、完善,同时在整个系统中,对各类教育资源等进行合理调配,从而维持教育系统内部各要素间的动态平衡关系。校本课程生态场是指在学校教育条件下,每类课程均融入学校的环境场域,其相互之间以及各种系统要素与环境间发生生态联系,从而形成关系场、资源场、能量场。[①]因此,完善和发展校本课程建设的生态机制,是助力课程实施效益提高的重要举措。

第一节　教育生态系统理论研究背景

一、生态系统理论研究

生态系统理论是生态学和一般系统理论的结合创生的。生态学的研究对象以有机体的健康、科学的生存与发展状态为主,关注有机体适应环境的能力和在环境中实现动态平衡的过程,这主要体现在有机体与周边环境之间的互动与适应。"生态系统理论"源自美国心理学家尤里·布朗芬布伦纳的相关研究。该研究以个体的生态系统为出发点进行分析,认为个人的行为并不是独立的,除了以自身为中心受到外部环境的影响之外,政策与突发事件等也会影响个人行为的发展。查尔斯与卡伦在共同出版的《人类行为与社会环境》一书中提出,人类行为的发生与社会环境的复杂因素之间存在着密不可分的关系,并指出作为个体,其生存环境是一个系统的、完整的存在,具体可以分为三种类型:微观系统、中观系统和宏观系统。微观系统主要指个人和影响个人的生理因素和人格特质因素等。中观系统指小规模的群体,例如家庭、学校、邻里朋辈群体、各种职业群体和相关社会群体等。宏观系统

---

① 黄长平.校本课程生态场的作用及其优化策略[J].教育科学论坛,2017(1):5.

是比小规模群体更大一些的正式社会系统,比如社区、机构、组织等。

在国内,吴鼎福教授等在1990年出版了《教育生态学》。他们认为,教育生态学是以生态学原理为导向,剖析教育现象及其影响因素,揭示教育发展的规律,运用生态平衡、生态系统、协同进化等机制对教育发展的方向和趋势进行研究与阐述的科学。在此,关于校本课程体系的生态环境研究主要是从三个维度来进行的。第一个维度是以政策文件、法律法规、学术研究为主要影响因素的管理环境,它可以对课程体系的规划和制定起到十分明显的宏观调控作用;第二个维度是可以决定教育课程体系的形成和发展方向的学校文化环境,也包括吸纳了家长和社会资源等的馆校共建课程。第三个维度是以学习者的身心发展为基础的个体环境,其中师资队伍的培养建设以及师生、生生、师师之间的有效合作互动为课程开发建设提供了微观环境。课程的使用者和最终受益者是学生,学生不断变化的身心成长需求也会在很大程度上影响课程体系的下一步开发与研究。学生与课程体系之间相互作用,相辅相成,共同发展。

二、校本课程建设的生态机制

从生态学角度看,校本课程使用者的范围比较固定,其与周边的环境构成了一个完整的校本课程生态系统,具有主体多样性特征,涉及因素多,系统层级度较高。本章着眼于课程生态系统各要素间的关联性,构建了"校本课程生态系统模型"(图5-1),包括微观关系场、中观资源场、宏观能量场,其分别为基础层、核心层、交互层。其中,微观关系基础层包括师生、学生、教师之间的互动与联系,教师要以学生的需要和诉求为出发点,设计科学、合理、符合学生心智发展和学习规律的课程体系。在教师专业化程度逐渐提高的同时,实现学生学科素养等方面阶梯式的进步。通过合作研发学科课程并商讨课程实施过程中的问题,使优秀教师团队快速成长,这有利于学校教研的开展,有利于学科教师的集体培养。课程资源拓展及学校文化环境打造为中观资源核心层,课程领导与管理属于宏观能量交互层。在课程教学实施过程中,构成课程生态系统的不同要素相互协同作用,形成交流循环,实现课程整体间的相互关联。

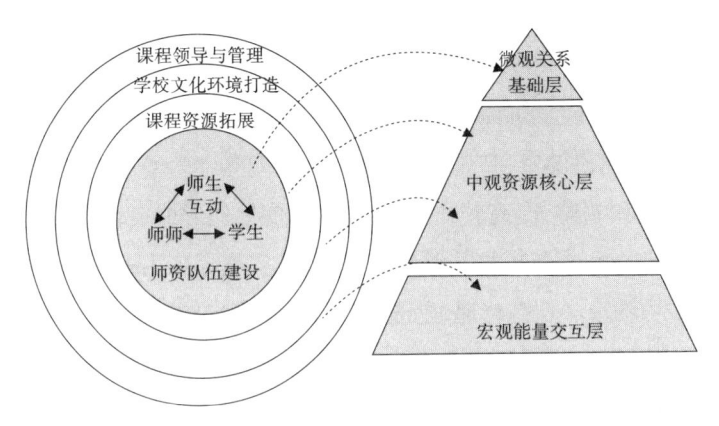

图5-1 校本课程生态系统模型

在课程设计与开发过程中,教师居于主体地位,决定了课程系统的建设方向与设计内容。学校、家长、社会在此过程中起咨询、评价与监督的作用。课程项目设计的指向或目的是学生,即学生对未来发展的需要对课程设计活动起直接引领和导向作用,学生的需要作用于课程设计活动,让课程体系随着学生的需要进一步完善和优化。在课程设计与开发过程中,教师为领头人,家长、社会和学校为协作方,学生为最终受益人和反馈者。在课程实施过程中,需要教师和学生在同一个教学活动中进行实践,双方的分工不同,教师是开发者,起主导作用;学生是接收者,起反馈与协助作用。除此之外还有研究认为,课程自身的特色与多样化将学生推向了主体位置,而教师只是活动的组织者和协助者。但是这两种情况殊途同归,都是满足家长和社会对学生成长的需求。换言之,在课程的具体实施过程中,在素质教育课程体系框架下,学生居主体地位,教师协助其发展,社会、学校与家长起一定程度的引导作用。在课程评价环节,学校以及家长和社会的评价起主导作用,学生只是作为参与者,而教师作为改进者可以决定课程提升的方向。从课程的设计开始,经过实施与评价,每一个环节都需要拓展资源来做内容填充。同时,它也是课程开发活动的媒介和载体。

学校文化环境打造和课程资源拓展是构成中观资源核心层的重要因素,是连接教学管理与教学主体之间的重要纽带。校园环境建设可以视为看得见的育人之手,而集合不同资源扩展延伸的课程体系则是看不见的育人之手,两相配合,各要素互动交流汇聚形成育人合力,为教学管理与领导提供双向反馈,维持系统稳定,将各生态因子自身优势提升,有效促进课程建设生态系统稳步、良性发展。

三、师资队伍建设

　　教师是学校教育教学工作得以顺利开展的中坚力量,建设一支素质高、结构合理的教师队伍,对建设健康、高效运转的教育生态环境十分重要。学校要对当前教师队伍进行优化和调整,提高教师的课程意识,使他们形成自己独特的教育方法,将先进的教育理念和创新精神渗透到课程设计、实施与应用的各个环节中。校本课程生态系统中的教学资源传递,是通过教师呈现出来的,教师将教学资源整合汇聚成课程内容传递给学生,学生在将教学内容学习后进行自我建构,教师得到学生加工过的知识反馈后,进一步分析其学业表现,以提高教学资源传输质量。

　　目前,随着重庆市南岸区茶园新区的飞速发展,我校也在不断扩容,从教师队伍现状来看,我校教师队伍主要以中青年教师为主,是一支充满活力的年轻师资团队,但高级教师、骨干教师数量还比较少,需要学校着力进行师资培养。为尽快建设一支能适应新时代基础教育发展要求的教师队伍,学校结合教师自身专业成长需求,有针对性地制定了教师专业发展规划。

1.培养教师课程意识

　　教师对课程系统的理解与把握乃至创造的程度,反映了教师的课程意识状况和课程建设能力水平。课程意识是教师作为课程的主导者,对当前实施的课程系统的基本认识,教师课程意识的深度决定着教师对课程设计与实施过程了解的深度,具体以教师对课程目标的看法与意见为主。课程意识对课程设计影响较大,它决定了教师在具体的教育教学过程中所扮演的角色。课程建设要在符合国家课程的基础上进行创新与多元化设计。教师的积极参与在课程开发、实施及研究过程中起到十分关键的作用。这就要求教师在思想上要以课程意识为主导,并逐渐从"怎么教"向"教什么"转变。在教师成长为课程设计者的过程中,对课程本体性知识的研习必不可少,他们要以科学的课程观念为指导,才能准确把握课程目标、内容与评价系统,进而最大限度地保障学生与课程之间的稳定、持续的关系。在课程建设中,教师应具备学习者本位意识、实践生成意识和课程反思意识。第一,学习者本位意识,指的是回归学生的主体意识,即教师在课程目标的设置、课程内容的实施过程中,都以学生的需求为出发点。第二,教师的实践生成意识,也就是教师需要打破传统意识的束缚,以创新、多元的方式将抽象的课程方案进行具体化的展示。第三,教师需要具备课程反思意识。教师的反思性实践是以自我为研究对象的一种研究活动,是对自我课程理念和教学行为的辩证否定。教师应该在不断反思与完善的过程中构建具有特色的、科学的教育理念,进而对教学实践工作进行更全面的指导。

在学校层面,要重视课程制度建设。良好的课程文化,有利于教师课程意识的明确和完善。规章制度规范和约束教师的教育行为,且直接影响教师课程意识的形成。另外,学校也可以利用学校教研等形式,增加教师与教师之间合作交流的机会,让课程意识较高的教师分享经验,帮助其他教师增强课程意识。我校对教师有详细、规范的培训和考核制度,也多次邀请课程专家来校或在网上开展课程培训讲座,以培养教师的课程意识;在学科课程建设的具体实践中,提升了教师的课程能力;学科教案的检查督导,强化了教师的课程意识,让教师在教学设计中自觉考虑学生的发展需求,在课堂上高效地完成教学目标;课中和课后的多元评价让教师的反思能力得到了提高,在潜移默化中促进了教师的课程意识的提升。

2. 提高教师课程能力

课程建设过程是一个动态的、变化的过程,需要科研能力较强的教师在实践过程中不断地发现问题并针对相关问题进行研究与探索,得出解决方案后,再回归到实际的教育活动中做好反馈与再次指导,使课程建设不断完善优化,最终调整至符合学生学习需求的过程。教师的课程设计能力对课程活动安排与课程质量有十分明显的影响。作为课程设计的主要力量,教师的课程设计能力决定了课程设计内容与后续的实施、评价情况。除此之外,教师应具备开发和利用课程资源的能力。教师应拓宽视野,开阔眼界,积极主动地搜寻、获取可利用的课程资源,将有限的资源进行创新与多元化应用,以保证课程顺利实施。

第一,搭建平台,重视培养教师的课程能力。教师要认真学习理论知识,为完善课程内容奠定基础。在课程建设过程中,很多教师因为专业等原因而受到诸多限制,为此,学校为教师搭建了相关平台以帮助他们更好地理解课程知识,这也是教师课程知识与教育教学技能培养的关键一环。学校主要用"引进来"与"走出去"相结合的方式来培养教师的课程能力。"引进来"是指聘请相关专业领域的专家来校开展有针对性的讲座,带领教师团队进行特色课程的开发与设计;"走出去"是指学校安排教师外出深造学习,了解其他教师团队的课程设计方向与内容。同时,学校还积极与培训机构开展合作,聘请专业教师进行授课,在校教师根据自己的需要进行随堂学习,待在校教师能力提升后便可独立承担该课程的教学任务。总之,学校要尽可能地为教师提供学习课程理论的机会,让教师能用专业的理论知识进行课程设计与实践指导。

近年来,茶园新城中学领导层非常注重为教师争取参与市区各级高端培训的机会,以助力教师专业发展。多次派出优秀教师随市(区)教研员参与全国性教学研讨会;组织教师参加市级高端置换脱产培训和重庆市南岸区分学科领域高端培训,在北京、上海、深圳、南京等地名校留下了我校教师学习调研的身影。参培的教师们结束培训回到学校后,定期举行了学习成果汇报交流会,将培训的收获传递给了全校的每一位教师。

第二,开展教研活动,夯实课程基础。学校将教研活动常规化,用系列学习活动培养教师解读课程纲要和课程标准的能力,使其正确把握课程的意义,找到校本课程建设的切入点。学校成立了专门的课程研修团队,每周开展教研学习和交流活动,强化教师之间的协同合作。同时,以教研组为单位,在每周一次的教研例会上,开展课程研讨、集体备课、重难点知识答疑、中考形势分析等活动,同时共同商议、解决校本课程建设中遇到的问题。在学期工作会上,学校还安排课程建设及教学质量较好的教师分享经验,推广做法,形成学习共同体。建设与实施之余,学校还鼓励教师展开行动研究,培养其研究意识,使其不至于"人云亦云"。教师的行动研究是解决在教育教学实践中所遇到问题的一种研究行为,通过这个过程教师能进行持续批判和反思,进而提高个人的教育教学能力。

第三,开展项目研究,助力课程建设。学校提供的各种学习机会只是帮助教师提高个人课程能力的外部因素,教师应具有主动学习、勇于实践的意识与意愿,因为这才是提高教师个人课程能力的内部因素、关键因素。教师只有积极研习其他学校的优秀的校本课程建设案例,不断开阔自己的视野,理清自己的思路,提升对校本课程的认识,才能根据本校的实际情况完善校本教材的内容。除此之外,对校本课程建设感兴趣或者能力较强的教师可以成立工作室,主动承担相关校本课程的研发任务,并在此过程中提升自身的专业素质。茶园新城中学"二期"课改项目均是由骨干教师组队牵头的,例如数学组张勇老师负责的基于数学核心素养的课堂教学改革,语文组杨万霞老师负责的"书香阅读工程项目"和"培养初中生创新能力的科技校本课程建设实践研究项目",刘生权老师负责的"深度学习教学改进项目",物理组蔺习洪老师负责的"基于核心素养的物理学校教材二次开发项目",均有力推动了我校的校本课程建设。

最初,对于教师参与校本课程建设这件事情,很多教师受传统教学观念的影响,认为教师的本职工作就是把自己负责的学科课程上好就可以了,因此他们不愿意接受教学工作之外的任务。但一段时间后,特别是在教师参与校本课程建设后,教师们认识到参与校本课程建设能更加准确地了解学生的需要,构建符合学生需要的校本课程体系,满足学生发展,提升学生的个人素质,教师自身的教育教研能力也得到了提升,他们参与校本课程建设的积极性便得到了极大的提高。

没有教师参与校本课程建设作为保证,课程建设会缺乏可操作性和持续性,这就要求学校应搭建平台鼓励教师积极参与校本课程建设。为此,学校应该给予每一位教师平等参与的机会,指明校本课程建设于教师专业成长和学生素质提升的益处,并要采取恰当的方式调动教师参与校本课程建设的积极性。比如,学校可以将参与校本课程建设作为教师研修的方式之一计入其继续教育档案,也可以将校本课程建设的成果作为教师年度考核的参考依据,还可以将教师参与校本课程建设所作的贡献作为职称评定的一个加分项。茶园新城中学把教师们在校本课程建设过程中的表现用影像、文字图片等方式进行了记录,并在年度"三益论坛"活动中对优秀教师进行了公开表彰。

第二节 课程资源拓展

一、生态系统下校本课程建设

在校本课程建设生态系统中,学校基于国家课程和地方课程,结合自身实际情况,开设了符合本校办学传统和目标的课程。适合学校自身发展的课程生态系统能使学生、家长、教师、学校以及馆校共建的社会课程资源和谐共生、共同进步。校本课程建设将教师和学生作为教育生态系统中的主体,基于国家课程和地方课程,在讲一步分析本校学生的真实需求的情况下,实现了课程资源的高效配置与合理应用。从学校实际情况出发,它打破了传统课程安排的束缚,为学生提供了更多可选择的课程资源,促进了他们个人素质的提升。课程资源的拓展要向横向知识集群和纵向能力集群两个维度延伸,为此,教师首先要做好课程储备、定位,打牢学科课程和德育课程的建设基础,然后拓展并发掘校内外相关资源,形成生态发展链,使德智体美劳"五育"得以并培并举。

了解课程资源分类,能加快生态系统下的校本课程建设。课程资源的分类对象是课程资源的本体,即有助于实现课程目标的一切物质资源和非物质资源,以及与课程目标实现相关的各种活动。按照课程特点进行划分,课程资源的类别主要包括:国家、地方以及校本课程资源;校内课程资源和校外课程资源;物质课程资源和非物质课程资源;自然课程资源和社会课程资源;素材性课程资源和条件性课程资源;文字课程资源、实物课程资源和活动课程资源;外显性课程资源和内隐性课程资源等。按照课程资源的存在形态进行类别划分,课程资源可分为文化资源、物质资源和人力资源,这三种课程资源同时又是学校能够长期开发利用的常规资源。首先是文化资源,包括学校师生作为共同体在特定的地域中长期生活形成的学校传统、校园文化等和传承的地域文化、风土人情等,文化资源是无形资源,它会对学生社会化产生深远影响,例如有的学校开设的版画、剪纸等课程就带着浓郁的地域文化属性。其次是物质资源,主要包括学校所在的自然环境、校园设施、建筑景观等,例如图书馆、博物馆、美术馆、运动场馆等,物质资源是有形资源,它为学校师生提供教学场地,一些社会机构和组织亦可弥补学校物质资源的不足。最后是人力资源,主要指包括政府、企业,社会中具有专业技能、学识渊博的个人,人力资源的开发和利用可以为学校注入新的师资力量,解决师资不足的问题,对校本课程的设计、实施都有促进作用。

　　在我校的校本课程中,最有特色的当属"陶陶公社"开展的"陶艺"课程,这门课程经过几轮教学实践已经在校内外小有名气,由此,学校还成为四川美术学院美术教育实践基地、重庆市艺术特色(陶艺)学校。学校的陶艺课程面向全校师生,让师生在水与土的交融中感受美。陶艺有悠久的历史,学生不仅可以通过反复练习掌握陶艺技术,也在无形中提升了趣味、雅味、品味,加之茶园地区特有的茶文化的熏陶,使得茶园新城中学的师生变得更加平和、优雅。此外,学校还将劳动教育融入课堂内外,建设了"生物种植园",实现以劳育人。同时,学校开展的"小小实验家""VEX机器人""科技小论文撰写"等课程,和"陶艺"课程一起培养和提升了学生的创新意识和动手实践能力。在教师的带领和指导下,优秀学生代表学校参加了市、区各级各种竞赛,也收获了喜人的成绩,既锻炼了学生的团队协作能力,也拓宽了他们的视野,延伸了学习课堂。学校以"益己·益人·益天下"理念构建起三益课程体系,开设了几十门课程,已逐渐成为学生发展爱好、发挥特长、发散思维的新兴阵地。

学校很好地利用了周边高质量的人力资源,经常邀请教育教学专家和教研员到校为师生开讲座,指导教学;邀请法院和检察院的工作人员为学生开设法治讲座,进行普法教育;邀请消防队官兵来校开展消防应急演练,让全校师生学习防火、救火、自救常识;邀请不同职业的家长走入校园、走进课堂为学生演讲,增进亲子关系,让学生更加理解家长的辛苦,了解社会上的不同职业背后的故事。关注生命本质,回归教育本真,我校以丰富而层次鲜明的校本课程,在学生心中播下乐读、善思、笃行、雅致的种子,让教育教学活动焕发出蓬勃生机。

二、学校生态环境打造

(一)生态环境打造的逻辑样态

课程生态系统中的学校环境建设理念是打造和谐上进的学校氛围,坚持以学生为本,创新引领,持续发展的教育理念,它强调学习者的主体地位,促进学习者终身学习。学校环境由师生学习空间项目群组成,它为学生进行课程实践、竞赛演练等不同维度的学习提供了平台。建设"四项协同"创新发展平台,即构建家庭与学校、场馆与学校、科研机构与学校、校与校之间协同创新发展平台,能为校本课程建设提供良好的生态环境,使之发挥示范引领作用。学校文化是课程顺利实施的重要支撑和保障。每一所学校的课程实施都会受到多种因素的影响,而影响它的各种因素并不是相互独立的,而是以整体交织的形式对它产生影响,这种具有综合性、地域性的影响因素就是学校文化。学校文化是全校师生都认同且具有一定影响力的价值观体系,这种价值观体系是在学校长期办学过程中形成的,包括师生共同认可的课程目标、教育期望、教学方式、教学习惯等。学校文化具有内隐性,但其对课程改革的影响是强有力的,良好的学校文化能够为教师的课程设计和学术科研带来更多的灵感,能够帮助教师提高课程实施质量,促进学生综合素质的提升。校园中的一面墙、一座雕塑、一条走廊、一个展台、一个精心设计的角落都是校园文化的组成元素,是展示校园文化的特色窗口。虽然它们是静态的建筑物或其他,但在潜移默化中它们深刻地影响着学校的课程建设。学校文化展示彰显了一个学校的文化底蕴,能够使师生深入了解学校的发展历史与文化内涵。在打造学校教育环境协同创新发展平台时,需要遵循和谐性、示范性、互惠性三个原则。校本课程建设属于一种基于多元化知识的教学生态系统建设。师生主体、课程资源、学校文化、教学场馆是课程生态建设系统的学校教育环境构成要素(图5-2)。学生和教师是课程教学活动中的教学主体,他们相互之间、与环境之间交换并作用于课程资源,通过教学研究凝练成教学成果,树立学校理念,打造课程品牌,有利于进一步调控、维持课程生态系统向动态平衡方向发展。

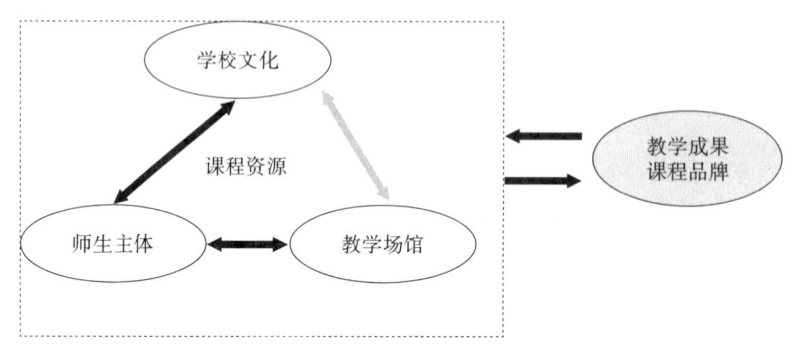

图5-2 学校教育环境构成要素

(二)师生在生态环境打造中的主动性

师生是学校文化建设的主体和重要参与者,从横向来看,学校文化建设的参与者包括学校内的所有人,当然也包括学校领导在内的所有教职员工。从纵向来看,所有曾与这所学校的发展有关系的人,所有曾经将自己的个性理念以及成果贡献转变成印迹留在校园中的人,都是学校文化的建设者。

教师和学生在教学实践活动中所表现出来的特有的思维形式、行为方式是学校文化的重要组成部分。学校的规章制度,例如宿舍管理条例、图书馆规章等,以及师生自觉养成的非明文规定的行为准则和良好习惯,学校的校风校貌、教风学风、师生关系、生生关系、群体性心理也是学校文化的重要组成部分。

我校的校训为"三思益人",具有三重内涵。其一,"三思"即勤思、慎思、反思,人生有此"三思",则思虑周详,无往不利;其二,"三思"即反复思考,再三权衡,凡事能够"三思"而后行,无论对己、对人都有益处,不至于莽撞而伤人、伤己;其三,"三思"即多多思考,常思益人之事,常为益人之举。如此,一个人的道德品质和生命境界才能够不断地臻于至善。"三思益人"蕴含了对己、对人的态度,对人生的思考,意蕴深远,值得茶园新城中学师生一生谨记。为涵养内在气质,传承书院传统,学校创建了"阅读"特色课程;为实现时时阅读、处处阅读,学校在教学楼一楼设置了开放式阅读大厅,让学生逐渐养成了"阅读就是休息"的习惯。

(三)课程生态资源

课程资源环境可划分为物理环境和文化环境两部分,它是课程生态系统发展的基础。教学设备、教学场所等构成的外部基础环境为课程资源物理环境,它随着教学反馈,根据教学的实际需求不断地与校本课程建设的需求相适应。为促进校本课程建设,满足学生个性发展需求,茶园新城中学设置了陶艺室、茶艺室、器乐室、排练室、生物种植园等教学场所,用以满足校本课程建设所需。课程资源文化环境指的是学校内部的教学环境,如民主、和谐、平等的学校氛围,包括评估考核制度、学习风气和管理制度等。我校提出建构"三本"课堂,即提倡以人为本,以学为中心,以思为关键,这样的课堂导向决定了课堂的民主性、和谐性、趣味性,为全校师生所喜爱。课程资源物理环境和课程资源文化环境为全校师生进行全方位沟通、交流搭建了平台,推动了教学资源的传递,促进了教学资源的共享。

课程文化是学校文化软实力的重要表现,因此,学校应将课程文化作为建设核心,同时整合其各个功能,以提高它的育人效益。师生与校园环境之间是通过教学过程进行关联的,这个过程实际上就是课程建设生态系统中的教学传递,双向传递教学资源的过程就是课程实施的核心内容。现代教育技术应用在教学过程中,不断优化更新教学资源,形成了多元化的教学呈现方式。教学资源包括教学类资源、素材类资源、应用软件类资源、管理服务类资源等。其中,数字信息资源高效转化为可被学生和教师使用的课程资料,满足了不断深化、增长的课程需求,提高了教师的教学质量。

(四)校园生态文化

校情分析是学校文化建设过程中的重要一环,开展校情分析不仅要对学校的教育资源和环境进行系统梳理,更重要的是要通过校情调研来树立学校的教育理念,确立学校价值观念。虽然大部分学校明确了本校的学校文化主题,但其所谓的学校文化建设基本上都是用文字形式来宣传学校的校风校训,与校本课程并没有明显的关联,同时其课程建设也并没有深植于学校文化的深厚土壤之中。只有学校文化与课程之间有了实质性的联系,教育理念与课程建设方向保持一致,学校的课程建设才会取得实效。学校文化不仅体现了学校的教育教学理念,而且对师生的价值观和行为方式也会有影响。学校文化建设不是一蹴而就的,而是在学校多年的发展历程中沉淀、积累而逐渐完成的。在学校文化的影响下,学校的课程建设才能自成一体,只有师生携手才能更好地制定并完成教育目标、课程目标。

校园中的景观建设,楼宇打造,路牌标语竖立,教室环境设计,办公室风格设计,甚至每一件教学用具、每一个实验设备的选择等,都是在学校文化建设中必须被关注的。学校要重视校园环境对教育的重要意义,要对校园环境进行合理规划和设计,增强其育人功能,例如在校园的屏幕墙上播放与校本课程理念和实践成果相关的宣传片,在宣传栏内张贴勤学励志的学生的照片等。学校还以易理文化为渊源命名了"行健楼""丽泽楼""兰蕙楼""盛德堂""明道厅"等建筑,用雅致的名字给予学生中华优秀传统文化的熏陶。校徽以艺术化的隶体"益"字,突出了我校特有的学校文化主题。

(五)教学场馆的生态化

完善学校的硬件设施是课程方案得以顺利实施的重要条件。如果学校硬件设施不完善、不到位,会导致许多课程难以开展,例如"三益"阅读课程、"陶陶公社"课程、"三益"艺术节等,均要求学校提供相应的活动场地以保证课程的顺利开展。我们要用充满文化韵味的校园环境熏陶师生,进而改变教师的教学方式和学生的学习方式。我们秉持"培养终身阅读者"的理念,优化了校园内的阅读环境,设立了图书馆阅读区、英语角、班级书屋等,方便学生随时就近根据自己的需要进行自由阅读。排练厅、体育馆、音乐厅、剧场,学校建设这些场馆,是为了强调体验性的学习环境,增加体验性实践活动,有利于学生进入沉浸式的学习模式,充分满足教学的需要。我校根据校本课程建设需要建设了物理、化学、生物等实验室,室内体育场、排练室等,这些教学场馆为开发学生潜能、发展学生特长、校本课程顺利实施提供了必要的硬件设施。

为支持学校"大阅读"课程建设,我校在教学楼一楼设置约600平方米的开放式阅读大厅,其间放置了8个大型书架,陈列了2万余册图书供学生集中阅读。每一间教室,我们均放置了一个八角形书架,学生可根据需要随拿随取架上图书,使学生随时阅读成为可能。学校为满足学生未来发展需求修建了200平方米的排练室,供舞蹈队、健美操队使用;修建了200平方米的器乐教室,定期开展器乐演奏训练;在教学楼内增设了陶艺室、茶艺室等,以方便陶艺、茶艺课程的开展;还开辟了生物种植园,供学生进行生物实验。

第三节 课程管理与领导

一、课程管理与领导的哲学思考

课程管理与领导是宏观层面上学校管理层通过质量监控来影响教师进而达成校本课程目标的过程,它通过学校管理人员、教师、学生、家长的交互沟通,达到课程生态系统中的能量汇聚状态,促使课程实施更加规范有度和课程效益最大化。课程管理是指校本课程与教学事务的管理,主要包括对"教什么、谁来教、如何教、如何评价"等事务的处理。同时,它涵盖课程领导的理念,课程领导理念是课程管理内涵的发展,而不是与课程管理相对的概念。课程是学校的产品,是对学生进行教育的主要载体。在课程建设生态系统中,应准确定位校本课程、地方课程和国家课程,使不同层次的课程要素和谐共生、相互作用。课程管理是对人、组织和课程发展的管理,是对课程编制、设计、实施和评价过程的管理,是对影响课程管理的因素进行监控的过程。课程管理人员要想有效地完成课程目标,就必须全面分析课程管理的各个环节和要素内容,做好应对任何可能发生的状况的准备,确保各个环节能够形成良性循环。

二、科学的课程管理理念

课程管理理念指的是学校的管理层对课程管理的观点和思想,对课程的整体认识与理解,并在理解的基础上结合多年实际管理经验总结出的科学合理的系统认知。贯彻科学的课程管理理念的根本目的是为学校制定合理的发展目标提供指导。

要坚持"以人为本"的管理理念。在课程管理中要关注学生和教师在课程中的作用。我国新课程管理理念的核心内容是"以学生为本",因此,我们要让学生积极参与校本课程的设计与实施。在学校文化和校园环境的建设中,学校要加强与师生的交流沟通,提高他们的参与感。

"以学生的发展"为根本出发点。在教育教学过程中,应充分调动学生的学习积极性,使每一位学生都可以受到关注,每一位学生都能被看见,进而促进学生学习态度的转变;应充分发挥教师在教育教学中的主导作用,使作为课程管理的直接参与主体——教师得到应有的尊重,使其个性特长得以展现,进而促进教师教学理念和教学方式的转变。

我校的校本课程建设以《国务院关于基础教育改革与发展的决定》精神为指导,按照《基础教育课程改革纲要(试行)》提出的改革目标、要求等,结合学校的实际,围绕学校办学传统、理念和发展规划,以课程实验为契机,更新教育观念,优化教育资源,提升学校文化品位,进而全面提高教育教学质量。建立较为规范的自觉自律的内部评价与改进机制,是一所学校成功进行课程建设必不可少的条件。在学校《"三益"阅读课程评价方案》(以下简称《方案》)的指导思想中明确提出"'三益'阅读课程的评价更多地依靠学校进行自觉自律的自我评价,不断反思课程开发过程中出现的各种问题,自我批评、自我激励、自我改进,保证'三益'阅读课程建设的顺利推进"。在该《方案》的"评价标准"部分,以"五性"作为评价标准对"三益"阅读课程进行评价,彰显出了我校课程管理理念的先进性。所谓"五性",即人文性、综合性、生成性、开放性、实践性。

——人文性。具有浓郁的本地域风土人情、学校特色,融趣味性、知识性、科学性、思想性于一体,能对学生进行正确的世界观、人生观、价值观养成的教育。

——综合性。有机地整合学生已有的知识和生活经验,引导学生以多种学习方式有效地解决在学习、生活中遇到的问题。

——生成性。促使学生在一系列亲身经历中,逐步获得自己的知识结构、能力、情感、态度、价值观。同时,在师生的共同参与下,生成学校的校本课程。

——开放性。以开放的体系、开放的内容、开放的学习形式,充分引导学生自主探究,让学生在不同方面、不同程度上均有所发展。

——实践性。以探究问题为核心引导学生积极参加实践活动。

三、课程管理主体

在学校的管理工作中,课程管理是核心,同时课程管理主体对管理结构有十分重要的影响。科学有效的课程管理要做到管理主体多元化、民主化。校本课程管理的参与主体除学校管理层外,还包括教师、学生和家长等。按照职责划分,我们可将课程管理主体划分为决策人员、设计人员、实施人员、监督人员等。课程管理的决策人员主要由校领导及部分优秀教师组成,他们是课程管理的主要负责人员,负责把握课程方向,对课程管理具有决定权、领导权。课程管理的设计人员是课程的规划设计者,他们要组织课程资源,讨论设计课程,以及为决策提供调研材料。学校中最直接的课程实施人员为任课教师,同时,他们还是班级的组织者和学生的指导者。课程管理的监督人员是校本课程管理和执行的监督者,包括督导、社会人士、学生家长等。课程管理的监督人员主要是对学校决策人员的决策是否正确,课程实施人员是否执行决策等进行监督。有了监督人员的有力督查,才能及时发现并有效解决课程管理中出现的各种问题。

我校的课程管理主体层级清晰。第一层级为年级组,以年级主任、年级组长为负责人,具体负责落实课程开设地点、学生选课及课程开设常规管理等事务;第二层级为教科室,具体负责课程开设、课程宣传、课程考核、课程改进等专业指导工作;第三层级为学校督导室,主要负责对教师教学行为、教学内容、课堂管理等进行督导检查,保证课程开设的常规工作顺利推行。

每学期在学校"教学开放周"的时候,校本课程还会向社会开放,届时,相关教育领域的专家、学生家长、社区及兄弟学校代表可以"进校园、进课堂",在随堂听课、观摩学生展示后,留下宝贵的意见和建议,经教科室将之收集整理,再反馈给任课教师,进而改进与完善校本课程。有时,学校还会聘请专家开设专门的讲座,针对学校的课程建设工作进行指导。

四、强化课程管理过程

实行国家、地方、学校三级课程管理。国家制定中小学课程发展总体规划,确定国家课程门类和课时,制定国家课程标准,宏观指导课程实施。在保证实施国家课程的基础上,鼓励地方开发适应本地区的地方课程,学校在执行国家课程和地方课程的同时,应视当地社会、经济发展的具体情况,结合本校的传统和优势、学生的兴趣和需要,开发或选用适合本校的课程。

校本课程的开发及管理。强化层级管理,确定"层级首问责任制",提高课程领导力和课程执行力。明确校长是课程管理一级责任人,副校长是课程管理二级责任人,教导处是课程落实主体单位。结合相关课改精神,学科组长负责本学科的课程管理。

我校的课程开发流程如下。

(1)成立由校长、教学主管副校长、教研组组长、教师代表、家长代表、社会资源代表及课程指导专家等多方参与的校本课程研发小组。校本课程研发小组基于相关政策和学校实情等进行课程系统的顶层设计。

(2)校本课程资源调查。调查、了解校内外可以利用的课程资源,摸清校本课程开发的家底。

(3)学生课程意愿调查。以问卷调查的形式了解学生的兴趣及学习方向,在对每个学生调查的基础上进行归类整理,形成校本课程的开发"菜单",以供学生选择,切实促进学生全面发展。

(4)制定课程开发方案。以一学期为一个周期制定方案。方案内容包括课程指导思想、课程目标、师资情况、课程组织与实施、课程评价等。

(5)教师申报课程。教师根据校本课程开发方案填写申报表申报课程,经学校审批同意后,撰写课程实施计划。

(6)学校对校本课程进行评价指导。学校根据教师撰写的课程实施计划,进行督导检查、指导评价,确保校本课程开发的质量。

在课程组织实施环节,管理团队要让任课教师充分理解学科的教学内容,明确教学目标,选好教学方法,确保课程组织实施的顺利完成。在课程评价环节,学校可以设立由管理人员、学生、家长以及课程专家等组成的课程评价小组,采用问卷调查、访谈分析、诊断性评估测验等形式对课程进行有效、科学的评价。此外,任课教师在结束一轮课程实施后,可以根据授课日志和课程反思对该课程实施进行改进、创新、提升,使课程实施更具个性化,更加贴近本校教学实际和学生需求。

在课程实施过程中,我校始终贯彻科学的课程管理理念,加强对相关课程建设的教师及教学的科学管理。

五、校本课程建设生态系统完善策略

在校本课程建设的生态系统完善过程中,如何有效地对学生的创新精神、社会责任感、实践能力进行培养,是课程建设中的核心问题。我们坚持以学生为本、创新引领、持续发展为指导,培养具有批判精神、审美情操、劳动技能的学习者,形成基础学习、兴趣拓展、创新提升的课程建设生态体系,为不同需求、不同层次的学生提供多元化选择机会。我们通过课改实践,完善课程建设的生态,创设和谐的教学环境,促进学生的全面发展。

(一)重视认知过程和批判性思维培养,凸显学科核心价值

教师在夯实学科基础的同时要在学科核心价值追求方面有所突破,打破教学内容与知识技能之间的阻隔,充分重视学生学科能力的成长及其学科素养的发展。这就要求教师应更加深入地探索学科价值,恰当地定位学科特点,强化教学实践效果。在课程实施过程中,教师应增强师生、生生互动,活跃教学氛围,以释放学生学习潜能,真正做到认知过程可视化。教师应通过知识教学、技能训练等,充分培养学生的批判性思维和创造性思维。

在教学改革的推动下,我校在区域二期课改核心项目"深化课堂教学改革 提高学生核心素养"的实践中,让每一位教师都参与了新教材教学目标的叙写活动。结合学科新课程标准及单元目标,教师将单元目标进行深入解读、设计、叙写,从而在课程实施中有效地帮助学生发展核心素养。

(二)提高探究式合作学习效果

小组合作探究学习是一种旨在促进学生在异质小组中互相合作,达成共同的学习目标的学习方式。它通过师生、生生协同合作,发挥群体合力,提高学生学习的动力和能力,使学生在合作探究中相互协助、相互补充,充分体现学生的主体性,实现其由接受式学习向创造性学习的转变;使学生在合作中掌握自我发展、自我管理的能力,这不仅有助于打破沉闷的课堂氛围,还有助于发展学生人际交往的技能,塑造其健全的人格。在此过程中,教师须充分重视教学目标和合作学习内容的关联度,关注教学重难点,持续监控合作的效果,以进一步完善教学方式,提高探究式学习效果,制定更有效的合作学习组织指导策略。

随着教育部"深度学习"教学改进项目实践的深入,我校作为项目实验校,对学生的合作探究式学习进行了新的尝试。学校在课程改革初期提倡小组合作学习,将学生进行同质或者异质分组,选定小组长,进行职责分工,然后建设小组文化,拟定组名、口号等,教会学生小组合作学习的方法,确定小组发言人及小组考评方式,在小组展示中,体现合作学习的成果。学校将"深度学习"的理念引入课堂,在小组合作学习知识、技能的同时,教师着力引导学生运用所学解决实际问题,达成具有挑战性的单元学习目标。在小组合作学习中,小组成员间的固定分工被打破,每个成员都在大单元学习中,深度参与学习,进而锻炼了他们的思维方式,提高了他们的动手动脑能力。期间,教师运用过程性评价,始终跟进学习任务完成全过程,不

断促进小组合作探究学习质量的提升。

(三)整合互联网+教育课程资源

在"互联网+"时代,学校将互联网云计算技术应用到校园课程资源整合之中,使原本独立的学科之间产生了联系,各学科课程资源得到最大限度的开发和利用。同时,网络上庞大的课程资源库也为教师设计课程和查找课程资源提供了方便,教师能够从容地将课程分配整合后再进行串联教学,大大提高了课程的使用效率。实现了互联网+教育课程与大数据的深度融合,提供了协同备课、在线教学、智能测评、文献阅读、协同研究、论文写作和课程作业管理等多种服务,可用来构建公开课、同步课堂、微课程、直播教室、MOOC等多种新型在线课程。当前,大部分学校的教师都只是研究自己所教授的课程,即便是同一学科教师之间也呈现"各自为政"的状态,其结果是各学科或本学科课程资源无法整合,甚至零散的教学资源片段都不能被有效地利用起来。对此,基于"互联网+"的云计算和搜索引擎功能则可以帮助学校建立网络课程资源数据库(此数据库整合了各个学科的教学素材),进而使教师在设计课程时不仅可以应用本学科的教学素材,同时还可以将其他学科的相关可用素材融入课程设计当中。运用"互联网+"技术将各个学科的教学资料、课后习题、微课、课件等上传至云端,打破了各学科之间的壁垒,实现了跨学科课程设计,为教师设计课程和学科交流提供了便利。2018年9月,我校在七年级将平板引入课堂,开始了课堂教学及学生作业完成方式的新改革。同时,学校还全面引进了"××云平台"智慧在线教学系统,教师科学管理课堂内外重点内容、学生趣味自练自我提升双轨并行,以提升教师的教学效能和学生的学习效果。

六、生态课堂中融入科技元素——云课堂

(一)云课堂的基本旨归

云课堂应用于课堂环节,能帮助师生进行实时交互,在及时反馈中,让师生多向互动,为教师上课方式、课堂教学内容等提供多维参考,推动教育公平。

(二)云课堂中的分层教学

1.基本步骤

分层教学系统根据学生个人知识图谱和前测学情报告将班级学生进行智能分组,其主要是为了细分课堂,进行个性化教学服务。教学开始前,教师做好学生个人知识图谱绘制和学情报告调查。教学中,教师可根据当堂教学情况和实时课堂测试反馈情况,随时微调分组结构,使个性化教学更加精准。教师通过典型错误分析、当堂纠错、当堂展示等教学方式与学生产生教学互动,收集课堂教学数据,实时与数据库进行对接,进而实时调整教育教学方式和教学内容。整堂课结束时,教师根据学生分组情况,基于学情数据诊断报告,推送相应课堂作业,以检测学生对整堂课的掌握程度,把握学生学习情况和自身的教学效果。

2.专业教学资源

云课堂提供了量身定制的专业教学资源,上手便捷,让教学及互动更加方便、轻松。(图5-3)

图5-3 云课堂课程资源

3.课堂互动实现形式多样

良好的课堂互动能使学生全面参与,不落下任何一位学生,课堂答题及时反馈,师生之间高频互动,能培养学生的自主管理能力,提高学生的学习积极性,让课堂变得开放、灵活。互动时,云课堂能够发挥更大的优势,让教学关注覆盖到全班的每一个学生,让课堂教学的反馈无死角;云课堂有强大的教学功能,其中丰富的教育教学手段能让教师高效、便捷地关注每个孩子的听课情况,进而实现个性化指导。课堂中,每一位学生都有对应的"位置",教师可在课堂的任何环节查看到所有学生的学习状态。例如,教师可在布置了课堂作业后切换至相应的页面,查看每一位学生的答题行为、答题速度等情况,进而反推并判断该学生的上课状态、知识点掌握程度等,加强了教师对学生学习情况的掌控。一堂课结束后,课堂教学中的相关核心指标会在平板中以数据列表等形式显示出来,它能给教师提供课堂教育教学的结果性数据,为教师接下来的教学提供一定参考。课堂互动形式多样,可增强课堂的生动性、趣味性及学术性(对新知识的适应性),提高学生的主动性、活跃度。频繁的互动交流,能帮助学生拓展思维的宽度和深度,让学生敢于、善于表达自我。

4. 有温度的云课堂教学

有温度的云课堂教学是在助力教师分析学生全方位成长数据的同时,会将更多的人文关怀注入其中,用唤醒式教学调动学生的学习主动性,提高课堂饱和度,实现对学生的精准关怀。

有温度的云课堂教学可以实现多点互动、远程互动,切实实现教育公平。同时,它基于学生的身心成长规律和教育本源的发展规律,有助于学生个性化成长。

有温度的云课堂教学(云作业应用、自主练习应用、智通云听说、美文悦读等)有助于教师更精准地制定教学策略。

(1)云作业应用。

"云作业应用"是一套适用于中学所有学科的作业类系统,它可以避免目前教师布置试题重复、统计困难等情况,并将微课功能有机地融合在作业系统中。教师端,可以对学生进行个性化、分层次的作业布置,教师可以从个人题库、学校题库、精品题库、共享题库等选择有针对性的试题助力学生的成长;设置了错题重做功能,进而帮助教师根据相关作业完成情况进行数据统计分析。学生端,可以就作业完成情况得到及时的反馈;听微课;自动形成错题集;等等。

通过对云作业应用中"教师布置作业—学生上交作业—教师批改—学生校对、订正—作业上交标签"等流程相关数据的整合,可以获得学生的各科成绩表及学习情况走势数据、学生答题状态数据、学生完成作业的诚信数据、订正完成度数据、学习状态数据等,并基于此,教师可以进行学情智能分析,赋予学生AI智能标签。

(2)自主练习应用。

"自主练习应用",多用于数学、英语、科学等学科。教师布置做题任务后,学生可根据自己的学习情况及个性化特点完成试题,并随着自身能力的变化,做更有难度的试题。每一个学生在使用自主练习应用后,都能在自己现有的基础上有所提升,同时,教师也可以随时监督与评价学生的学习情况。

(3)智通云听说。

"智通云听说"是一款英语听说应用软件,便于学生在空余时间进行英语听说训练。该软件可以实现文本与音频同步精准匹配,用户语音将同步转化为文字记录,用户亦可根据已有文字选择听语音的内容,通过对文本和语音的双重记忆,加强对单词的印象。软件支持英语诵读的评测打分,对诵读文本根据发音得分点做出相应标记,利于学生对正确发音的掌握。

(4)美文悦读。

"美文悦读"是一款拓展学生语文课外阅读的应用,其中分类收藏了大量适合学生阅读的美文。学生可以点评,教师可以查询学生阅读及点评的情况,有效提高学生语文课外阅读水平。

(5)美文与写作。

"美文与写作",本项目所研发的应用软件不仅具有丰富的美文范文以及常规写作素材,还能提供循序渐进的写作指导,便于学生养成良好的语文写作习惯。软件还具有敏感词和垃圾评论检测、定时写作任务、教师评语与文章查重的功能。学生可以在轻松和谐的写作氛围里放心地和他人分享写作技巧,并通过定时写作任务和教师评语功能,进一步提高自身写作技巧。

(三)云学校库

"云学校库"旨在促进学校教学、实现优质资源共享、促进教师业务提升、培养新一代优秀教师。其应与教师成果共享,让教育教学的创新点迅速扩散发展为创新的线和面。立足本校、本区域的基本情况,学校库通过运用"智通云"教学平台,在使用过程中可即时调整,不断优化,使学校优质资源和优质微课的共享成为学校不可或缺的核心竞争力。同时可使用云学校作业数据分析,方便学校管理学生作业量,实现减负高效。

基于课程建设各要素间的关联性,构建了课程生态系统模型,对课程建设的生态土壤完善机制进行了研究,得出如下结论:

(1)课程生态系统模型的构建,包含微观关系基础层、中观资源核心层、宏观能量交互层。其中,基础层为师生互动及师资队伍建设;课程资源拓展及学校文化环境打造为核心层;课程领导与管理属于交互层。

(2)课程建设生态发展链从低到高发展序列依次为基础型课程、拓展型课程、提升型课程,供学生对丰富的校本课程资源进行选择,以促进个性化学习,培养批判性思维和深度学习能力。

(3)师生主体、文化环境和资源环境是构成生态系统中学校环境的三个部分。深入挖掘分析教学成果,打造课程品牌,树立良好的学校口碑,有利于进一步调控课程生态系统,使课程生态系统向动态平衡方向发展。

(4)最后提出课程建设生态系统土壤完善建议,通过重塑认知过程、培养批判性思维,坚持问题导向、能力导向、结果导向,积极探索项目式合作学习模式,充分利用互联网+教育资源,使师生教学和谐,促进学生的全面发展。

第六章

成长印记：校本课程建设的心路历程

第一节　规划篇:构思中的火花

校本课程规划是学校全体教职员工集体智慧的结晶,是学校和社会各界共同努力的结果。它经历了构思、实施、评价等过程。

一、曙光:基于学校文化的课程规划

最初接触到"校本课程建设"的时候,我们是茫然和困惑的。校本课程"顶层设计"更是让人头疼,几乎让众人不知道怎么入手。比如,学校的培养目标是什么?一直以来,学校都以考试为指挥棒,我们的课程目标总不可能以"高分"作为目标吧?　所以"考试"为工作重点的学校有什么特色可言呢?

在之后的日子里,通过聆听专家讲座、阅读相关书籍,我校逐渐对校本课程规划的目的和意义有了初步的了解。通过了解学校的办学历史、办学传统,明晰学校的价值文化,我校逐步确定了"三益"文化主题、办学目标(书香怡人)、教育理念("读书·读人·读生活,益己·益人·益天下")、育人目标(乐读、善思、笃行、致雅)。

在学校文化的引领下,我校明确了校本课程规划的方向,即建构"三益"课程体系。结合学校原有的艺体(主要是健美操)及心理健康教育特色,我们把校本课程建设目标确定为实现学生人生的"三益"即"益体、益心、益智",以促进学生的全面发展。

随后,课题组购进了《学校课程计划编制实践指南》一书,学习了上海市一期课改成果,进一步了解了校本课程的几种类型(基础型课程、拓展型课程和探究型课程)。根据学校实际,在进行课程规划时,基于国家基础课程和学校特长课程进行设计,我们在校本课程里,突出了特长课程,即在益体课程突出"健美操",在益心课程突出"心育课程",在益智课程突出"阅读课程",进而构建起了学校的"三益"课程体系。

二、探索:构建"三益"阅读课程

随着区域课程领导力建设项目的推进,上海尚文中学原副校长吴端辉在详细看过我校的"三益"课程体系后,明确地指出:这个课程体系太大,不好落地实施,三年的时间也做不了那么多事情。

那么,我们的课程体系该如何落地呢? 吴端辉先生在肯定我校教育理念"读书·读人·读生活,益己·益人·益天下"可取之处的同时,建议学校做"益智"课程里的"阅读"课程,以阅读为特色,构建"三益"阅读课程,作为实施"三益"课程的具体

抓手。随后，学校以"专家团队+学校骨干教师+社区家长代表"为学校校本课程建设共同体，力求将校本课程建设为能满足"大阅读"的时代要求，彰显"书香南岸 幸福教育"的区域教育理念，适合学校教育传统的，以学生课程需求为核心的"三益阅读"课程体系，以培养"益己·益人·益天下"的学子。

同时，校本教材建设项目组成员还阅读了《PISA测评的理论和实践》一书，明晰了"大阅读"的内涵后，决定以语文学科为突破口，并在其他学科进行渗透的方法，构建以"语言与文学"等为课程内容的"三益"阅读课程体系，并以核心阅读、辅助阅读、拓展阅读、活动阅读等作为课程实施手段。

三、执着：校本课程建设之路

课程体系建设完成了"纸上谈兵"后，该如何将其装进课表呢？这时候，教务处为难了。该如何处理好国家课程和校本课程的时间分配问题？该如何用很少的教学实践去完成庞大的阅读课程教学呢？这些问题都是教务处应该先行思考并权衡和协调的。

吴端辉先生说："阅读课程的核心在基础课程里，光凭几节活动课程对学生进行阅读引领，学校的育人目标是不能实现的！"西南大学的于泽元教授在"校本课程变革中的校本课程领导"专题培训中指出："课程形式应多种多样，有大小课、长短课、课中课、嵌套课等。"两位专家的话让我们找到了"课前3分钟阅读""国旗下5分钟班级阅读展示""午间10分钟阅读欣赏""每周40分钟图书馆阅读"等各种各样的阅读形式，以及开展了"阅读活动月""学生社团阅读"活动。阅读由课堂走向课余，由学校走向家庭，由校园走向社会，阅读的"大"得以彰显，阅读得以延伸。

阅读课程在学校全面开展后，我们也发现了一些新的问题，如校本课程质量如何评价？教师的课程开发积极性如何调动起来？取消质量不高的课程项目后，学生该如何分流？项目组反复研讨后一致认为，课程建设者除了教师以外，还应该让家长和学生积极加入进来。此外，学校应该加大投入，对那些学生感兴趣而本校师资力量却不能满足需求的课程，以外聘相关校外专业人员的方式来开展教学。

校本课程建设之路，越前行，挑战亦越多，但我们坚信，在实践中完善比完善后实践步子要稳健得多。

未来社会对人才的需求越来越多元化,教育决不能以一个模子进行批量生产,所以我们将执着地前行在校本课程建设的道路上,为培养"乐学、善思、笃行、致雅"的人而努力。

第二节　实施篇:行动中的持守

与爱携手,与美同行

作为语文教育的实践者,在教育教学中,我一直没有停止探索。今天,我将近年来语文教育教学的感悟归结为一句话:与爱携手,与美同行。

一、美文熏陶,做一个有情怀的人

情怀是一个人的情趣,也是一个人的精神信仰。时代需要有情怀的人。美的文字,可以陶冶出一个人的美好情怀。借助语文学科的优势,我在教学中开展了美文阅读欣赏活动——每天利用课前十分钟,朗读美文。开始的一段时间,由我挑选一些美文给学生朗读,并做适当分析。当形成习惯后,就把这个任务交给学生自主进行,而学生也很乐意去做这件事。每天由一个小组推荐一名学生朗读一篇文章,然后其他学生略谈感受。走进美文,与名家对话,与美丽同行,学生或徜徉山水,领略大自然的奇绝与美妙;或沉醉生活,感受平淡日子的丰满与简朴;或穿行古今,感悟悠远时空的苍凉与壮阔。美,如春风,正轻轻叩开他们的心扉。他们的美好情怀,已被美的文字唤醒。语文之美如雨,浸润着学生紧张而繁忙的学习生活,同时也激起了他们学习语文的兴趣。我始终相信,把美的文字当作种子,播撒在学生荒芜的心田,用热爱去浇灌,总有一天,他们会拥有有趣的灵魂,而我们会看到一片"葱茏的绿洲"。

二、微博写作,做一个爱生活的人

在长期的教学实践中,学生写作这块是最难突破的。不会写,不敢写,写不好,这些都阻碍着学生语文能力的提升。问原因,我认为,是学生不善于去观察生活、

体验生活，无力发现生活之美。于是，我向学生发起"爱语文，爱生活，从我做起"的倡议，要求学生坚持每天写一段话，一百来字，内容不限，纯自由写作。为此，我先把自己写的几段话读给学生听，以做示范和引领。下面摘录其中几段：

●雨化作了雾气，缭绕在我周围。此刻，我只想把内心流动的情愫，分解成一丝丝"叶脉"，在秋的韵律中蹁跹。日子沾染上秋色，每一分每一秒的渐变，缀着笔调的轻缓与迟重。不请自来的浮躁，经过一笔一画的书写，终在秋的篇尾沉淀出一汪五彩的池水。驿动的心在你未经的路口彳亍，牵着梦之手，用文字镂刻你的模样。

●窗外总有心动之处。当我抬头望向窗外，那满满的绿总会撩拨我的心弦，在这个秋天的每一个时间点颤动。如高山清泉，渗出一丝丝甘甜滋润我干涸的心脾，让疲惫的双眸闪动着通透的灵性。我舒展着双臂，连同每一寸肌肤都做了个深呼吸，全部身心放松的愉悦如一双羽翼，带我享受着云端漫步的惬意。减压，不妨试试将目光转向窗外。

●日子似乎很清闲。眼之所及，山水相依；耳边风起，雀鸟鸣翠。流水不息，犬吠声声；日光照暖，秋色生辉。轻启心扉，牵一缕乡间清风，系在飘零的晚秋。把枝上花儿的芬芳，调进你的目光，投在你转身的路口。等待是一段漫长的旅程，只希望安静地坐着，把一个个站台，读作一本本书，而每一行文字里，有你。

在老师的影响下，学生的思维变得活跃起来，眼前的世界也渐渐多彩起来，从他们的文字中可以看出，爱生活的种子已经在悄悄萌芽。下面摘录其中几段：

●我漫步在校园，呼吸着那冷冽而又略带清新的空气，偶然拐进一条小路，缓缓地行走在树木间，身旁那金黄的银杏，为目光所触之地添了一分唯美，银杏叶随着风的指挥而舞动，为那青翠的草化了妆。我凝望着这处风景，任由那金黄渲染更多的画布。

●午餐时间是同学们一天中最放松、最幸福的时光。但今天的值日班长不知是哪根筋儿搭错了，放着直穿操场的近路不走，而去走远在操场之外的那条路，每个人都埋怨着，然而，瞬间又转为惊叹——路边的银杏叶黄了，金黄一片。不像春花凋落让人惋惜，它是一种更为高级的美丽。不俗气，不艳眼。走在短而宁静的路上，每个人都在张望，感觉融入了大自然，融入了花开花落。秋风一吹，暖阳映在脸颊，落叶落在肩上，自成一幅画。抄近路虽方便，但偶尔走走远路也别有一番风味。

虽然这些文字还有些稚嫩,但他们贴近生活的心开始暖起来了。只要生活有了阳光,爱的能力一定会得到滋养,他们笔下的文字就会如花般绽放,并散发出宜人芬芳。

三、简笔画批阅,做一个有温度的人

有人说:"生活需要仪式感。"仪式感为每一个普通的日子和动作,标定它们背后的精神内涵。《小王子》里说:仪式感就是使某一天与其他日子不同,使某一个时刻与其他时刻不同。为什么我们的学生会觉得学习生活枯燥无味、压力大,对学习的兴趣不大呢? 我想,或许是日子太过平淡,泛不起丝丝波澜吧。有一天,我批改作业时突发奇想,何不在他们的本子上画上一个小小的图案,为生活增添一点儿趣味呢! 于是,我翻开简笔画册,选了其中的一些小动物,画在了学生的作业本上。当作业本发下时,我听到了一片惊呼。"哇,我的是小猪!""我的是小鸡!""我的是章鱼!""老师,为什么我的是一只小乌龟呢?""因为你跑得慢呗!""老师,下次给我画章鱼吧!""老师,我要一只蜜蜂!""老师,我妈说画乌龟是为了鼓励我更加努力。"……没想到一个小小的创意,换来了学生异常的兴奋。原来,仪式感对我们而言,不单是庄重,它或许还有别的意义,比如它可以让平淡的日子散发出异样的光芒。我开始意识到,仪式感可以让我们对在意的事情,怀有敬畏心,而敬畏心能唤醒我们对生活的尊重。对于爱来说,仪式感就是尊重。把"已阅"换成一幅小小的简笔画,很简单,但其中的意义却大不一样,因为,这简单里包含着一种小确幸,包含着一种爱与尊重。村上春树说:如果没有这种小确幸,人生只不过是干巴巴的沙漠而已。作为语文老师,我要让我的学生"爱生活,爱语文,携手阳光,与美同行"。我要让他们每天都能感受到生活中的一些小确幸,我要让他们明白:仪式感的目的,就是让自己感觉是在生活,而那些给你带来仪式感的人,往往都是爱你的人。

我很庆幸自己是一名语文教师,可以在教育的舞台引领学生去热爱自己祖国的语言文字,可以教会他们去爱,去拥抱生活,去微笑面对每一天。如果我能在学生幼小的心田撒播下一粒"热爱"的种子,如果我能让每一个目光迷茫的孩子眼里泛起亮光,那么,作为语文老师,足矣。

(胡霞)

发挥学生社团育人功能的实践探索

在当前提倡素质教育和课程改革不断深化的新形势下,学生社团作为学生求知的"第二课堂",已成为学生素质提升的重要载体。笔者以创建学生社团为切入点,探索基于学生需求的社团课程,以促进学生自我发展。

一、学生社团的需求分析

通过对学校学生开展SWOT学情分析,笔者了解到目前中学的社团课程设置很难将学生的主观能动性充分地调动起来。多数学生认为现有课程主要指向文化教育,应试要求高,难度大,加之一旦考试分数上不去,就成了班级的"尾巴",会直接打击自己的自信心,即便自己在其他方面有优势,但由于找不到展示的机会和平台,自信心也弥补不回来。学生希望开设一些他们关注、喜爱的社团课程,因为在这类社团课程的学习中,可以发挥他们的特长,让他们在学习中体会快乐,找到自信。

二、创建学生社团的策略

笔者认为在中学创建学生社团的基本原则是:由相同兴趣爱好的同学联合,自主创建社团,并以此为平台开展有特色、有意义的活动。学生社团的创建要突出"自主",即自主推选社长、自主设计活动内容、自主邀请指导老师等。在社团活动中,学生是主角,因为这个年龄的学生在学习方法、技巧、组织协调等方面都有一定的积累,具备自主创建社团的基本条件。学生社团创建后,有特长的同学发挥特长优势,可体会到当"老师"的成就感,而其他成员通过参与、倾听,学习知识,培养爱好,可学会沟通,收获友谊,锻炼能力。学生社团能促进学生全面发展,丰富校本课程设置。笔者通过相关的调查研究,总结出了如下创建学生社团的策略。

(一)核心成员,创建社团

任何一个组织都离不开核心成员的组织领导。学生社团筹建之初,教师要善于发现有特长、有一定组织领导能力的学生,并以他们为重点对象,鼓励、指导他们联合起来,以个人特长为基础,自主地组建社团。

核心成员的选择培养应注意：

第一，在某项技能上，他们拥有超过同龄人的一般水平，甚至明显高于一般水平的能力，比如在艺术、文学、体育运动等方面接受过专业机构的培训且能力出众。

第二，在组织协调能力上，他们能在社团管理中发挥领导者的作用。

第三，在语言表达包括书面和口头表达上，他们能在社团管理中得到成员及学校方面的认可。

核心成员确定后，由他们自主推选出代理社长、代理副社长等主要管理人员负责社团创建初期的管理，邀请有相应特长的指导老师，并在其指导下以自由讨论的形式，确定社团的名称、社团主要管理人员的分工等，拟定社团的发展目标、课程内容、活动形式等。

（二）招募社员，壮大社团

由社团核心成员利用课余时间到各班向学生宣讲社团的活动目标、活动形式，以及在社团中可以学到的知识和习得的技能等，以招募社员。

为招募到理想的社员，我们应该关注具有以下特征的同学。

第一，一些拥有相应特长的同学和兴趣广泛的同学，因为他们会乐于参加各种活动，并乐于在群体中与人交流，展示自我。

第二，一些没有或还未发现自己有固定兴趣爱好的同学，但他们乐于学习新知识，希望培养一些个人的兴趣爱好。

第三，在学习上缺少自信，但有积极乐观生活态度的同学。社团活动能帮助他们释放压力，并在社团中获得成就感，促进他们能力的提升。

向以上三类同学发放"社员报名表"，做好登记报名工作，以备筛选。社团要发展壮大，应特别注意在社员招募之初让社团成员感受到在社团里有东西可学，有事情可做，所做事情有意义，有朋友可交，让他们产生归属感，聚集大家的向心力共同壮大社团。及时、定期开展社团活动，交代相关任务，搭建交流平台，有助于新的社团成员尽快融入其中。当社团成员在社团活动中体会到乐趣，学习到知识，培养了兴趣爱好时，他们身边的同学会感受到他们的进步，进而积极向社团靠拢。如此，社团会在良性循环中得到发展。

（三）坚持"四定"，开展活动

社团在开展活动时，应坚持"四定"原则，即定活动目标、定活动内容、定安全预案、定活动时间及地点。社团活动的有序开展，离不开前期的充分准备，而坚持"四定"原则是社团活动有序开展的保障。

开展社团活动的具体步骤：首先，社团主要管理人员和社团骨干成员根据本社团的具体情况明确活动目标，选好活动内容，征求全体社团成员的意见，在汇总所有意见后对相关活动目标和内容进行修改，以文本的形式公示出来，向全体社团成员进行深入宣传，做到人人知晓。其次，社团主要管理人员和社团骨干成员根据学校的相关规定和要求制定社团活动的安全预案，并报学校相关部门和社团指导教师。重视对社团成员进行安全纪律教育，确保各项活动安全有序开展。最后，向学校相关部门报备，由学校统筹安排社团活动的时间和场地。学校根据校情整合资源，提供基本设施设备，为社团活动的开展创设条件。

（四）建立制度，考评奖励

为提高参与社团活动学生的积极性，应在每次社团活动中组织评比出"精品社团"并给予表彰奖励。学校应结合本校的具体情况制定出相应的社团活动考核评分细则，以评出"精品社团"并给予表彰奖励，而对那些考核不合格的社团给予限期整改或注销的惩罚。

社团活动考核评分细则可从以下几个方面进行考核。

(1)活动开展方面。主要是从活动开展的目标、内容、计划、次数等方面进行考核。

(2)过程资料保存方面。主要关注收集整理本社团活动过程相关资料(活动方案、活动记录、成员名单、相关活动照片、活动宣传资料等)情况进行考核。

(3)开展活动宣传，扩大活动影响力方面。每次活动都能用海报、宣传板等形式进行广泛宣传；主要以"社团活动日""社团活动周"平台展示(公演展示、作品展示、图片展示等)社团活动成果(相关作品、活动简报在公开刊物上发表；参加校内外各项比赛获奖)。

(4)财务制度方面。限定各社团每期每人收取会费的最大金额。从社团经费专款专用、专人管理、财务清晰等方面进行考核。

(5)社团主要管理人员职责履行方面。主要从社团主要管理人员的创新精神、工作态度等方面进行考核。

三、预期的成效

在社团活动中,学生是主角,从社团的筹备、建立到社团活动的开展,从社团活动目标的明确、内容的确定到活动开展形式的选择,多是由社团成员根据自身所长自主确(设)定,因而要充分调动他们的主观能动性,把老师、家长"要我学",变为学生自己"我要学"。

在社团活动的开展过程中,社团成员可以获得成就感,收获自信。例如,有美术特长的学生,根据自己的专长设计教学内容,教授社团中其他成员一些绘画技巧、一些美工知识等,前者能从指导他人学习中体会到"为人师"的成就感,后者能通过参与、倾听,学到知识,培养爱好,习得技能。

社团活动是群体性活动,为更好、更有效地组织开展,社团成员必然会各抒己见,相互交流沟通,进而增强自信,提升沟通能力,还能获得成就感,收获友谊。

教师在指导社团活动的过程中,既能发挥自己的学科优势,又能展现自己的特长爱好。比如,我校的音乐教师既指导"音乐社团"的活动,同时还指导着"动漫社团"的活动;语文教师既指导"话剧社"的活动,同时还指导着"书法社"的活动等。总之,在参与指导社团活动的过程中,教师能让学生看到自身多才多艺的一面,让学生更加崇敬自己。师生之间的距离近了,"亲其师,信其道"的作用就更明显了。

(陈晓霞)

物理教学中的体验学习

在课改过程中,大家都在探究如何让学生不再觉得学习是一种负担,而把它当作一种乐趣,并进而将其转化为自己的一种内需呢?在我看来,只有体验能带来这样的效果。只有在体验中学习物理知识才能让学生领略物理的魅力,收获学习物理所带来的乐趣。

新学期开始了,我尝试改变传统的课堂教学模式,即改变一味地给学生灌输物理理论知识的传统教学模式,把学习的主动权还给学生,让他们参与教学,体验快乐学习。其间,我印象最深的是一个叫王阳(化名)的学生。他物理成绩特别差,性格相当内向,身材微胖,还有点儿高,坐在教室的最后一排。一般情况下,他是不会主动跟老师和同学说话的,就算老师叫他起来回答问题,他也不愿意回答,只是呆呆地站在那里,任凭老师处置。对于这种学生,我也犯了倔劲儿,想让他融入课堂中,不能让他有"物理课与他无关"的想法。

在教学沪科版初中物理八年级《压强》一课时,我是这样做的。首先,我让学生站立起来张开双手放在课桌上,身体前倾,用双手支撑全身的重量。然后,再让学生将双掌握成双拳,用拳面支撑全身。让他们回答两次活动中,手的感觉有什么不同。活动后,基本上所有的学生都回答道:"用拳头支撑身体时,手好痛。"这时候,内向的王阳也笑着点头附和道:"是的,像我这种有点儿胖的人,手就更痛了。"难得见到王阳同学都发表意见了,我当然不能放过这么好的机会。于是,我让王阳同学一个人站着,问其他的同学道:"为什么王阳同学会感觉握拳支撑时要比你们更痛呢?"对这个问题学生都很感兴趣,七嘴八舌地说开了。有的同学说:"因为他很高。"有同学说:"因为他很壮!"在学生发表着各自意见的过程中,我一直在观察王阳:开始时,他的头一直低着,但是听见同学们五花八门的答案后,他的头略略抬起来了一些,甚至他的脸上还漾起了一丝笑容。我想他应该是愿意和大家在一起学习的,他是愿意参与进课堂的。接下来,我又问道:"两次活动,手掌痛不痛真的与身高和胖瘦有关吗?"部分学生犹豫了,王阳也若有所思。紧接着,我再问道:"为什么两次活动中你们自己的痛觉也会不同呢?"这一下,学生们若有所悟,再低声几语后,怯怯地回答道:"是因为受力面积不一样?"王阳先点点头表示赞同其他同学的观点,还仰起头来看了我一眼。这节课上,我对王阳和其他同学的表现特别满意,还想着如果今后学生们上每节物理课都能这样积极主动地参与进我的课堂的话,那真的就太好了。

除了课堂上的这些小活动外,在初中物理课上,小组合作学习也能让每个同学都参与进来。小组合作学习不仅可以让学生取长补短,互相帮助,共同提高,还能让不同小组形成良性竞争。如教学《阿基米德原理》一课时,学生对影响浮力大小的因素存在许多模糊认识,仅凭教材中的一个实验就让学生去理解,其实是非常困难的。为此,我将此课设计为由教师演示实验转变成学生分组探索。首先,让学生分组讨论,让他们自由猜想影响浮力的大小因素,每组指定一个同学发言,由不喜欢发言、参与度不高的同学来做好记录。在王阳所在的小组,让他来记录同学们的猜想。在这个合作过程中,其实包括记录者在内,所有组员都不会觉得这个小组活动与自己无关。当一个组员发言时,其他组员还会评论他的猜想,其实大家都在思考。其次,我让各小组的同学用实验的方法去验证自己的猜想。同学们都特别想知道自己的猜想是否正确,期待体验成功的喜悦。他们采用物理学中常用的"控制变量法"设计出一组组简便合理的实验方案后,人人动手,借助实验教室里已有的实验器材,一试身手。由于浮力大小与多个因素有关,要逐个进行探究需要很长时间,一节课的时间根本无法完成上述任务,我又根据各小组的能力水平让每个小组重点完成其中两项实验任务。最后,在学生实验获得相关数据的基础上,我让他们对这些数据进行分析、比较、概括,最终验证自己猜想的正确性。通过小组合作学习,我不但培养了学生实验操作的动手能力、科学猜想能力,还让每个同学真正参与进了物理课堂教学活动。其中,王阳的表现让我觉得很欣慰,因为在整个活动中,他不仅作为记录者参与了活动,还在实验环节中积极配合其他同学去完成实验,验证大家的猜想。

课堂上让学生尽量参与教学是提高他们学业成绩、提升他们个人能力的关键。同时,对学生作业的批改是教师不可缺少的发现教育教学问题的环节,学生作业完成情况是改良教学设计等的重要依据。对作业的批改,我认为也要让学生尽量参与进来。比如当面批改学生作业可以使我准确地了解学生的课堂学习效果及在知识迁移中存在的问题,了解学生的困惑,从而对症下药,更重要的是学生会在这一过程中感受到你对他的关注。当然,所有同学的作业都当面批改,那是不可能的,但我会尽量让每一个同学与我在作业批改环节有一定的"交流"。比如,我不会在学生做错的地方画义,而是在他们回答不准确的答案上画个圈,在他们做错的答案旁画个问号。而对那些答题态度不认真的学生,我会写上一小段文字,以提示他们;对那些作业做得比较好的学生,我会及时在下一节课上对他们进行表扬,同时鼓励他们讲解部分习题。在晚修辅导时,我主动找"踩线生"面对面批改作业,贴心交流知识、方法、感受。积极发现学生所做作业中的闪光点,激励他们积极上进,增强他们的学习动力,提高他们的学习积极性。对王阳,我以发现他所做作业的闪光点为主,及时给予其一定的表扬。时间长了,他做作业的积极性明显提高了。

一学年下来,我明显感到这个班的学生学习注意力比原来集中了,也愿意主动回答老师提出的问题了,学习积极性提高了,整个班的学习氛围也变得更加浓厚了。在期末考试中,我所教的这个班级的物理成绩排名全年级第四。特别是王阳,他的成绩从原来的不及格到这次考试的83分,实在让我感到惊喜。这让我深刻感受到只要学生积极地参与到教学中来,他们就一定能学好。

同时,这也让我明白了其实教学是一种"体验"、一种"沟通"、一种"合作"、一种"交流",让学生在"体验""沟通""合作""交流"中学习,既能提升他们的学习效果,又能让他们在学习中敢想、敢说、敢做,乐于展现自我。

(黄健)

"道德与法治"的课堂教学改革

教育是民族振兴、社会进步的重要基石,是功在当代、利在千秋的德政工程。在教育改革的大背景下,课堂改革迫在眉睫。

一、课堂改革的重要性

初中的道德与法治课是一门让学生了解自我、他人、社会三者之间的关系,培养他们法治精神与良好道德品格的课程。这门课对于初中生树立正确的世界观、人生观、价值观有着至关重要的作用。传统的初中道德与法治课教学中,大多数教师都是照本宣科,学生都是死记硬背,以应对中考。这样做,虽然学生的中考分数上升了,但对于学生个人能力和品质的培养却并不尽如人意。如果继续沿袭传统的课堂教学,势必无法真正培养学生的核心素养。

如何准确把握道德与法治学科的核心素养,以及依据核心素养进行有效的教学,是一道难题,更是值得广大一线教师积极探索的问题。

二、初中道德与法治课核心素养概念的界定

核心素养是课程育人价值的集中体现,是学生通过课程学习逐步形成的正确价值观。根据相关文件精神,初中"道德与法治"课核心素养分为以下五个维度。

(一)政治认同

政治认同是指具备热爱伟大祖国、中华民族、中华文化、中国共产党、中国特色社会主义的情感,以及为中华民族伟大复兴而奋斗的志向,能够自觉践行和弘扬社会主义核心价值观。培养学生的政治认同有助于他们形成正确的世界观、人生观、价值观,坚定正确的政治方向,初步树立共产主义远大理想和中国特色社会主义共同理想,成为德智体美劳全面发展的社会主义建设者和接班人。

(二)道德修养

培养道德修养是指养成良好的道德品质和行为习惯,把道德规范内化于心、外化于行。培养学生的道德修养,有助于他们经历从感性体验到理性认知的过程,传

承中华民族传统美德,弘扬民族精神和时代精神,维护国家利益和安全,增强民族气节,明大德、守公德、严私德,形成健全的道德认知和道德情感,发展出良好的道德行为。

(三)法治观念

培养法治观念是指树立宪法法律至上、法律面前人人平等、权利义务相统一的理念,使尊法、学法、守法、用法成为人们的共同追求和自觉行为。培养学生的法治观念,有助于他们形成法治信仰和维护公平正义的意识,做社会主义法治的忠实崇尚者、自觉遵守者、坚定捍卫者。

(四)健全人格

健全人格是指具备正确的自我认知、积极的思想品质和健康的生活态度。培养学生的健全人格,有助于他们正确认识自我、学会学习、学会生活、学会合作,养成积极的心理品质,提高适应社会、应对挫折的能力。

(五)责任意识

责任意识是指具备承担责任的认知、态度和情感,并能转化为实际行动。培育学生的责任意识,有助于他们提升对自己、家庭、集体、社会、国家和人类的责任感,增强担当精神和参与能力。

政治认同是社会主义建设者和接班人必须具备的思想前提,道德修养是立身成人之本,法治观念是行为的指引,健全人格是身心健康的体现,责任意识是担当民族复兴大任时代新人的内在要求。

三、基于初中道德与法治课核心素养的教学建议

上好道德与法治课,关键在教师。

(一)立足核心素养,制定彰显铸魂育人的教学目标

教师应从发展学生核心素养的角度制定教学目标,将核心素养的培育作为教学的出发点和落脚点,使教学目标在培育学生核心素养方面起到指引性、规定性的作用。

在确立教学目标时,教师要注意以下几点:第一,政治立场鲜明。要符合马克思主义基本要求,符合中国特色社会主义基本立场,对错误的社会思潮旗帜鲜明地加以批判。第二,价值导向清晰。要符合社会主义核心价值观,坚持马克思主义国家观、民族观、历史观、文化观、宗教观,符合全人类共同价值。第三,知行要求明确。要根据学生年龄特征和不同学段特点对观念认知与道德品行进行科学设计,制定具体、适切和可操作的目标,在教学中引导学生知行合一。

设计具体的教学目标时,要准确理解课程依据的基础理论、基本知识和价值规范,注意以透彻的学理分析回应学生,以彻底的思想理论说服学生,以真理的强大力量引导学生,以情感激发学生,以文化熏陶学生。

(二)及时丰富和充实教学内容,反映党和国家重大实践和理论创新成果

教学要围绕课程内容体系,及时跟进社会发展进程,结合国内外影响较大的时事讲行讲解。要将党和国家重大实践和理论创新成果引入课堂,充分体现马克思主义中国化最新成果。要密切联系社会生活和学生生活实际,将富有时代气息的鲜活内容,以学生喜闻乐见的方式传达,增强道德与法治教育的时效性、生动性、新颖性,让道德与法治课成为有现实关怀和人文温度的课堂。

(三)把握思想教育基本特征,实现说理教育与启发引导有机结合

思想政治理论、道德与法律规范都不是自发生成的,必须发挥教师在教学中的主导作用,通过讲解让学生了解基本概念、原理和理论。教师既要深入浅出地把道理讲清楚讲透彻,也要启发学生主动学习,加以领悟和理解。

按照灌输性和启发性相统一的原则,做到"灌中有启""启中有灌"。教师在讲述中要注意用可以激发学生兴趣的素材和问题引导学生自己主动思考领会,不搞填鸭式的"硬灌输";要在鼓励学生主动学习、积极思考中对政治方向和价值导向加以规范和引导,不"放任自流"。在"灌启结合"中辩证地理解教师主导性和学生主体性的统一,要正视学生的困惑与疑问,通过摆事实讲道理,让学生心悦诚服地接受结论,真正实现以理服人。

(四)丰富学生实践体验,促进知行合一

教学要与社会实践活动相结合,加强课内课外联结,实现隐性课程与显性课程相配合。

注重案例教学,选择、设计和运用个人与社会生活中的典型实例,鼓励学生探究、讨论,提高学生的价值辨析能力。案例选择要关注以下几点:一要坚持正面引导为主;二要紧扣时代主题,反映学生关注的现实问题;三要具有真实性、典型性、可扩展性,能够服务核心素养的培育;四要关注学生的认知水平和接受能力,具有一定的感染力和说服力,能够引起共鸣。

要积极探索议题式、体验式、项目式等多种教学方法,引导学生参与体验,促进其感悟与建构。要采取热点分析、角色扮演、情境体验、模拟活动等方式,引导学生开展自主探究与合作探究,让学生认识社会。

通过参观访问、现场观摩、志愿服务、生产劳动、研学旅行等方式走向社会,增进学生对国情、社情、民情的了解,增强爱国情感。鼓励学生在社会实践中开阔自己的视野,提升自己的能力,学以致用,知行合一。

(蒋成陈)

情感式体验教学在语文课堂中的实现

随着课改的深入,结合学校三味课堂教学的要求,语文课堂教学方式也应随之变得多种多样,这样才能让学生在课堂上,有效地学到知识,体会情感。在教学《背影》一文时,相信大多数教师讲得最多的就是父爱。但它对一群只有十三四岁的孩子来说,因家庭环境、社会环境等影响,他们大多数很难直观深切地体会到这种情感。因此,在教学文中"望父买橘"这一情节时,把"以生为本"作为教学设计的出发点,让学生在实际行动中去感悟,进而引发情感上的共鸣,可以让他们体会到父爱的深沉如山。

具体教学设计如下:

一、地点:教室

二、道具:讲台、书包(2.5千克以上)

三、人物:一个高高壮壮的男生(金××)

四、情节

请金××同学把书包挂在胸前,然后爬上讲台。(书包不能掉下来)

情节一

当我上课正讲到肥胖年迈的父亲走过铁道爬上月台去为儿子买橘子这一情节时,金××却嗤笑了一声,而且一脸的不屑。这时,我本想训他几句,但又想到他现在正处于青春期,当着全班同学说他,他的面子会挂不住,而且说教对他来说也是不痛不痒,毫无作用的。于是,我灵机一动:何不让金××来体会一下"父亲买橘子"的艰辛呢?

(我让金××胸前挂着书包,走上讲台)当金××按照我的要求胸前挂着一个又大又重的书包来到讲台旁时,我在屏幕上调出"望父买橘"的这一部分课文内容中表示动作的词语,要求他按照这些词语所表示的动作来完成。让众人没想到的是高高壮壮的金××同学在手脚并用的情况下竟然没能爬上讲台。

金××同学红着脸,手不停地将着书包带子很尴尬地站在讲台旁。

情节二

(我让金××同学放下书包,爬上讲台)只见他两眼放光,"啪"的一声扔掉书包,转过身来,他的长脚长手终于发挥了作用,"嗖"的一声,他便蹿上了讲台。(全班同学一阵哄堂大笑)

师:(紧扣"望父买橘"对学生进行启发)刚才金××的表现代表了哪一类人?为什么父亲不让年轻力壮的儿子去买橘子?

生:因为父亲爱儿子。父亲用实际行动展现了对儿子深深的爱!……(学生七嘴八舌地回答,课堂气氛十分活跃)

是的,任何的说教其实都是苍白的,不如让学生亲自去体验,去感受,即使这件事并不容易完成,但在整个行动当中,他们会体悟到父爱的深沉与浓郁,进而让他们牢记于心。

课后,有好多学生都告诉我:"老师,这样的上课形式我们特别喜欢,新颖、有趣;这样的实践我们也愿意参与;这样的课堂能激发我们学习语文的热情……"听了这些话,我十分感动,更多的是震撼。看来,语文教学在体验方面还得狠下功夫。

(晏家学)

化学课堂教学方式的转变

新课程改革要求从事基础教育教学的教师们在传授给学生基础知识的同时，更要关注他们能力的发展。在课程教授的过程中，教师不应该用"老师讲，学生听"的单向灌输式教学模式，而应充分调动学生学习的积极性，采用多样的教学方式，让学生"学会倾听，学会链接，学会反思"。

在进行抽象知识的教学时，我会创设问题情境，引导学生在情境中去揣摩，去探索，比如以化学实验为主线的"引导发现"式教学。其一般程序是：（基于实验创设问题）通过实验演示或者学生小组合作实验，让学生发现异同，从而引出问题；在实验过程中，学生为验证自己对该问题的猜想，主动参与实验，探索真理；实验结束后，学生判定自己猜想的正确性，反思相关知识（概念）。"引导发现"式教学以问题激发学生的学习兴趣，引导启发学生进行探索与分析，让学生通过对实验现象和事实的分析、比较，发现知识，形成概念。例如，在教学"质量守恒定律"时，我先演示了测定白磷燃烧前后质量变化的实验，学生通过观察，知道了白磷燃烧前后质量不变。我再提出问题：白磷燃烧前后质量不变是化学实验的共性还是白磷燃烧的特性？接下来，由学生基于自己的猜想分组合作做"铁钉与硫酸铜溶液反应前后质量的测定"实验、"碳酸钙与盐酸反应前后质量的测定"实验（密闭容器中）、"盐酸与碳酸钠反应前后质量的测定"实验（敞口容器中）。通过小组合作实验，他们将相关数据进行了比较分析，发现了质量守恒定律的相关内容。最后，我借助动画演示，从理论角度分析了这些化学反应变化，让学生对质量守恒定律有了一定的了解。"引导发现"式教学不仅能让学生从实验中获得知识，而且让学生的学习兴趣得到了保持，还让他们觉得学习起来很轻松。

核心素养强调的不再是单纯的知识技能，也不再是单纯的兴趣、动机、态度，它更重视学生运用知识技能的能力，及他们解决现实问题所必需的思考力、判断力和表达力及其人格品性。

原来，在讲解《酸和碱的中和反应》时，我会首先告知学生这节课我们的学习主题，再直接演示氢氧化钠与稀盐酸的混合，然后告知学生：氢氧化钠和稀盐酸反应了。在实验中，我虽然会随时根据学生提出的疑问，做出解答，比如依据教材内容，在学生观察实验过程及结果的基础上，回答道：氢氧化钠和稀盐酸反应了。但在课后反思中,我和同行们一致认为,在这节课的教学过程中,学生的实践参与基本没有发生,他们的思考也是不积极的。而且教材中只讲了一个氢氧化钠与稀盐酸混合的实验,用一个实验来让所有的学生都信服在本课中所学的知识,的确力度不够。

如何让学生积极参与教学实践,跳出教材体量有限的局限,是我们迫切需要思考并解决的问题。

本课在开篇就明确提出了"酸与碱能否发生反应?"这一问题,因此,我在讲授本课前,在潜意识里就先告知自己:它研究的是一类反应是否会发生的问题,而单以研究"氢氧化钠与盐酸的反应"为例,力量有些单薄,说服力不强。所以现在,我在准备这节探究实验课时,给学生准备的试剂就不只是酸碱各一种,而是有选择地给学生准备了几组酸碱溶液,学生可以自主选择反应试剂,这样做就能让学生做不同的酸碱试剂实验。(在发放试剂前,提示学生部分酸碱试剂混合会产生危害或存在安全隐患,因此不能将它们混合在一起。发放试剂时,注意给予同组组员能安全混合的试剂)学生小组合作实验时,他们可根据自己选择的混合试剂做几种实验,再进行小组交流,进而他们对教材所提问题就有了明确的答案,即酸碱的反应有些有明显的实验现象,有些没有。对没有明显实验现象的,我们该怎么证明这些酸碱试剂间发生了反应呢?这个问题就指引着学生进行进一步的探究实验。通过这组探究实验,学生会在分析酸碱反应的共同点的基础上,揭示出酸碱反应的本质。教学方式的改变,既提高了学生参与教学实践的积极性,打破了教材体量有限的局限性,又深化了学生对知识的理解。

总之,在现在的化学课堂上,我不会直接给学生答案,只会让学生积极开展自主探究活动,让他们真正深入地通过实验去探究事实和真相。

(李劼)

在无痕教育中培养学生

教育是一门科学、一种策略,但它更是一门艺术、一种智慧。作为班主任的我,对有违纪行为的学生,或是训斥、处罚,或是花费大量时间对他们进行说教,虽说这样做简单有效,但久了,学生不再亲近我,而我的心里也经常窝着火。后来,我看到这样一种观点:不露痕迹的教育是最有效的教育,以情境暗示,让孩子在自悟自觉中走出困惑和无助的状态。它让我感触很深,还促使我对以往的教育教学进行了一次较为彻底的反思。近两年,我抓住传统节日、重大纪念日、班级问题等契机,进行了无痕教育的尝试。以下是关于无痕教育的两个案例。

案例6-1 住读生"收心"教育

每周日下午,住读生们在意犹未尽中返回校园,他们异常兴奋而又心神不定。这时,教室有限的空间,杂乱且喧嚣:有的忙着交流周末见闻,有的高谈阔论,有的追逐打闹,有的赶、抄作业……虽有班规的约束,但大家仍是各做各的。

为还给同学们一个安宁的学习环境,经过长时间的观察、思考和酝酿,我决定在每周日下午6点半到7点在班上开展一次"让喧嚣变得宁静——周日返校'收心'教育"的活动。该活动主要由以下几个环节组成。

环节一 诵读班训、班规、班级口号,齐唱班歌

内容:全体学生在主持人的引导下,诵读班训、班规、班级口号,齐唱班歌。

点评:班训、班规、班级口号、班歌等不仅仅是悬挂在墙上的装饰,我要让学生把它们装进自己耳中,浸润自己的心,并转化为实际行动。每周有意识地让学生诵读齐唱能强化他们的记忆,起到提醒、激励、警示的作用。

环节二 上周班级总结

内容:大组长对小组上一周的学习纪律情况进行总结,表扬优点,指出不足;值周班长总结上一周的班级情况,并布置本周班级工作,根据相关情况做好各种提醒,比如提前5分钟进入教室等。

点评:各寝室派专人负责记录一周内各室员的纪律等情况。值周班长根据各寝室的汇报汇总全班各寝室情况,然后由全班同学评选出5名最优秀的或进步明显的学生作为"每周之星",作为下周每一天的值日班长。这样做可以在班级里形成

良性的竞争风气,同时,"每周之星"也能起到榜样示范作用。

值周班长对下一周提出新的要求,让全体学生提前知道新的一周在班级内各自能做的事和该做的事。如果换作班主任站在讲台上反复地说教,其教育效果一定不会太好。教师最重要的任务是调动学生内在的驱动力。用组长和值周班长的总结代替教师的总结,让学生自己管理自己,让他们自行规划在新一周内自己能做的事和该做的事,让他人教育变为自我教育,无疑,能起到一定的"收心"作用。

环节三　发表获奖感言

内容:"每周之星"对自己上一周的表现进行总结,分享自己的内心感受,结合自身实际,向其他同学提出自己的意见和建议。

点评:这个环节能充分发挥榜样的示范作用,无形中激发学生的竞争意识,形成班级的良好风气。教师或班长可以根据班级的实际情况,给"每周之星"的感言定一个主题。比如针对个别寝室学习氛围不足的情况,可以有意识地让"每周之星"在发表感言时讲述他在寝室里的学习情况,这对增强寝室的学习氛围有一定的促进作用。它比教师表扬某个寝室或某个同学的收效更好。

环节四　分析学业情况

内容:学习委员结合上一周全班同学的学习状态、对各学科知识点的掌握情况、学习的难易程度及学生在学习中遇到的问题和值得借鉴的解决问题的好的经验进行总结,并对新的一周的学习提出要求。

点评:在一周的紧张学习后,学生突然松弛两天,知识必然会有遗忘。这个环节就是要通过班长的引领让全体同学粗略地回顾上一周各科学习的知识点,以帮助他们查漏补缺,让他们逐步将"玩心""浮心""躁心"摒弃,收心。这个环节的任务也可以由各学科科代表带领大家完成,还可以让一些学习上取得较好成绩的学生或近期成绩进步明显的学生去介绍学习经验、学习方法。

环节五　诵读精美文章

内容:班主任充满感情地诵读精美文章,让学生感受世界,鼓舞他们的学习斗志,激励他们认真学习,为班级、小组增光。

点评:一般而言,周日返校之时应该是学生一周学习之始。教师诵读一篇精选的美文,或一席激情飞扬的讲话,既可以让学生在文字的浸润或碰撞中感受世界,又可以提振学生的精神,让他们尽快地进入学习状态。

感悟:以上是我对学生周日返校进行"收心"教育的一些尝试,经过近两年的实践,我认为它的操作简便易行,且能收到一定的效果。对其中的各个环节,在具体的教育教学实践中,可以根据本班的实际情况进行增删。总之,学生周日返校的"收心"教育是班主任应该常抓不懈的一项工作。

当然,对于这些只有十二三岁的住校学生而言,他们不仅要面对父母陪伴缺失的现实,还要面对繁重的学业压力。这时候,班主任应当肩负起在校代替家长适时陪伴的责任,通过班级心理微博及时了解他们的心理状态,多关心他们的学习、生活,经常与他们进行情感交流,让他们随时感受到有人在一直关心、关注着他们。

案例6-2 爱国主义教育和励志教育

2021年9月18日,九一八事变90周年,我想以此为契机对学生进行爱国主义教育。我从校园云资源库里下载了与九一八事变相关的视频及"勿忘国耻 振兴中华"相关的演讲视频。同时,我还准备了两篇学生写的心理微博文章。

2021年9月23日下午自习课时间,爱国主义专题教育课开讲。

环节一 牢记历史,奋发图强

内容:在自习课上,通过老师列举日本歪曲历史的种种事实,让学生观看与九一八事变相关的视频,以及"勿忘国耻 振兴中华"相关的演讲视频,引导学生思考:现在,日本的军国主义死灰复燃到底意欲何为?

点评:抓住各种契机,对学生进行爱国主义教育,让他们牢记历史,奋发图强。只有他们明白了"落后就要挨打",才能激发起他们努力学习的斗志。

环节二 结合实际,深刻反思

内容:让学生结合自身的实际情况进行反思,引导学生思考:作为学生应该怎样做,如何改掉自身的不良习惯?比如,怎样克服沉迷网络游戏等。

我用梁启超先生所写的《少年中国说》中的"今日之责任,不在他人,而全在我少年。少年智则国智,少年富则国富,少年强则国强,少年独立则国独立,少年自由则国自由,少年进步则国进步,少年胜于欧洲则国胜于欧洲,少年雄于地球则国雄于地球"激励学生。

为了让学生进一步提高认识,我还分享了两篇学生的心理微博——《学习到底是为了谁?》和《在学海中游泳》,并组织学生进行了讨论。借学生之言,让他们明确了学习目的,端正了学习态度,还让他们借鉴了他人好的学习方法。教师明确指出:这就是作为青少年的爱国行为。

点评:无论是什么样的爱国主义教育,懂得"少年"与"国"的关系,才会真正唤醒他们的爱国意识,让爱国行为变得理所当然。

感悟:我抓住九一八事变90周年这个点,强化学生的爱国意识,激发学生奋发向上的学习精神,让他们明白了"国弱受欺,国强民富"的含义。同学们纷纷表示要勤奋学习、严于律己,担负起实现中华民族伟大复兴的时代重任。

这两个案例只是我班主任工作的两个缩影。在工作中,我基于学校"读书·读人·读生活,益己·益人·益天下"的教育理念,悄然无痕地对学生进行教育,以促进他们的成长,培养他们的核心素养,为他们的终身发展奠基。

(罗文容)

用心书写,快乐语文

初中语文"一诊"阅卷的时候,在古诗文默写这一板块,很多学生因字写得不规范、不清楚而失分较多。对此,很多老师都认为阅卷过于苛刻了,但其实它反映了两个问题:一、老师们在教学中对书写练习不够重视;二、学生的书写练习效果较差。

看来练好字,还是非常重要的。

要想写好字,非一日之功。学生刚升入初中,相较小学而言,他们的课程更多,学业压力更大了,而为了加快学习的进度,有的学生便忽视了书写,更何况有的学生在小学时书写就很差。每年阅初一卷的时候,老师们都会说:"卷面好差,要让他们多练练字了!"于是,很多老师都会对学生说:"多练练字去!"但是该怎么练,能达到怎样的效果,学生们能不能坚持练习?很多老师都没仔细地思考了。这说明大多数老师都知道练字的重要性,只是由于一些客观原因而没有真正将它落实下去。

很多语文老师通常会在学生初一进校的时候让他们买书法名家的字帖临摹,但大多数老师只是把这些临摹作业收上来,画一个勾就算了事了。学生练了很多的字帖,但一到做作业或者考试答题时,他们的书写及卷面还是该怎么乱就怎么乱。经常听到这样的抱怨:平时写的字都是好好的,但作业和考试就不行了,肯定是他们平时练字不认真。

是的,我也一直认为字迹的工整、书写的好坏,能反映出一个学生的书写、作业是否认真,学习态度是否端正,甚至它还能展现出一个学生审美水平的高低。但有一次我给一位休产假的老师代课,在改这个班试卷的时候,我发现不少的同学字迹不工整,大多数同学连笔画都没有扯得清,字与字更是挤在一块儿。我只好对我实在看不清的试卷估摸着给了一个分数。当我评讲试卷的时候,就有一个看起来特别认真的男生拿着试卷问我:"老师,你好像批改错了?"我把他的试卷拿来一看,天,书写好乱!这真是一份书写极其糟糕的试卷,但把试卷上的每个字仔细分辨后,他的答案却几乎都是对的。回想我批阅这份试卷时,还曾思忖:这一定是一个成绩非常不好的学生。但我没想到这份卷子的主人却是一个认真且成绩一直名列前茅的孩子。那个时候,我有了一个新的判断:不是每一个成绩好的学生都会写得一手好字,不是每一份书写糟糕的试卷都是"坏"孩子的"杰作"。我告诉他:"你的书写太乱了,我确实看不清楚你写的是什么,所以只能给你这个分数。"然后叮嘱他道:"好好写字,不然你还会吃亏的!"后来没有代他们班的课了,但我还向我班的同学问起他:"他有好好练字吗?"因为他要想把语文成绩提高,非得好好练字不可!

那么,学生该怎么练字才有效果呢?

我们做老师的,就是要引导学生主动地去解决困难。《义务教育语文课程标准(2022年版)》将一至九年级分为四个学段,在这四个学段中对学生汉字书写的要求逐步提高,但最主要、最核心的是书写汉字间架结构正确、规范、端正、美观,有一定的书写速度。

我认为首先要让学生明确练字的目的。我们并不是要让每一个学生都成为书法家,而是希望他们在考场中不因书写不好、不规范而失分。因此让学生练字无须太过严苛,不必用培养书法家的标准去要求学生,只要学生写的字正确、端正、可辨识就行了。

老师应根据学生的实际情况,制定恰当的措施,采取有效的方法,对学生进行有针对性的训练。书写笔画不到位的学生,应要求他们多练习笔画,要求他们:横要平,竖要直,撇要像撇,捺要成捺……对字的间架结构写不正确的学生,应要求他们多观察字的结构,要求他们:左右结构不能写成上下结构,全包围结构不能写成半包围结构……对那些写字姿势不正确的学生,要求他们:端正写字姿势,有良好的书写习惯……对那些字写得大小不匀的学生,要求他们:注意研究笔画的起止,写字时,笔画该短则短,该长则长,该疏则疏,该密则密,笔画简单的要写得舒展,笔画繁复的要写得紧致……对那些写字前后过密或过松,或书写不在同一水平线上的学生,要求他们:字与字之间要有一定的间隔,每一行的字要写在同一个水平线上。

要求学生练习书写要坚持不懈,不能三天打鱼两天晒网。比如,做笔记时可以练,写作业时可以练,答卷时可以练,回家后可以练……对一些书写起来较难的字,一定不要产生畏难情绪,多写几次后,学生会发现其实它并不难写。教师应该适时提醒学生多写多练。

为了提高学生练字的兴趣,我们要时时关注他们的书写情况,对那些书写好的或进步明显的,要及时进行表扬;对那些练习不认真的,要适当给予惩罚;对那些写字方法不当的,要及时予以纠正。同时,我们还应该多多联系家长,家校联合,帮助那些一直无法达到书写要求的学生分析原因,进而让他们克服困难,写出规范美观的字。我们还可以提前告知初一学生:第一学期的期末考试中,对书写规范美观的试卷,加5分,对模糊不清的试卷,扣5分,以激励学生练好书法。

练字是一个长期的过程,而学生越往高年级走,课业负担会越重,所以初一进校就要求他们练字,争取在第一学期就让他们养成良好书写的习惯,可以帮助他们打好基础,为他们将来的发展助力。

练字,既能让学生沉心静气,又能让他们愉快地学习语文。

(唐开莉)

探索"地理实践力",让学生动起来

一、缘起——一堂朴实却新颖的地理实践课

在一次全国地理年会上,我有幸聆听了余祥富老师带来的一节地理科技活动示范课。他用一个铁球、一个卷尺、几块木板和几张纸测算出了昆明市官渡区第五中学的纬度。在这节课上,余老师还让学生集思广益,并在他的神奇指导下把学生的奇思妙想也变成了现实。这节课看似简单却很有深度,让我印象深刻。

回顾我们的地理教学,绞尽脑汁的备课,多媒体技术的运用,的确让课堂变得有趣热闹了,但学生真的在课堂上学到了知识且能把这些知识内化于自身的知识体系吗?能巧妙地迁移运用它们吗?很显然,没有!那么,如何在我们的课堂上让学生活动手脑,真正培养他们的"地理实践力"呢?

二、探索——设计地理实践活动

回校之后,兴致勃勃的我们就地理实践活动的可行性所涉及的问题(什么是地理实践活动?地理实践活动包含什么内容?地理实践活动适合在什么时间,在哪里开展?要从哪些方面去培养、挖掘学生的"地理实践力"?……)开展了大讨论。一个个问题扑面而来,将准备不足的我们打得措手不及,似乎我们的课改刚刚萌芽,就将要被这些难题扼杀于摇篮。

一次偶然的机会,我向地理教研员毛老师说了我校地理教研组所面临的这些问题。毛老师好气又好笑,说:"要修高楼先得打好地基,地理实践活动并不复杂,最重要的是先培养学生的动手能力。"一句话使我醍醐灌顶,是呀,我们预设了那么多难题,不仅难倒了学生,更是难倒了自己。我们应该从最基本的地理教学需求中去寻找答案。

(一)依据学情,精心选择课题

地理教研组的尹老师提出了一条建议:地理教材里有许多现成的活动可以借鉴,例如"用乒乓球制作简易地球仪""非洲和南美洲的拼和"等。只是因为担心会影响教学进度,这些可以提升学生"地理实践力"的活动竟然被我们有意忽视了。

选择哪个学段的学生参与这些活动呢？我们认为，相较于其他年级来说，七年级的学生虽然地理基础知识还有所欠缺，但这时候的他们学业压力相对较小，且学习兴趣更浓厚，适合开展这些活动。

结合地理课程标准的相关要求以及学生平时的学习情况，我们选择了《气温与降水》一节，并将活动主题定为"测定一周以内学校所在地的气温与降水量"。

（二）查阅文献，设计实践活动

紧接着，我们分工合作，尹老师与陈老师收集整理了相关的文献资料，初步制定了实验设计方案。为了更好地了解本次活动对学生"地理实践力"的培养情况，我和纪老师设计了相应的"学生'地理实践力'的培养观察量表"（表6-1），表格中主要包括了对学生观察能力、计算能力、动手能力等的考查，以便听课的老师进行有针对性的观察记录与评价。

表6-1　学生"地理实践力"的培养观察量表

观察维度：学生学习·互动/自主
研究问题：学生的地理实践力怎样？
观察者：(　　)组教师　　　观察对象：(　　)组学生

观察内容＼教学环节	教学环节一		教学环节二		教学环节三		教学环节四	
观察能力	表情	参与人数	表情	参与人数	表情	参与人数	表情	参与人数
计算能力	所花时间	正确率	所花时间	正确率	所花时间	正确率	所花时间	正确率
动手能力	行为	参与人数	行为	参与人数	行为	参与人数	行为	参与人数
汇总分析								
改进建议								

（三）集思广益，准备实验

在确定测量时间和地点的过程中，我们遇到了一些难题。首先，气温和降水的测量需要在平坦、开阔的地域进行，且实验过程中是不能移动测量仪器的，我们应该在哪里选址合适？其次，气温在一天之内是有多次变化的，必须进行多次测量，得到的数据才足够精确,但是学生在行课期间能够外出的时间是有限的。这个问题该怎么解决呢?最后,实验工具的准备。

就选址问题,我们效仿余祥富老师的做法,首先征询了学生的意见。对此,他们无比积极,纷纷说道:"操场最开阔,最合适。""不行,太不安全啦,会被足球踢飞的!""食堂外的小操场也挺好呀!""不行不行,好多人在那里打排球!"一位胆小的女生说:"路边的绿化带可以吗?"大家纷纷附和道:"绿化带,可以啊! 就这么定了!"

至于测量时间的问题,同学们都说:"这是小问题,我们能解决! 每个课间都去不就OK了!""哈哈哈!"少数同学为了数据的精确性,甚至提出要夜访测量仪。关于夜访测量仪一事,出于安全考虑,我说:"这个事情还是老师帮忙完成吧!"综合考虑以后,我们将学生采集相关数据的时间定为8点、14点、18点三个时间点,以方便学生外出采集数据。

关于实验工具的准备。观测气温最好是在离地1.5米的百叶箱内进行,测量降水需要雨量器,很不巧的是,百叶箱和雨量器我们组里都没有。我们先从物理组借来了一大把室外温度计。接着,我们自掏腰包从网上购买了价格亲民的简易雨量器。但百叶箱的价格却让我们很忧伤。于是,我们从体育组借了5根木棍,把它们每根都锯到1.5米高,然后把温度计固定到它们顶端,难题迎刃而解!

我们对七年级学生进行了简单的实验培训后,我校有史以来的第一次地理实践活动开始了!

三、实践——开展地理实践课程

(一)搭建、安放实验工具

在一个晴朗的日子,我们带着参与实验的12个小组的成员,提着一小篮温度计,抱着一大箱雨量器,扛着一捆木棍,浩浩荡荡地奔向校门前路间隔离带的草坪。12个小组的小组长带领本组组员将实验仪器安放在老师指定的位置,并贴上了属于本组的数字标签。当遇到地面太硬,木棍无法固定的情况时,他们就去路边搬几块红砖堆在杆底起到固定木棍底部的作用。面对简易雨量器太轻,容易被风吹倒的情况,同学们到附近跳远的沙坑里弄来沙子倒在外围……同学们干得热火朝天,虽然有些累,但他们的脸上一直挂着灿烂的笑容。

(二)数据测量与记录

接下来的7天,这些在老师眼中爱偷懒、调皮的孩子却让我惊喜连连。在早、中、晚的三次采集数据的时间里,他们风雨无阻。同时,住校的同学还制定了安全责任轮岗看护制度,尽心尽责地守护着实验仪器。(这个在老师看来无比简单的实验,竟成了他们心中最宝贵的存在)

(三)课堂演算与分析

一周之后,12个小组的组员们带着各组采集的数据走进了课堂。通过观察与数据分析,同学们发现,本周学校所在地的雨水不太多,每天的气温也不太高;一天当中的最高温竟然不是在中午12点,而是下午2点左右。通过绘制并讲解气温曲线降水柱状图,同学们进一步学会了归纳某地气温和降水特点的方法。这堂课的氛围轻松愉快,学生知识的掌握也非常牢靠。

(四)课后评价

经此一课,我们充分体会到学生被动听讲与主动学习之间巨大的差异。重庆市教研员张文革老师对本课的活动主题、活动形式给予了充分肯定,并对本次实验的科学性以及本教研组的专业发展给出了前瞻性建议。

四、展望——不断探索地理核心素养

目前,我校将"地理实践力"融入地理教学还处在初步探索阶段,由于受学生实际学业情况的限制,活动的设计主要由教师提前完成,学生只是按教师的要求开展实践活动。通过一段时间的培养,学生的"地理实践力"已初显成效,学生的地理学习动机也由初学地理的猎奇转向了主动参与、主动探索。今后,在对学生"地理实践力"的培养中,地理教研组除了设计更多有趣、实用的实践活动外,还将让学生主动参与到实践活动设计中来,以逐步提升学生的地理核心素养,让他们在探索中学习,在学习中进步。

(王悠然)

初中素描教学的体悟

素描课,是校本课程体系的组成部分之一。在传统教育教学看来,素描课就是"豆芽课",素描教学无须多思考、勤创新。但经过多年的教育教学实践,结合课改的要求,我们发现只要是面向学生的教学,就一定要总结创新,才能激发学生的学习兴趣,取得更好的教学效果。为助力学生更快更好地学习素描,提高学生感受美、欣赏美、表现美、创造美的能力,我总结摸索出了几点教学建议。

一、素描是基础教学,应以客观表现为主,适当结合学生的自我感知

素描是一切绘画的基础,以培养学生对物象的认识能力、观察能力、造型能力、表现能力和审美能力为目的。在素描教学中,我认为应本着现实主义的原则,以客观对象为依据,表现真实物象,以写实的手法表现对物象的真实感受,而不主张在基础训练上就让学生采用"变形"的手法去创作,因为这容易使学生养成主观随意的习惯。但就"美"的教学而言,学生的主观感受始终是存在的,也是非常重要的,因此,教师要正确引导学生根据对物象的认识和感受,艺术地表现在一定环境和光源条件下的具体物象。同时,创作时虽依据客观物象但一定不能受客观物象的限制,要"艺术地表现物象",如概括、取舍、加强、减弱地表现它们;要有侧重地表现物象,如对其结构进行一定程度的强调和夸张,进而把观察物象和处理画面的表现力有机地结合起来。

二、抓住造型和整体两个环节,保证严格训练

第一,造型准确。打轮廓时,要求学生做到构图合理,比例准确,要点鲜明,形象明了,不死扣细节。一定要让学生改掉造型似是而非的习惯,培养他们在学习上严谨的作风和求实的态度。在造型过程中,千万不能让学生养成明知有错,却凑合了事的习惯,还要让他们学着逐步完善轮廓,以提高他们在短时间内敏锐而准确地表现物象的能力。

第二,注意整体。在创作素描作品前,用中国古人的话说就是要学生做到"意在笔先""胸有成竹",对作品的整体效果先有一个预设,因为它会直接影响作品的

质量。很多学生容易盯住一点而忽略全局,即为表现局部,而忽略对整体的考量。教师在教学过程中始终要让学生明白:创作素描作品时,对物象的观察分析,既是为了认识物象,也是为了表现物象,将物象的特征描绘出来。整体观察是造型艺术的根本法则,它的优点是便于比较。学生能否把所要刻画的物象整个地控制在自己的视域之内,在处理局部时能否考虑到整体,与教师在教学中有没有不断提示和强调有很大关系。教师要让学生逐步养成自觉进行整体观察的习惯。但这并不是说只强调整体而忽视对局部细节的深入刻画。整体与局部是对立统一关系,并不存在纯粹的"整体",整体的丰富性有赖于对局部的深入刻画,而每一处的深入刻画,也要照顾到它与整体关系的把控。遵循"整体—局部—整体"的原则,始终在掌握整体的前提下调整画面,使每一个阶段停下笔来都是一张生动的画,这要求学生必须把主要精力用于刻画物象的整体特征,熟练掌握、注意整体。这种观察物象和处理画面的方法直接影响作品质量。

三、素描学习要有信念和决心

在创作素描作品时,学生往往是刚开始时积极性很高,新鲜感强,观察力也比较敏锐,但他们却不能始终保持这种感觉进行创作。比如,有的学生急于求成,创作时间一长,心就烦了。对此,教师应及时提醒。

调整修改应本着整体性原则来进行。在创作素描作品的过程中,应让学生在反复分析研究、反复比较、理解物象形与神关系的基础上,用第一眼看到物象时那种强烈的新鲜感觉来检查画面的效果,找出画面与物象之间的差距,检查物象与物象之间的组织结构是否合理,画面形体比例是否准确,质量空间关系是否恰当,主次虚实是否有序等,反复校对与比较后,再深入地研究对象与表现对象,进而进行调整修改。

四、画外功夫的培养

要让学生明白,素描训练不单是描摹对象,还要对其进行艺术的再现,所画的那一部分不仅是物象的一部分,也是构成画面的有机部分,不仅要看是否画对了,还要看它是否有表现力,要讲究线条清晰,讲究黑白灰适度,讲究概括恰当,讲究画面的构成和组织,力求形神兼备。通过素描训练,可拓展每个学生观察事物的深度和知识面的广度，提升他们的艺术修养。只有学生在平时多看一些文学、美学、历史书籍，多了解不同素描流派的产生和发展过程，以及他们的主张和特点，扩大知识面，打开眼界，让他们有"画外功夫"，才能提升他们的艺术核心素养。

五、多种训练方法相结合

我主张习作应以长期作业为主，因为长期作业便于学生深入理解、反复校正和大胆探索；同时，以短期作业为辅，使写生与构图相结合，记忆、想象和速写相结合，以避免学生在长期作业中出现观察力迟钝。

临摹也是提高素描教学质量的一个重要的方法。通过临摹大家的作品，学生能掌握更多的作画技巧，获得素描技法的提升。教师可以选择范本、名家或大师的作品，作为学生临摹的对象，在临摹过程中，让他们体会大师作品的精妙之处，仔细观察大师在创作中对线条、光影、空间、色调的大胆表现，从而为学生自身素描技能的提升创造条件。

六、采取多样化的评价手段

评价是检测学习成果的方法之一。素描课作为基础课程，它不要求把学生培养成为画家，因此，对于素描作业的评价不应局限于其最后所呈现的画面，而应关注素描教学对学生观察能力的提高和学生对表现方法的熟练掌握。同时，教师应该采取多样化的评价方法。在素描写生中，教师要包容学生之间的差异性，对不同层次的学生采取不同的激励性评价对策，及时接收课堂教学反馈，从而实现对课堂的灵活驾驭。在教师评价之外，教师还可以鼓励学生进行自评与互评。个人评价可以使学生更深刻地进行艺术反思，而互相评价，则可以让学生学会虚心地接受他人的意见和建议，真正实现艺术核心素养的提升。

总之，作为一名美术教师，要了解时代发展的趋势，结合课改精神，在教学实践中不断总结经验和教训，不断创新教学理念，创新教学方式，以开阔学生视野，培养他们的艺术核心素养。

（周密）

音乐课的故事

我做音乐教师也有些年头了,围绕着学生、课堂,日复一日,年复一年,似乎总在做着相同的事情。但在最近的这些日子里,我总会思考一些问题,如音乐教育的本质是什么?它的核心是什么?作为一名音乐教师,我该做什么,该教什么?在音乐课堂上,学生能学到什么?……上一节课对于一个老师来说,并不难,难的是我应该怎么去上这节课,或者说学生能从这节课中学到些什么。我认为课程内容的安排、问题的设置与解决都要以学生为中心来开展;教学中,我们要关注学生音乐素养的养成。

音乐课改不仅让先进的教育教学理念及模式得以在日常教学中贯彻落实,还解答了我们在平时教育教学中遇到的各种问题。起初,课改的新思想、新理念让我们有些无所适从,但从个人探索到集体学习,再到各校交流,经过不断地摸索,不断地尝试,不断地纠正,不断地配合,不断地体验,不断地磨合,我们越发地觉得在教育教学中这些新思想、新理念能让学生对音乐课产生更浓厚的兴趣,让他们更愿意去感受、去体会音乐中的情感,让他们更愿意走近音乐,了解音乐,喜欢音乐。

在音乐课堂教学中,我是从以下两个方面来做的。

一、做好规划

规划学期目标,这对课堂的开展是非常必要的。我们应该根据《义务教育艺术课程标准(2022年版)》的要求,依据学生的实际情况和学习需求,有取舍地选定课程内容,调整授课模式和教学手段,明确学生每一学期或学年应该习得的知识与技能。

有很多学生由于在小学音乐学习阶段是以玩耍的心态去学的,因此到了中学,他们就连简单的简谱或五线谱都不认识,这无疑为他们在中学音乐课上学唱歌曲带来了极大的不便。为了让学生尽快进入学习音乐的状态,一开始我让学生在五指间模拟五线谱,边比画边记忆音高跟唱名,再以单双数的方式加深学生对音高位置的记忆,最后在课堂小游戏中加强学生对乐谱的快速反应,从而做到巩固所学。

二、贯彻实施

课堂的有效开展离不开课前的充分准备。我们应该在备课中进行学情分析、教材分析、课程大纲分析等,在课堂上采用试听结合、对比交流的教学模式,从学生们感兴趣的话题或事物导入,并且多以学生为主体展开教育教学,采用多种教学方式来丰富课堂形式,对课堂内容进行有限拓展和延伸,以提高学生的学习兴趣及学习的广度和深度。

在上《蓝色的探戈》一课时,我提到了关于探戈的两个典型的节奏型(一个是欧洲风格,一个是拉丁美洲风格)。一开始,学生基本听辨不出两个节奏型之间的差别,更无法分辨乐曲的风格。在几次试听失败后,学生逐渐失去了信心,开始害怕回答。此时,我将两个风格各异的乐曲片段放给学生听,由于歌曲曲调特别,其节奏型更为突出,学生逐渐感受出了两者之间的不同。我再以击拍的方式将两个节奏型拍击出来,让学生进行模仿,从而加深他们对节奏的印象。最后,学生将击拍方式带入乐曲,加上之前的节奏练习,很快他们就正确地掌握了两个风格的节奏型并能准确地将其带入乐曲中去。

作为一名音乐教师,不仅要研究课改,而且要在研究过程中将理论与实践结合在一起。那么,怎样将我们所学理论运用到实践中去呢?我会让学生学着"画画音乐谱号,唱唱音阶唱名,数数高音低音"等来增强其对音乐理论知识的记忆。

课程改革是顺应时代发展、社会需求的。作为一名音乐教师更需要不断地学习和提高自己,不断地总结完善自己,备好每一堂课,上好每一节课,引导学生自主学习,以审美教学为核心,加强学生的实践能力、编创能力、探究能力等。我要在这一过程中不断地进行反思,将课改进行到底。

(谭舒畅)

班主任工作的三部曲

一、记住班上孩子们的信息,拉近与他们的距离

我带14级的时候由于经验欠缺,带班的效果不太理想,却没有想到学校还能给我带17级的机会。新的机会摆在面前,我暗下决心,一定要好好带班。没想到军训的第一天,我就遇到班上的一个女生和一个男生干了一架的"大事件"。那个女生留着一头长发,眉清目秀,看上去很温柔,可我拉她到操场边时,却看见她的手腕上有一道长长的伤疤,我立马警觉到:她曾割腕自杀过。这个男生1米8左右的个头儿,眼神中始终带着一丝不屑,顶着一头"黄毛",站在军训队列的旁边,仿佛他就只是一个观众。真的是烦恼啊……看着这些,我想我的班主任工作真够不顺的,但这又如何呢,我是那种怕就不敢上的人吗?处理完他们这事儿后,我想我应该先做一个"信息收集表",对全班所有孩子的信息摸个底,以便更准确地了解他们,拉近与他们之间的距离。

二、严格要求,树立威信

(一)先说断,后不乱

作为班主任,首先得花时间与学生多接触,多观察班上的情况;其次是立好规矩。记得在穿冬季校服时,很多孩子都不想穿,尤其是班上一个比较爱穿时尚衣服的孩了,他甚至还叫家长打电话给校长,说:"这校服穿着不好看,看起来又薄,我的孩子就是不愿意穿!"为此,我还单独和那个家长做了一番沟通。我在联系那个家长时,他还为自己的孩子说话。我说:"穿校服是学校的一项规定,如果他今天不遵守这项规定,明天就可能不遵守学校的其他规定,那么将来他会向什么方向发展,教师应该如何去管理他……"说到最后,我又强调道:"家长,请您多理解,配合一下学校的工作……"最终,孩子的家长同意了我的意见,并和我一起努力,让孩子接受了这一规定。我还在班上立了一些其他规定,比如排队去食堂吃饭的纪律、课堂纪律、清洁纪律等。看起来,好像都是一些小规定,但要想引导好学生,就要先说断,后不乱。

（二）正班风，抓学风

开学了，班上的事务千头万绪。我要利用好这段时间去培养几个好的班干部，那么我会在将来的工作中得到好的助手，更能让班级成员获得锻炼。任何一个孩子都不是天生就是一个好的班干部，他们需要培养和扶持。现在的午自习都提倡学生自主管理，因此，我也把这个权力下放给了班长。记得某一次，班长发现有人不睡午觉，于是记下了他的名字。在下午夕会总结时，那个被记名字的同学特别不服气，说："只记我的名字，没有记张××(张××是班长很要好的朋友)的名字。"其实事先我就了解了当时的情况，于是在这个时候，我就为班长"扎起"了。我说道："我相信班长是公平的。以班长记录的为准，我不在，班长代表我！"但是下课后，我还是单独找班长交流了一下，对他说："朋友关系好是好事，但处事一定要公平，不然同学们不会信服你。"后来，当发生了类似的事情时，班长处理得就非常好。慢慢地，班长的威信也树立起来了。班上的其他干部在处理事情时，也尽量做到了一碗水端平，久而久之，班风就越来越好了。当班风正了，再来抓学风时，就省了我不少心。

三、给予学生宽容和理解

教师的爱，尤其是班主任的爱，对于温暖和引领学生非常重要。我们需要给予学生更多的宽容和理解。

（一）关爱有缺陷的孩子

对性格偏执的孩子，对智力有缺陷的孩子，或性格内向容易被人欺负的孩子，我们要做的就是尽力保护他们，同时，还要引导班上的其他孩子，让他们懂事明理，知道关爱他人，帮助他人。

据多方了解，开头提到的那个手腕上有一道长长伤疤的女生，在性格方面有些偏执且很难控制自己的情绪，比如常常会因为和同学之间的小矛盾就大动干戈。为了更好地引导她，我先私下学习了一些与情绪控制有关的理论知识，请教了学校的心理教师，然后我时而带着她边逛操场边聊天开导她；时而去她所在寝室和她们一起说说话，让她试着融入集体这个大家庭……她同寝室的同学在我的指导下也慢慢地和她靠近……久而久之，她对我和同学们有了足够的信任，也能慢慢地融入集体了。总之，爱不是空洞的，是具体的，只要我们真心地关爱孩子，他们也会慢慢地变得更好的。

（二）给调皮的孩子更多的宽容和理解

在这里,我将那些行为习惯不好的孩子统称为"调皮的孩子"。这类孩子的特点主要有:不服班委管理,时常违反班规校纪等。对他们,我是在严格要求的同时给予他们更多的宽容和理解。为什么我会如此呢？因为我知道,孩子都是好奇的、好动的。我首先要求他们"做该做的,不做不能做的",再要求他们"做该做的,做好自己",给他们时间去纠正错误,且不把他们划到"坏孩子"的行列。慢慢地,他们的行为习惯得到了改善。他们也变得越来越懂事了。

班主任工作的三部曲源于班主任的责任心。其实,每一个孩子都是天使,虽然有的孩子起步晚,飞得慢,但是我们要接纳他们,关心他们,严格要求他们,给予他们更多的关爱,才能让他们变得更好。

（邹洁）

第三节　发展篇：成长中的共鸣

一个学生的成长

　　一周以来,我的脑袋中一直萦绕着这样一段话:"老师,您是我遇到过的最好的老师。一年多以来,我犯了太多的错,给您添了太多的麻烦,而您每次都很耐心,轻言细语地教导我……现在,我决心改掉那些坏习惯,好好学习,但我怕有些时候管不住自己,还会犯错,希望您能一直关心我,谢谢您!"

　　上周一的晚上,吃过晚饭后,和往常一样,我继续批改前一天没有改完的作业。当我翻开一个"调皮"学生的作业时,平时写字潦草的他,这次作业写得异常工整,让我大为诧异。接着,上面的那段文字映入了我的眼帘,我的泪水不禁涌了出来,透过模糊的泪眼,一个高高瘦瘦的男孩仿佛站在了我的面前。他油亮乌黑的头发盖过了额头(本来要求他在上周末剪短的,但是他没那么做),脸上一直挂着一副桀骜不驯的表情,但那双眼睛,却又充满着纯朴与灵气。一组组有关他的影像像电影画面一样从我眼前闪过:一连七八次听写不达标时,耷拉着脑袋的样子;和同学打架后满是尘土的衣服和红红的眼睛;不屑父亲的做法而立马扭头离去的背影;上课时,对着前面同学练习"葵花点穴手"的样子;走起路来左摇右摆的样子;同学打架时,为劝架而"舍生忘死"的样子;运动场上,一马当先的样子;被科任教师批评后深深鞠躬的样子……其中,最清晰的是期末考试前两周上我的那节课时,我当着全班同学拍桌子教训他时,他因委屈而流泪的样子(我知道他不是被我吓哭的,而是怪我不应该以那样的态度对他)。其实,他算是班上比较听话的了,只是他的那些小错误一而再再而三地犯时,我也急了,而且我特别讨厌"犯错—教育—再犯错—再教育"的恶性循环。

　　我讨厌这样的生活,也"讨厌"被我教育了一年却又"屡教不改"的孩子。

　　但开学了,他们又回来了。可是没到齐,少了3个,一个被学校分到其他班上了,一个转校了,还有一个直接"消失"了(家访的时候才知道,他也转校了)。这3人中,有成绩好的,也有差的;有遵守纪律的,也有不遵守纪律的;有平时我较熟悉的,也有一年来都没怎么和我说过话的。"少了3个",我竟然为此黯然神伤了?我有些纳闷,但又觉得这36个孩子应该是一体的,他们应该和我在一起,起码在这3年。但突然少了3个,我真的有些牵肠挂肚的感觉。这时候,我才惊奇地发现,对这36个人组成的班集体,我是有感情的,于是,我决心把他们带好!

也许是过了一个寒假,他们突然长大了,在新的一学期,他们的学习态度明显变好了,学习成绩也有了较大提高;班上的纪律也变好了,课间的相互打闹更少了。尤其是那个"调皮"的学生,他头发剪短了,还突然变得不犯同样的错误了,而且听写也能达标了……我觉得是上学期期末前发生的那件事让他改变了。今天,当我翻看到那段文字后,我的猜想得到了证实。

其实从参加工作以来,我也取得过不少的成绩,获得过不少的荣誉,这些都没让我像看到那段话那么感动过。我觉得一天天的熬夜、一次次的早起、一次次的强压怒火都值得了。

熟悉的旋律从同事的家里传来,我知道是《天下足球》开始了,但我没有起身,仍继续批改剩下的作业。

这段文字像一剂强心剂,让我喜欢上了这样的生活,喜欢上了这些可爱的孩子,让我更加努力地向前。

(刘毅)

我的课改三部曲

作为一名一线教师，我紧跟时代的潮流，积极投身新课改。反思我的课改历程，虽然艰辛，但有收获。

一、从"学科本位""知识本位"走向发展学生的"核心素养"

中国学生发展核心素养以培养"全面发展的人"为核心，分为文化基础、自主发展、社会参与三个方面，综合表现为人文底蕴、科学精神、学会学习、健康生活、责任担当、实践创新等六大素养，具体细化为国家认同等十八个基本要点。学习了有关核心素养的理论，我明确了我的课改方向，即通过教育教学使学生具备能够适应其终身发展和社会发展需要的必备品格和关键能力。传统教育教学更多强调"成绩"，跟随考试这根指挥棒"闭眼"前行。学生在应试教育的熏陶下，其实践力、创新力等跟不上时代发展潮流。而当今世界的发展需要基于实践的创新，因此我在教育教学过程中更多考虑对学生核心素养的培养，帮助他们明确未来发展方向，并激励他们朝着这个目标不断努力。

二、从"理论"走向"实践"

在传统的物理课堂上，大多数教师都采用"一讲到底""一练到底"的教学方式，将学科知识灌输给学生，在学生被动接收后，用各种试题去"帮助"他们巩固，从而让他们在各类考试中轻而易举地过关。但是这种灌输式教学没有确立学生在学习中的主体地位，没能调动学生学习的积极性，没有激起他们的学习欲望，他们也几乎不会将学到的知识迁移到生活之中，其实这变相地扼杀了他们的创新能力。通过对核心素养理论的学习，我逐渐找到了这个问题的破解之法——"理论—实践"。

比如在教授《认识电流做功》一课时，我先告诉学生"用电器工作的过程就是利用电流做功，将电能转化为其他形式的能量的过程""电流所做的功与电流、电压和通电时间成正比"，再让学生做"测算电费"的实验。实验前，我告诉学生"电能表在一段时间内前后两次示数的差值，就是这段时间内所消耗电能的多少"。通过这个实验，学生认识了"电流做功"，并在生活中找到了相关的事物。

物理学是一门以观察和实验为基础的自然科学,做"测算电费"的实验不仅能让学生深刻认识电流做功,还能让他们将学到的知识迁移到实际生活中去。

三、从"教法"走向"学法"

在近几年的教学中,我的教法有了极大丰富,但学生的学习效果却不见明显提升。这个问题,一直困扰着我。但在基于核心素养的教学实践中,我发现,教师的"教"仅仅是提升学生学习效果的一个助力因素,而更重要的是学生的"学"!陶行知先生也曾有过精辟的论述:"好的先生不是教书,不是教学生,乃是教学生学。"叶圣陶先生也曾深刻地指出:"教师教各种学科,其最终目的在达到不复需教,而学生能自为研索,自求解决。"赞科夫曾说:"教会学生思考,这对学生来说,是一生最有价值的本钱。"这启示我一定要加强对学生"学法"的指导,以提升学生的学习力!

在物理教学中,首先,我借现实生活中的一些常见的物理现象去启迪学生,让他们试着发现问题、提出问题。其次,我让他们运用已学到的物理知识去分析问题,用实验等方法去验证自己的猜想。再次,我让他们就相关实验得出的数据或结论展开讨论,在交流中,打破他们思想的禁锢。最后,我让他们反思整个过程,以帮助他们学会发现问题、提出问题、解决问题。

课程改革是一项长期的工作,尽管在这一阶段,我们取得了一定的成绩,但是在课改路上,我们任重而道远。

(夏波)

三益阅读课程之"雅行"德育课程实施个案

一、案例背景

互联网是20世纪最伟大的发明之一,给人们的生产生活带来了巨大变化,对很多领域的创新发展起到很强的带动作用。但随着互联网的迅速普及和广泛应用,它的一些负面影响也日益显现,特别是网络游戏使未成年人沉迷其中,不仅影响了他们的身心健康,还使他们在人际交往方面出现了障碍。激烈的社会竞争迫使现在的父母更看重孩子的学习成绩,导致孩子不愿意与父母交流,甚至倾向于在虚拟世界中获取心理的支持和安慰。

二、基本资料

小康(代名),男,家中独子,现就读我校八年级。小学时,他的成绩始终名列前茅,还一直担任班上的班干部。上初中后,因为家中变故,小康产生了自卑心理,不愿与他人接触。之后,他慢慢接触到网络,进入网络世界。刚开始接触网络时,他还有所节制,但随着时间的推移,他开始沉迷其中,甚至出现难以自拔的特点,就像他自己说的,"感觉自己已经离不开网络了"。上课时,他的脑海中只有网上的内容。一放学,他就往网吧跑。为了上网,他甚至忘记了吃饭。后来,他还和几个同学一起逃学去网吧上网。没钱上网了,他就撒谎向父母讨要,甚至偷拿母亲钱包里的钱。在这个阶段,他的精神萎靡,身体也变得越来越差,成绩更是直线下降。

家庭背景:小康母亲是一名会计,工资待遇还不错,但是加班时间较多,没时间管教小康;小康父亲因意外受伤,常年在家养病,无力管教小康。

三、问题表现

(1)家庭问题:作为家中独子,小康的父母很是溺爱他,平常给的零花钱较多。小康父亲因意外受伤,常年在家养病,无力管教小康。小康母亲加班时间较多,与小康沟通机会少。因为各种原因,小康与父母的沟通不畅。小康处于青春叛逆期,有时候因为父母的不耐烦而使他情绪激动,进而导致他与父母在语言上甚至肢体上发生冲突。种种原因使小康不愿意与周围的人交流,并逐渐沉溺于虚拟世界。

小康父母无力改变这样的小康。

(2)学业问题:小康沉迷网络,使他精神萎靡,身体越来越差,成绩直线下降。

(3)心理问题:

①因为家中变故,小康产生了自卑心理,不愿与他人接触。

②沉迷网络,产生厌学情绪。

③自控力差。

④自信心不足。

四、问题归因

(1)家庭分析:

①家中变故。

②小康母亲没时间管理孩子。

③小康父亲无力管理孩子。

④家人沟通不畅。

⑤因为没有得到较好的管束,小康变得易怒。

(2)小康的个性特征:自卑、敏感、内向、易怒。

(3)网络沉迷情况:轻度沉迷,但有向中度沉迷发展的趋势。

五、实施目标

(1)让小康走出自卑,重拾信心。

(2)让小康正确认识"互联网"的"双刃剑效应",帮助他戒除网瘾。

(3)让小康重拾课本,逐步提高学习成绩。

(4)提高小康的人际交往能力。

(5)通过课程参与、家访等方式,帮助小康的家人建立起畅通的沟通渠道。

六、三爺阅读课程之"雅行"德育课程的实施计划

(1)与小康父母沟通,取得他们的信任,并让他们分阶段参加家庭教育的指导课程,以恢复家庭教育功能。

(2)通过让小康参加学校的志趣课程,并代表班级参加学校的足球比赛,提高小康的自律性,让他走出自卑,重拾信心,提高他的人际交往能力。

(3)通过开展"雅行"德育课程及开展以"网瘾对初中生的危害"等为主题的班会,让小康正确认识"互联网"的"双刃剑效应",帮助他戒除网瘾。

(4)鼓励他多参加学校举办的各种阅读活动和德育活动,培养他的阅读兴趣,进而让他重拾课本,逐步提高学习成绩。

七、三益阅读课程之"雅行"德育课程的实施过程

(一)班主任全程跟进

语文课上,班主任鼓励小康积极参与"课前三分钟"阅读展示,再让他谈谈阅读的体会、感受。小康提前把有关阅读体会的稿子写好,交班主任审阅。在班主任的指导下进行修改后,他能自信地在全班同学的面前展示自己。课后,班主任给他推荐阅读的书籍,并让他试着寻找自己喜欢阅读的课外读物,让他在阅读中取得收获。鼓励他积极参加"三益阅读半小时"活动,并让他担任阅读小组长,做好全班同学的榜样。这样,小康把自己的课余时间基本都花在了阅读和活动中,从而成功地转移了他的注意力,还让他对学习产生了兴趣。

(二)志趣课程的助力

小康通过参加学校的志趣课程(足球类课程)并代表班级参加学校的足球比赛,感受到了足球比赛带来的成就感,并在团队协作中形成了良好的人际关系,提高了自律性,提高了人际交往能力。

(三)开展主题班会

2021年2月,班主任组织全班同学开展以"网瘾对初中生的危害"为主题的班会。班会上,班主任用文字、图片、视频等形式展示了互联网给社会带来的变化。互联网带来的好的变化有:动动手指,美味可口的饭菜送到门口;戳戳屏幕,物美价

廉的商品立即上路;扫扫二维码,骑上共享单车说走就走;"多元价值、凝聚共识,提倡共享,实现多赢"等理念深入人心……同时,它也给我们带来了不好的影响:未成年人游戏成瘾(2018年,世界卫生组织将"游戏成瘾"列入精神疾病范畴)、网络关系成瘾(沉迷虚拟世界)、网络购物成瘾等。一段段文字、一张张图片、一个个视频,让小康开始认识到了互联网的"双刃剑效应",并坚定了他戒除网瘾的决心。

(四)校家合作

在这期间,班主任会定期与小康的父母进行深入交流,与他们共同制定帮助小康进步的目标。小康父母在班主任的建议下参加了相关的家庭教育的指导课程,还仔细阅读了《家有小网迷,父母怎么办?——孩子网瘾的预防和戒除》,这让他们对小康的科学教育起了很好的指导作用。他们开始调整自身的状态,挤时间与小康谈心,让小康的一些不良情绪得以发泄,家庭氛围也在这个过程中得到了改善。

八、个案反思

在志趣课程的助力下,通过班主任的积极跟进、家校合作,重建小康家的沟通模式,恢复其家庭的教育功能,使小康确立了正确的人生目标,并开始为达到这个目标而努力上进。

九、个案跟进

目前,小康已基本解除网瘾,也认识到了学习的重要性,能主动和家长进行有效沟通,学习成绩稳步上升。

三益阅读课程之"雅行"德育课程是在一线教师多年教育教学实践的基础上建立的,它对诸如青少年网瘾等问题的解决有一定的帮助。

(林春芳)

第四节　感悟篇：反思中的协同

平凡中的坚守

我爱我的每一个学生，从他们身上我能看到许多成人身上已被社会消磨的特质。

我爱我的每一个学生，看到他们健康快乐地成长，我感到欣慰和满足。

作为一名中学数学教师，我已经在教学岗位上工作十余年了。平凡的我并没有做过什么轰轰烈烈的大事，多年的一线教学实践帮我积累了一些教学经验。当我第一次带着满腔热情走进校门的那一刻，我就深知自己身上所肩负的责任。看着班上活泼可爱的孩子，一想到我将要带领他们一路奋进，我就感到无比幸福。在与他们朝夕相处的日子里，我们的关系变得越来越好。

在教学的同时，我常常思考以下问题：怎样激发学生学习数学的兴趣？怎样让学生重视数学并热爱学习数学呢？怎样在课堂有限的时间内让学生最大限度地保持注意力？怎样培养他们的数学能力，使他们养成良好的学习习惯呢？……太多的疑问和困惑使我不断审视和反思自己的教育思想和教学方法。我本着以人为本的教育原则，认真研究教材，创新教法，根据学生的特点组织教学，一方面我学习借鉴他人好的教学方法和教学经验，一方面总结和反思自己的教学，尝试开展快乐数学的教学。

"兴趣是最好的老师。"在课前，我创设贴近生活的场景，让学生亲近课堂；再让他们基于所学的数学知识去分析问题，激发其学习数学的热情。对低年级的同学来说，他们爱表现，所以在课堂上，我为他们创造表现的舞台。我常常用"猜一猜""画一画""想一想""赛一赛"等游戏教学法进行教学，同学们都很感兴趣。运用游戏教学法，能够让学生真正地"在玩中学，在学中玩"。

根据学生的实际情况，为保证他们能够无碍地学到知识，在教学前，我基于《义务教育数学课程标准（2022年版）》，在深度研读教材后，对教材内容进行了适当的调整，比如将较难的知识点适当后移，将易学的知识点前置等。课堂上，我会设计较多的启发环节，让学生积极主动地参与课堂学习。同时，我基于教学需要，结合学生的实际生活,让他们感觉到其实数学离我们不远,它就在我们的身边,更重要的是让他们明白学好数学可以给他们的生活带来更多的方便。

坐在同一个教室内,同一个教师授课,为什么一些学生学得较好但另一些学生学得很差呢？对此,我反思过自己的教育教学行为,也曾仔细地观察过学生的学习状态,总体看来,有时候是我讲得过快,让基础较差的学生跟不上节奏,有时候是学生上课时开小差了,错过了对关键知识点的学习。为了改变这一现象,我刻意对自己的教学行为进行了矫正,比如讲到很简单的知识点时,我会加快讲课速度,同时察看学生的反应,以便及时调整;讲到较难的知识点时,我会让讲课的节奏慢下来,让大家能"齐步走"。而对学生的学习状态的调整上,我会主动联系学生家长,形成良好的家校合作状态,以调动学生学习的积极性。

平凡的我,因为爱学生,在一点一点地改变,一点一点地进步。

(张海伟)

初中道德与法治课堂的变革路径

一、课堂教学需要转变思想观念

传统中的道德与法治教学,多以讲大道理为主,使很多学生对课程内容失去了学习的兴趣,以致教学效果不尽如人意。即便有些同学道德与法治的考试成绩较好,但是在参加集体活动时或在现实生活中,他们却表现得不积极、不主动,缺乏集体观念和集体荣誉感等。

现在,许多学校的道德与法治教学让学生掌握一些基本概念和原理,要求学生对相关知识有一定的理解即可,但这些是远远不够的。让学生在获得相关知识的基础上践行学到的东西,才是真正有效的教育。

二、道德与法治教学需明确目标任务

在道德与法治教学中,教师不应该只是把知识传授给学生,而应该把让学生养成良好行为习惯作为道德与法治教学的最终目的。在日常生活中,教师应严格要求学生的言行,并要求他们随时注意自我约束和自我矫正。同时,还应让学生运用学过的知识去分析各种社会现象,并试着用知识去改变周围的世界。

三、道德与法治教学需要转变教学方式

"读、想、议、讲"相结合,激发学生的思维。苏联教育家赞科夫认为:"教会学生思考,这对学生来说,是一生中最有价值的本钱。"道德与法治课和其他学科教学都要把培养学生的思维能力放在教学的突出地位。教改中,我一反过去惯用的教学模式,采取"读、想、议、讲"四字法,在课堂上先练后讲,让学生在尝试中、在自学中思考,以激发学生的学习兴趣。每讲一课,我总是先抛出一个或几个问题,让学生带着问题阅读课文,并在他们对问题思考和理解的基础上展开讨论。然后,我让学生将自己或全组对问题的理解讲出来,我再加以点拨。比如,基于初一学生有好动、好表现自己的特点,我在讲授"宪法"这一部分内容时,让学生分角色讲述各种法律的职能,还开展了以"法大于权还是权大于法"为辩题的辩论会。在讲授"依法

保护青少年健康成长"时,举行了以"谈谈你身边发生的违法行为"为主题的演讲会。我还将道德与法治课与班会、周会相结合,举行以"法在我心中"为主题的演讲会等。"读、想、议、讲"四字法的运用和各种活动的开展,使学生从被动的接收者变成了学习的主体,这不仅对学生的思维的拓展有好处,还给学生"动"的机会,有效地培养了学生的思维和创造能力。

(杜瑾)

对语文基础知识重要性的认识

新课程实施以来,语文教学的形式生动了,课堂的气氛活跃了,学生因此变得兴奋而充满活力,教师因此变得睿智而饱含激情。可是,在这一课改洪流中,很多教育工作者在重视对学生的评价、学生对学生的评价时,却忽视了对语文基础知识的教授。不知不觉中,我们在尽情地收获新课改带来累累硕果的同时,亦尝到了不该有的苦涩,比如,在完成测试题时,发现他们的基础知识题错误率却那么高;他们的作文中错字多了,病句多了,标点符号也不会用了……这些可都是语文的基础知识啊!如果连这些都没有完全掌握,又如何促进学生语文知识体系的建立?

我个人认为,这一问题就出在新的课堂教学之中。教师们由于太过于注重语文教学形式上的改变,而把语文的"基础知识"给忽略了!语文教学理应让学生掌握语文基础知识,习得基本的语文技能,懂得运用语言的规律。初中语文教师一定不要忘记中小学是"基础教育",无论课程教材怎么改,打牢学生的语文基础始终是中小学阶段的语文教育教学的首要任务。强调打牢语文基础的呼声是有充分道理的。扎实学生的语文基础知识是构建其语文知识体系的前提,而忽视语文基础知识或基础目标,所谓的"更上一层楼"的理想都会化为不切实际的泡沫。素质教育的理想和进一步提高教育质量的改革创新,绝不能建立在忽视甚至否定基础训练之上,在基础教育阶段这一点尤其应该得到重视。

新课改对语文教师提出了更高的要求,即要求语文教师在上课前充分备好课,不仅备教材、教参、教案,熟悉学生,还备教学中可能涉及的语文基础知识。比如,在文章中出现了比喻句、拟人句、反问句等,可以有意识地让学生了解与它们相关的知识,然后让他们展开想象,自己说说类似的句子,进而让学生去掌握这些基础知识。又如,让学生阅读文章中标点符号比较特殊的句子,并要求他们进行分析,然后进行有感情的朗读,再传授一些标点符号的使用规则,让学生掌握相关知识,进而在习作中正确使用标点符号。再如,让学生在互批作文时,主动地帮助他人修改病句,进而使其养成良好的写作习惯。

面对新课标,教师不仅要在观念上转变过来,树立全新的教育教学理念,更重要的是要把这些理念运用到教学实践当中去,让学生在每节课中都有实实在在的收获。

(万秋燕)

我的幸福瞬间

在婚礼现场,听爱人许下甜蜜的誓言,这个瞬间,我是最幸福的新娘;在医院产房,听到女儿的第一声啼哭,这个瞬间,我是最幸福的母亲;您若问我,作为教师,哪个瞬间让我幸福?我想就在漫天云霞下的红蔷薇旁……

这是我的亲身经历,它让我真切地体会到了作为教师的幸福感!

某一个清晨,刚睁开眼,我感觉天旋地转,头又晕又疼,我发高烧了。

下午病情好转了一些,我便请假在家备课。

突然电话响起,我低声问道:"你好,哪位?"

"老师,我是汪×,您生病了吗?严重吗?好些没有?"电话那头传来一串关切的询问。

"哦,好多了,谢谢你的关心。"

"不用谢,您教了我们一年多,关心您是应该的……"

朴素的言语,简单的问候,让我顿感精神抖擞。

不一会儿,电话再次响起。

"老师,您好些没有,听班主任说您生病了?"这个声音有些陌生。

"你是哪位?"我好奇地问。

"我?我是您的学生。"

她似乎有些难为情,刻意没说出自己的名字。

"但老师想知道是谁在关心我呀?"我追问道。

迟疑片刻后,她小声回答道:"我是李×。"

说实话,听到她的名字时我万分惊讶!她是一个性格十分内向的女孩,脸上有一块深棕色的胎记。课堂上的她总是默默地坐在教室最后一排的角落里。记得有一次点她起来回答问题,她先是表现得十分意外,然后战战兢兢地站了起来。我轻声地问她:"能谈谈你的想法吗?"她沉默不语,表情极不自然地站在那里。后来我从班干部那里得知她从不起来发言,平时也极少和同学交流,班里有同学说她是"麻子脸"。

如此听来,那块深棕色的胎记不仅仅是长在了她的脸上,还深深地印入了她的心里。课后,我想找她谈谈,但又怕突然的谈话会让她面对同学们异样的眼光,于是,我有意将安徒生的《丑小鸭》提前在他们班讲授,并要求人人都写一篇读后感。

我清楚地记得她在作业中写道:"我就是那只丑小鸭,我渴望飞翔!"借此,我批语道:"请相信自己,相信老师,我们一起努力!"

虽然现在的她仍旧不爱发言,也不怎么亲近老师,以致我不能听辨出她的声音,但我想正是那次小心的呵护,那句批语,换来了她今天的"勇敢"的举动。我甚至能想象出她在给我打电话时的紧张与不自然。想到这里,我心里甜甜的。

"老师,您好些没有,我和陈×她们放学后来看您。您住在哪里呀?"这是我的得力小助手,科代表张××的声音。为了提高作文水平,她主动要求每周写一篇作文。每每和同事说起她的那股勤奋劲儿,我都骄傲不已。一年多来,我们师生之间多了信任与默契,我关爱她、锻炼她,她支持我、帮助我。课堂上,我是她的老师,课后,我感觉她倒像是我的妹妹。

"我好多了,放了学早点儿回家,不然家长会担心的!"我回答道。

"就一会儿,看看您就走,我马上给妈妈打电话。"

听到这话,我心里美滋滋的。可一想到我家离学校那么远,又要经过那么多十字路口,我真担心她们的安全。

于是,我回答道:"不行,早点儿回去,不然我也担心!"

见我态度坚决,她无奈地挂了电话。

带着矛盾的心情,我继续备课,可注意力却怎么也不能集中,心里像在等待着什么,不可名状。

直到电话再次响起。

"老师,我们已经到您家小区门口了,您住哪一栋,哪个单元呀?"

"什么?"

我立即飞奔到阳台。我看见张××、陈×、汪×站在前面,李×跟在后面,她们四个女孩站在小区门口的红蔷薇旁。风儿轻抚蔷薇,花儿随风摇曳,大地灵动;夕阳照耀云朵,云朵穿了新衣,天空泛起动人的色彩。我激动地向她们挥手,映着云霞的光辉,衬着蔷薇的甜美,四个女孩微笑着、蹦跳着向我走来。

是什么?热乎乎的,一瞬间从我的眼眶滑落!

是什么?暖洋洋的,一瞬间在我的心中澎湃!

是心与心的沟通,是情与情的交融。

就在这一瞬间,我想大声呼喊:"我是世界上最幸福的老师!"

(陈晓霞)

给儿子的一封信

儿子：

你好！

十五年了，爸妈陪伴着你，见证了你从一个嗷嗷待哺的婴儿成长为天真活泼的儿童，再成长为沉稳睿智的青少年……爸妈很是欣慰。儿子，越来越优秀的你是爸爸妈妈心中永远的骄傲！但回想往事，在这欣慰与骄傲的背后亦不乏艰辛、汗水。

曾记得，2016年，十二岁的你刚踏入茶园新城中学不久，一天傍晚，看见你开门迈进客厅，满头大汗，肩膀一斜，顺势把书包撂在沙发上，然后躺上去，一言不发，满脸的不高兴。我急忙放下手中的食材，从厨房里出来，问道："儿子，怎么了，累了吗？"而你继续不发一言，更不看我一眼。也许你不知，我当时心里就像被猫的爪子抓了一样，不知道发生了什么事，既心疼又紧张。我站立在你旁边，不知过了多久，你才说道："老师要求我们每个人都要参加社团，我只想参加书法社团，可老师说书法社团人多了，调整我去乐器社团，气死我了，我不想去！"原来是这么一回事，我松了一口气。然后去厨房弄好了饭菜，待吃完饭后，见你心情平复了一些，才和你做了一番深入的交流，比如：要博学，全面发展；要理解，尊重老师；要忍让，团结同学等。尽管用了一个多小时，但好在你理解了我们的苦心，快乐地接受了学校老师的安排。

一天，在小区里，碰见一个住5栋的朋友，大家便一起散步，刚走到我们这栋楼的下面，只听她说："这楼上，不知哪户人家的孩子，弹琴弹得真好！你们好像就是住在这上面，你认识吗？"顿时，我心里就像灌进了一罐蜜糖，甜得不知怎么回答，抿着嘴，小声地说道："应该是我儿子。""哇！你家儿子真能干！你好幸福哟！""哪里，哪里。（我的心里乐开了花）我儿子自从上初中以来，一直在学校乐器社团学习中阮，已经快两年了。"

还记得在2017年末，在学校开放周的开幕式上，你们学中阮的一帮同学身着汉服，化着淡妆，抱着中阮，有序地走上舞台，然后坐在琵琶凳上，弹奏名曲。悠扬的琴声在会场中流淌，一曲终了，大家都热烈地鼓起掌来。旁边的一位老师轻轻地问我："前排中间的那个同学是你的儿子吗？中阮弹得很不错哦！""是啊，谢谢。"

临近中考的一个周末的傍晚，在散步途中，你突然对我们说道："我进入初中时,成绩不怎么样,只算得上是中等,可我现在的成绩名列前茅,你们猜是怎么回事?""能是怎么回事?""你们猜。""是你的努力换来的!""爸猜。""肯定是努力换来的啊!难道还有其他原因?"只听你语调陡地提高了八度,说道:"当然了!""那是什么原因?""你们笨得很,这都猜不到。肯定是跟学中阮有关呀!记琴谱,锻炼了我的记忆力;拨琴弦,锻炼了我的专注力;赏名曲,陶冶了我的情操。近来,我课间学习时,同学们再怎么打闹,也干扰不了我的学习。"听着他的分析,我们内心无比喜悦,但还是装着不信的样子,调侃道:"学中阮有这么好呀,我们不信!""不信,你们回想一下,我在家里看书时,即便没关房门,你们在厨房里再怎么弄,我都不会受到影响,难道你们没看出来?"

中考即将到来,儿子,我们相信你一定会成功的!

2019年3月6日
(学生家长:马军)

参考文献

[1]常晓薇,孙峰,孙莹.国外环境教育及其对我国生态文明教育的启示[J].教育评论,2015(05):165-167.

[2]祝荣泉.生态语文课程基地理念的思考与实践[J].江苏教育,2017(35):16-17+19.

[3]杨现民,余胜泉.智慧教育体系架构与关键支撑技术[J].中国电化教育,2015(01):78-84+130.

[4]宋敬宝.变革中突围:构建生态化问题驱动数学课堂[J].江苏教育,2016(Z2):86-87.

[5]蓝丽蓉.生态科技观的生成:理论与实践两个维度的考察[D].福州:福州大学,2014.

[6]吴鼎福,诸文蔚.教育生态学(新世纪版)[M].南京:江苏教育出版社,2000.

[7]黄长平.校本课程生态场的作用及其优化策略[J].教育科学论坛,2017(01):5-7.

[8]张秀娥,祁伟宏.创业信息生态系统模型的构建及运行机制研究[J],科技管理研究,2016(18):165-170.

[9]刘智明,武法提,殷宝媛.信息生态观视域下的未来课堂——概念内涵及教学体系构建[J].电化教育研究,2018(05):40-46.

[10]钟启泉.课程论[M].北京:教育科学出版社,2007.

[11]黄长平.生态型学校发展[M].成都:四川教育出版社,2015.

[12]张立敏,金义富,张子石,等.基于未来教育空间站的课堂生态系统研究[J].中国电化教育,2017(08):81-85.

[13]郑炽钦,王剑,张培杭,等.中学生态化环境教育模式的构建与实践——基于广东实验中学环境教育的实践研究[J].师道·教研,2015(09):7-11

[14]范国睿.美英教育生态学研究述评[J].华东师范大学学报(教育科学版),1995(02):83-89.

[15]祝智庭,彭红超.智慧学习生态系统研究之兴起[J].中国电化教育,2017(06):1-10+23.

[16]郝德永,赵颖.范式与课程研制方法论探究[J].课程·教材·教法,1999(07):6-12.

[17]郝德永.课程研制方法论[M].北京:教育科学出版社,2007.

[18]石中英.教育学的文化性格[M].太原:山西教育出版社,2001.